U0107185

蒂利作品集

〔美〕查尔斯·蒂利（Charles Tilly）著

王子蔚　朱联璧　译

Charles
Tilly

抗争表演

CONTENTIOUS
PERFORMANCES

上海 人民出版社

目 录

前　　言

　　对我来说，这本书里的想法在 30 年前就逐渐形成了。浏览 17 世纪到 20 世纪法国大众抗争的历史，我无法不关注到两个相关的反常情况。首先，尽管普通人找到了至关重要的方法，让自己的声音能在严酷政权中被听到，他们还是坚持少数几种集体表达形式，其形式变迁很缓慢。17 世纪年复一年出现的没收昂贵食物、袭击收税官、抵制租金的不合理上涨的做法，遵循相同的例行程序。在 20 世纪的街头示威和大众集会中，同样的例行程序一成不变地重复着。考虑到法国大众文化的丰富性和特殊性，可能有人认为会出现几近无限种抗争表演的形式。

　　其次，普通人从来不使用其他地区、其他时代的普通人早已欣然采纳的大量不同的、技术上有差异的表达集体诉求的方法。那些 17 世纪的法国村民不会在公开抗议中采用罢工、纠察或脱光自己衣服的方法。他们在 20 世纪的后继者，也不会参与自杀式爆炸、政变又或是狂热的宗教仪式。我意识到，多数参与起义和地方斗争的人遵循并采纳可用的脚本，只作零星改动。一个隐喻在我脑海中闪现：那些法国人就像一队街头音乐家，从标准化的、有限的剧目中，演绎自己的诉求。我在 1977 年首次发表了这个观点。[1]

令我惊奇和高兴的是,这个隐喻流传开了。对抗争的研究广泛使用了剧目的说法。接着,我开始意识到了成功背后的不足。对1600年到1975年法国五个地区中无数次出现的"抗争集会"的检索和分类过程中,我已经发展了剧目的说法。我能轻易从自己给事件片段所整理的类目里,为重复、转变和缺位引证。尽管我对"剧目"一词很好地描述了我的论据这一点很有信心,但希望这个词为其他研究抗争的人提供竞争性的假设,来检验他们自己的系统性分类。毕竟,在那时我们举办的公开辩论里,有影响的集体行动理论家曼瑟尔·奥尔森(Mancur Olson)以"危险的看法"回应了我有关剧目的陈述。不过,总体而言,研究大众抗争的不同意奥尔森集体行动的说法的分析家们,只是简单地用这个术语指称诉求伸张中具有的重复特性,而不考虑有什么样的证据可以证实或否认剧目实际上会以戏剧脚本和标准的爵士音调的方式,促进和引导了诉求的伸张。

尽管我反复呼吁对剧目这个概念加以经验性核实、修正或证伪[2],没人用手头的证据来回应。我被迫决定自行检验。本书就是检验结果,对表演和剧目这对双生的概念予以广泛的解释、校验和改进。我作为概念的创造者,并非评判它们的有效性的最佳人选。但希望我的努力会激励更多对抗争政治的质疑性的分析,以他们自己的证据和步骤研究表演和剧目。观点交锋之下,抗争政治的研究才能获益。

研究大众斗争的学生一眼就会看出,本书是我和道格·麦克亚当(Doug McAdam)、西德尼·塔罗(Sidney Tarrow)从20世纪90年代就开始公布的解释性项目的成果。[3]1995年阿姆斯特丹会议意在让我进入退休状态,但会上的讨论开启了我们这项合作研究。虽说这次会议初衷未竟,但在研究抗争政治的学者中间,以引发了新的联系而广为人知。[4]

抗争的动力(Dynamics of Contention,DOC)研究项目有几个特点:明确以"抗争政治"作为研究目标,而非集体行动、抗议或冲突;坚持对抗争行为开展动力性和关系性的理解;偏向于对复合的抗争事件片段开展系统性和比较性研究;把对环境性、意向性和关系性机制和过程的运用作为根本因素来解释。这个项目激起无数论争,最终成为此前流行的覆盖律(covering law)及抗争的意向性解释(dispositional accounts)的主要竞争者。由于担心太复杂的解释会让我的读者兴味索然,我淡化了书中所有研究背后的机制和过程的特殊性,尽量减少引用抗争动力研究的传统中相关的文献。作为补偿,本书明确将抗争政治作为解释的对象,对抗争提供了动力性和关系性的思考,欣然以系统性和比较的方式研究复合的抗争事件片段。

对读者略感抱歉的是,我把表演作为有组织的社会生活的一部分,因而扬弃了与之相关的海量、混乱和极少联系的文献。[5]对这类文献来说,可以从对抗争表演的细致研究中受教,也能从梳理其中的竞争性理论视角中获益。我要再次强调,如果继续将表演作为社会生活的整体特征来讨论,会让本书复杂化,也无助于推进主要论点。

我过去的出版物里确实已经或多或少提到过本书中的某些内容,所以本书直接使用了那些内容,其中10%左右的文本,取自下述几本书的某些段落:《不列颠的大众斗争,1758—1834》(*Popular Contention in Great Britain*,*1758—1834*,Cambridge,MA:Harvard University Press,1995;修订版平装本 Boulder,CO:Paradigm Publishers,2005)、《社会运动,1768—2004》(*Social Movements 1768—2004*,Boulder,

CO：Paradigm Publishers，2004）、《政权与斗争剧目》(*Regimes and Repertoires*，Chicago：University of Chicago Press，2006）及查尔斯·蒂利和西德尼·塔罗合著的《抗争政治》(*Contentious Politics*，Boulder，CO：Paradigm Publishers，2006）。

感谢以下诸位的建议、信息、批评和鼓励：马克·贝辛格（Mark Beissinger）、欧内斯托·卡斯塔涅达（Ernesto Castaneda）、萨姆·克拉克（Sam Clark）、罗伯托·弗兰佐西（Roberto Franzosi）、罗伊·利克利德（Roy Licklider）、克拉克·麦克费尔（Clark McPhail）、尼古拉斯·托罗迪斯（Nicolas Toloudis）、和田毅（Takeshi Wada）、伊丽莎白·伍德（Elizabeth Wood）、莱斯利·伍德（Lesley Wood）、薇薇安娜·泽里泽（Viviana Zelizer）。另要感谢剑桥大学出版社的一位匿名读者，还有很多英国研究的学生，他们来自芝加哥大学和社会研究新学院（the New School for Social Research）。再次感谢西德尼·塔罗请缨为我完成的力所不及的修改。我最深切的愿望之一，是某天能写一本他认可的书。

＊　　＊　　＊

查尔斯·蒂利在完成《抗争表演》后不久，经历了与癌症的长期搏斗，于2008年4月29日去世。剑桥大学出版社非常感谢马萨诸塞州大学的克里斯·蒂利（Chris Tilly）和康奈尔大学的西德尼·塔罗，他们阅读了校对稿，塔罗还核阅了校订后的原稿。

路易斯·巴特曼，高级编辑

政治和历史学部

注　释

1. Charles Tilly, "Getting It Together in Burgundy, 1675—1975," *Theory and Society* 4(1977):479—504.

2. 如,Charles Tilly, "Contentious Repertoires in Great Britain, 1758—1834," *Social Science History* 17(1993):253—280。

3. 如,Doug McAdam, Sidney Tarrow, and Charles Tilly, "To Map Contentious Politics," *Mobilization* 1(1996):17—34; McAdam, Tarrow, and Tilly, *Dynamics of Contention*. Cambridge: Cambridge University Press, 2001。对广义上抗争动力的传统的研究,有剑桥(大学出版社)抗争政治研究丛书的后几卷,包括: Ronald R. Aminzade et al., *Silence and Voice in the Study of Contentious Politics*(2001); Jack A. Goldstone, ed., *States, Parties, and Social Movements*(2003); Charles Tilly, *The Politics of Collective Violence*(2003); Charles Tilly, *Contention and Democracy in Europe, 1650—2000*(2004); Sidney Tarrow, *The New Transnational Activism*(2005); Charles D. Brockett, *Political Movements and Violence in Central America*(2005); Deborah J. Yashar, *Contesting Citizenship in Latin America*(2005); Gerald F. Davis, Doug McAdam, W. Richard Scott, and Mayer N. Zald, eds., *Social Movements and Organization Theory*(2005); Clifford Bob, *The Marketing of Rebellion*(2005); Kevin J. O'Brien and Lianjiang Li, *Rightful Resistance in Rural China*(2006); Javier Auyero, *Routine Politics and Violence in Argentina*(2007); Stuart A. Wright, *Patriots, Politics, and the Oklahoma City Bombing*(2007),以及 Silvia Pedraza, *Political Disaffection in Cuba's Revolution and Exodus*(2007)。

4. 会议论文见 Michael P. Hanagan, Leslie Page Moch, and Wayne te Brake, eds., *Challenging Authority: The Historical Study of Contentious Politics*. Minneapolis: University of Minnesota Press, 1998。

5. 参见,如,Jeffrey C. Alexander, Bernhard Giesen, and Jason L. Mast, eds., *Social Performance: Symbolic Action, Cultural Pragmatics, and Ritual*. Cambridge: Cambridge University Press, 2006; Peter Burke, "Performing History: The Importance of Occasions," *Rethinking History* 9(2005):35—52; Michel Callon, ed., *The Laws of the Markets*. Oxford: Blackwell, 1998,以及 R. Keith Sawyer, *Group Creativity: Music, Theater, Collaboration*. Mahwah, NJ: Lawrence Erlbaum Associates, 2003。

第一章 作为表演的诉求伸张行动

在伦敦,报纸、期刊与小册子的出版从 18 世纪中期开始蓬勃发展。随着城市人口识字率越来越高,这些报刊中交织了有关国际事务、国内政治、社会高层消息和街谈巷议的各种视角。创刊于 1731 年的《绅士杂志》(*Gentleman's Magazine*)由西尔韦纳斯·厄本绅士(Sylvanus Urban, Gent.)编辑出版。除了其他专题外,该月刊每一期都会根据大都市读者可能感兴趣的内容,整理一份包罗万象的大事记。相关内容往往涉及普通人——工人,以及其他在国家层面与权力没有特殊联系的人——与实权拥有者之间的关系。

以 1768 年 5 月 9 日为例,大事记记载了伦敦街头如下几起事件:

> 数不清的船工集结在市政厅前,向市长提出抗议,市长则建议他们派几个合适的人选直接向议会提出请愿,而他本人也以自己的贵族身份保证届时也会出席;于是那些人对市长高声欢呼三声之后便很快回家了。
>
> 是夜,另有来头的群氓聚集在市政厅前,他们带着一台绞刑架,上面挂着一只靴子和一顶红色的鸭舌帽;但当几个罪魁祸首被

治安官控制起来之后,其他人就四散消失了。

　　同一天,制帽工人发起了**罢工**,并表示除非工资有所上涨,否则不会开工。

21世纪的读者能从这些18世纪的报道中得出什么结论呢?当代读者有必要了解一些基本背景,伦敦作为一个重要的港口城市,船工——即码头工人与在泰晤士河各类船只上工作的船员——的工作地点都在伦敦城中心步行可达范围内。伦敦城市长官邸就在市政厅,离泰晤士河码头不远。

1768年是伦敦政治的骚动之年:水手、船工,以及其他行业的工人不断地向各自的雇主和公共权力机构提出这样那样的要求,内容包括诸如很多人发声反对英国王室在北美殖民地的压迫性政策之类。与此同时,放荡的贵族煽动者约翰·威尔克斯(John Wilkes)也经历了流放归来、被投入监狱、身陷狱中却多次赢得议会选举、一再被议会本身拒绝,同时又因其为大众自由发声而赢得了公众的支持。

那么5月9日发生的三起事件又是如何呢?在第一起事件中,一大群船工的代表要求市长支持他们提高工资的诉求。市长同意带他们一起向议会提交一份措辞得当、用语谦逊的请愿书作为向上沟通的意见。参与集会的工人最后高声欢呼三下。这在当下已经变成一套陈词滥调,但当时则是口头同意某人意见或某项行动的标志(而大声喝三次倒彩则表示集体反对)。

第二起事件则有粉饰的意味。那群人的表演表达了他们对国王的苏格兰顾问布特勋爵(Lord Bute)的反对,他主导了王室在英格兰和北美的压迫性政策;这是一场针对布特勋爵的象征性绞刑行动,人们用苏格兰软帽和在英语中谐音为"布特"的靴子（boot）代替这名顾问。约翰·威尔克斯的支持者中包括来自附近斯皮塔菲尔德（Spitalfields）的丝织工人，他们经常像这样把街头当剧场，发泄对王室当局的不满。

对于第三起事件，《绅士杂志》用"罢工"一词描述制帽工人的行动。这个词最初用于描述水手拒绝受雇上船工作，直到船主按他们的要求开出更高的工资并改善工作条件为止，后来适用范围越来越广。不久之后这个词便开始指代任何劳工从企业或行业中集体退出的行动。在当时，所有三起事件都传达了人们所熟悉且容易理解的主题。而且在全部三起事件中，普通人都向掌权者提出了诉求。他们的表演具有持续性。但三起事件的表演形式各不相同。

又过了三分之二个世纪。1834 年 1 月 28 日，伦敦的都市报《时事晨报》（*Morning Chronicle*）以中央反谷物法协会（Central Anti-Corn Law Society）的名义刊登了以下广告：

> 废除《谷物法》。—— 1 月 31 日，下周五中午十二点将在斯特兰德（Strand）的王冠与锚小酒馆（Crown and Anchor Tavern）举行公开集会。集会的目的是要决定哪些是取消面包税申诉行动最有效的方式。佩洛内特·汤普森陆军上校（Colonel Perronet Thompson）将会在大约一点钟的时候主持会议。

从 1797 年开始，《谷物法》就规定进口谷物须附加一笔对英国物价而言颇高的关税，以保护销售商，并将相关税费转嫁到谷物和面包消费者身上。1828 年的一项修正案则设定了一种比例浮动制度，但仍保留了关税。反对者称之为面包税。据 2 月 1 日的《时事晨报》报道，参与此次集会的人表达了对没有议会上院或下院议员出席集会的失望之情。

在众人发表演讲之后,集会通过并准备提交议会的请愿书中有这样一段:

> 那就是向你们请愿的人出于他们所从事的职业和习惯的生活方式中的经验与判断,信任并全然信服(你们所说的)《谷物法》带来的产业与就业是导致国家陷于危难的重大原因,亦是导致社会不同阶层遭受痛苦和风险的原因。

> 那就是向你们请愿的人未曾在历史经验中看到任何国家的任何阶级对其所遭遇不幸的动机和属性习以为常,按照这个国家人民所能接受的方式与程度屈服于自身所面临的困顿;由此有益爱好和平的人以及社会稳定,其中向你们请愿的人认为,我们应采取措施,在尽量少扰动社会稳定的情况下应对无法避免的变动。

看似语气奉承的第二段实际上隐含了威胁:疏于重视人民的诉求或将引发类似近期推翻了法国和比利时政府的革命行动。请愿书被送到了议会,但之后便悄无声息。直到 12 年之后的 1846 年,反谷物法联盟终于实现了粮食自由贸易的目标。但是在整个过程中,反对面包税的人士一直坚持进行集会、请愿、游说,以及对媒体发表声明等行动。

相比 1768 年的诸多事件,我们注意到 1834 年王冠与锚小酒馆集会有三方面不同的特征。第一,其形式是室内集会,事先发布公告、选定集会主席、按照议会流程推进,听众若同意最终声明,便欢呼以示庆贺。第二,与1768年市长替船工充当调解人不同,反谷物法协会领导人直接同议会进行交涉。第三,集会(如众人所期待的那样)以投票同意进行请愿活动,与会者随之签署请愿书后结束。

随机挑选的四起发生在伦敦的事件并不能确立18世纪60年代至19世纪30年代全国范围此类公共事件普遍的变迁模式。正如我们之后会具体看到的那样,在这三分之二个世纪里,像反谷物法那样得体的公共集会在英国越来越流行。18世纪时,庇护者或是其他中介者在普通人与国家权力机构之间处于一个中立的身份,就像伦敦市长答应提交船工的请愿所做的那样。然而到了19世纪,公众同英国统治者——尤其是议会及其成员——之间的交流变得越来越稀松平常。无论暴力与否,针对道德犯和政治犯的直接行动统统让位于集会、示威游行,以及其他集体表达反对意见的非暴力行动。作为21世纪的政治观察者,我们发现,不列颠人在18、19世纪所创造的众多集体表达意见的方式至今还能在相对民主的国家中看到。

然而,有些东西则未曾改变。伦敦人在1768年和1834年卷入的集体表演都颇具时代性而非千篇一律。报纸和杂志的报道俨然或多或少彰显了现场感。它们并未提出"这些普通人究竟做了些什么?"的问题。它们提出的问题主要包括谁参与了相关行动、关于什么问题、参与程度如何等。前述两场市政厅前的集会,以及制帽工人罢工和反谷物法集会都对超出集会人群数量范围之外的人或机构提出了集体诉求。这些诉求涉及他人利益(而不仅仅是发泄情绪),因此具有抗争性。而在到底是直接向政府官员提出要求,还是让政府充当第三方的选择中,亦包含着政治权力的作用。1768年和1834年的诸多事件都属于政治抗争。

我们在此引述的四个来自伦敦的社会新闻片段提出了好几个英国乃至更大范围内的政治抗争领域意义深远、尚未解决的问题。在英国范围内,诉求提出者为何用这几种方式集体发声,而没有采纳其他诸如自杀式爆炸或是武装暴动等技术上同样可行的方式? 在 1768 年到 1834 年这段时间里,集体诉求伸张行动的标准模式是怎样骤然变化的? 原因何在? 或者普遍而言,哪些因素可以解释集体诉求在各处所发生的诉求伸张行动之间的形式差异与变化?

本书给出了一般情况下的答案,将集体抗争行动视为从历史经验中习得的表演。人们在特定的时间和场合习得有限的几种诉求伸张表演形式,而到了要提出诉求的时候,大多数人又会执着于那些表演形式。抗争表演随着经验的积累和外部制约因素的变化而逐渐变化。但它们在短期内深受现成诉求伸张选项的制约。在某些情况下,自杀式爆炸和武装暴动可能是两大备选项。但对于 18 到 19 世纪的英国而言并非如此。本书将探讨其中的原因和逻辑所在。

本书还将介绍一种方法论。很多历史学家和社会科学家都认为他们必须明确自己的研究方法是定性方法还是定量方法,是进行形式分析还是故事叙述,是仅仅狭隘地寻求一个解释,还是尝试进行深入阐释,等等。一方面是变迁研究;另一方面则是叙事。本书所用的材料与方法则在逻辑严密性和人际互动的复杂性之间发现了平衡点。这个平衡点揭示了大多数有关政治抗争的报道中故事的包装模式——其中就包括 1768 年至 1834 年间伦敦发生的故事——使得这些报道可以被系统描述和分析。然而在深陷研究方法之前,我们有必要弄清研究主题:政治抗争。

政治抗争

尽管我们能清楚地分辨其中的差异,前述四起英国政治抗争事件存在很多共通之处。它们有哪些共同点?历次事件中,当事人都对其他人提出了诉求,也都通过公开表演来表达。他们运用旧有和新发明的集体行动形式,与在相应的领域有政治影响力的成员建立联盟,利用当前政治制度中的机会,协助创造新契机以推进他们诉求的实现。他们参与的便是抗争政治。

抗争政治包含行为体提出涉及他人利益诉求的互动,政府则在其中或被当作诉求对象,或是诉求的发起方,抑或第三方。抗争政治由此将社会生活中最为人熟知的三项属性联系了起来:抗争、集体行动,以及政治。

抗争包含提出涉及他人利益的诉求,它们从负面到正面不一而足。人们提出诉求的时候常用谴责、反对、拒绝、强烈要求、支持和回报。他们还会在提出诉求的过程中采取诸如袭击、驱逐、贬低、丑化、咒骂、欢呼、投掷花束、拉歌,以及把英雄扛在自己肩膀上等举动。在日常生活中,诉求从诸如我们应该支持哪支球队之类的小事,到祖父给我们这些后代的遗产分配方案是否合理这样的大问题。但诉求也会发生在国际象棋比赛、分销商之间的竞争,以及辩护律师和审判长之间的辩论中。

在最简单的抗争模式中,一方向另一方提出诉求。涉事方通常是个人，但另一方也可以是团体或机构；你可以向你的老板提出诉求，或是为获得劳动补偿金而向政府部门提交相关文件。而在基本模式中，我们可以将其中一方视为主体（即诉求的提出方），并将另一方视为诉求客体（即诉求的接收方）。诉求本身通常涉及至少一个主体对至少一个客体可见的传达。你（主体）要求你的姐姐或妹妹（客体）把她昨天向你借的钱还给你。但各类诉求从小心翼翼的问询到强硬的要求，乃至直接袭击不一而足，只要主体意识到他们想要影响客体的福利或是利益。这通常会牵涉三方甚至更多的人，因为当你要求你姐姐或妹妹还钱的时候，她可能已经把那笔钱转借给了另一个朋友。抗争总能将主体、客体与诉求结合起来。

集体行动意味着为了共同的利益或计划而协同工作。棒球队从事集体行动，但合唱队、各类社区协会，还有近邻共同参与追捕猥亵儿童的人也是集体行动。你上教堂或是在快餐广场得到了一份卖汉堡的工作的时候，你便进入了进行集体行动的组织。但人们参与的大多数集体行动过程都没有显著的抗争关系，也没有政府参与。绝大多数集体行动所发生的场合都不属于抗争政治。

大多数抗争也都发生在政治之外。我们只有在同政府机构互动时才进入政治领域，或是直接同它们打交道，或是参与涉及官方权利、规则和利益的行动中。同样，政治的概念涵盖了从申请驾照这类常规的事务到国家是否应当参战这样的重大议题。但大多数政治事务很少甚至不涉及抗争。大多数时候人们只要登记便能获得福利，回答人口普查员的问题，使用官方货币进行支付，或是向移民局官员出示护照，这些都不必特地向其他人提出诉求。

三大原因使集体抗争行动中政府是在场还是缺席有很大的区别。

第一，掌控政府的人相比不具备相关能力的人存在先天优势。即使该地政府力量薄弱，但掌控了政府将使你获得征收税金、分配资源和规范他人行为的资格。由此造成的结果是政治抗争将那些已经享有政府权力的人率先置于危险的境地，即使其中的危险微乎其微。

第二，政府往往通过制定规则来治理集体抗争：谁可以提出什么集体诉求，通过怎样的形式，结果如何，等等。甚至弱政府也会影响常见的诉求伸张模式，而且它们还会阻止任何有意在其境内建立竞争性的权力中心的意图。

第三，政府控制了大量的强制性手段：军警力量、法庭、监狱，诸如此类。政府的强制力量为政治抗争划定了一条边界，使之几乎无法独立存在于政治舞台之外。在政治抗争行动中，无论可能性多么微乎其微，仍时时存在爆发大规模暴力的可能。在某些方面，同政府部门相关的抗争行动也同家庭、体育场、教会，以及商业活动中的抗争有相似之处。不过将有政府联系的抗争行动单列出来，是因为它们与众不同的政治属性。

请允许我首先排除一项可能的误解。政治抗争对诉求伸张的限制不知以何种方式（somehow）同政府产生联系，并不意味着政府必然被视为抗争性诉求的制造者或是对象。反之，随着本书讨论的进展，我们会遇到各式各样的抗争行动。这些行动中非政府行为体相互对峙，寻求宗教上、经济上、族群间或其他非政府体系中的主导地位。1768年，船工率先向码头上的雇主提出了自身的诉求，而他们当时只要求政府官员参与调停。政府部门最低程度的参与包括监督并规范公众抗争，并随时随地准备好一旦诉求伸张行动难以驾驭便介入冲突。

还有一个常见的误会是，很多人用"社会运动"的概念来泛指所有类型的斗争,从知识思潮到农民起义不一而足。然而,正如我们很快会看到的,鉴于社会运动生发于西方国家,它实际上归纳了极为有限的一类诉求伸张表演形式:带着明确的目的创建协会,组织公开集会,推动请愿活动,组织街头抗议等少数几类行动。它特地排除了绝大多数的武装袭击,以及批斗会和巫祝仪式等各类非暴力行动。这一区别很重要。本书的主要目标之一是解释包括社会运动表演在内的各种表演类型为什么各不相同,又是怎样发生变化的。

片段、表演与抗争剧目

敏锐的社会运动分析家弗朗西斯卡·波莱塔(Francesca Polletta)曾指出,社会运动的参与者经常将社会运动的高潮片段视为自发的灵感:"这就像发烧一样。"这种描述资深组织者和特定运动参与者提供的证词不尽相同。尽管两者都强调了社会联结和任何卓有成效的集体行动都必须具备的组织能力。相关背景信息不仅涉及参与者个体的生活经验,也涉及社会处境。波莱塔进一步认为文化环境提供了语言与符号,参与者与观察者通过这些语言和符号来理解集体行动。谈及美国的民权运动,波莱塔评价道:

> 要解释大学校园里黑人学生动员身份的兴起,进而解释上述身份后续发展,我们不仅要考察其建立工作组和运动组织等工具性架构的尝试,也要广泛了解文化背景,理解学生激进主义行动中

某条习语的含义。那么我们就需要去捕捉一个甚或多个抗争理由开始广泛传播过程中观念的扩散和非制度化思想的变迁历程（Polletta 2006:37）。

当时的民权运动不仅包含了个体英勇的自发行动。它还涵盖了生活经验、深思熟虑的组织，以及受人关注的诉求伸张行动。

任何政治抗争的深入观察者都能见证持续不断的互动。无论能否与志同道合的人们聚在一起，诉求伸张行动的参与者不仅针对其他人公开地提出了集体诉求，而且吸引了志趣相投的人加入自己的队伍，作出个人化战略决策，并深挖支持自身立场的信息。在很多情况下，他们加入其他行动同样能够推进自己的事业：捐款资助并及时帮助其他成员，戴上相关徽章或是穿上印有标志色彩的服饰来宣传自身所属组织，售卖论战文集或小册子，同工作中遇到的反对者进行辩论，等等。

从广义上说，所有上述行动都属于政治抗争。但我们并不准备在还没将它们划分为三类基本行动之前，就在解释政治抗争的变动与变迁上走得太远。这三类基本行动是：（1）日常社会生活；（2）涉及抗争的社会互动；以及（3）集体诉求伸张行动中的公开参与行为。社会运动和其他政治抗争形式的研究者由此面临一个严肃的问题：我们应该把解释的"红线"划在哪里？同时如何解释这一划分方式？

为解决一些问题，我们将把（2）和（3）两类行动作为我们要解释的对象，同时也会解释部分（1）类中的变形与变化。例如，如果我们想要调查过去半个世纪的美国女性主义政治抗争行动，我们极有可能将关注点集中在唤醒女性觉悟的群体上——这明显是一项涉及抗争的社会互动，但对公共行为来说并不常见——因为有些为伸张诉求而进行的公开集体行为,如街头游行与请愿行动,需要放在一起解释(Beckwith 2001,Katzenstein 1998,Whittier 1995)。因此我们将就业、教育、抚育儿童,以及家庭经济行为之类日常社会生活中的变动和变迁视为在一定程度上受有组织的女性主义运动影响的行为。在这类分析中,我们尝试解释的抗争政治潮流既包括涉及抗争的社会互动,也包括公众参与的诉求伸张行动。我们称之为密集的解释对象。

另一方面,假设我们想要解释发生在华盛顿的游行如何有力地推动了这一事业在全美的发展(Barber 2002,Hall 2007)。那么就可以提炼出一个简洁的解释对象。接下来我们便可以更好地来处理第一类和第二类要素——日常社会生活与涉及抗争的社会互动——把它们视为第三类变动,即公众参与诉求伸张行动的原因。例如 2007 年 1 月 27 日,星期六,华盛顿某购物中心一场反对伊拉克战争示威活动的参与者中不仅有来自全美各地的"数万名抗议者",而且还包括了政治领导人和简·方达(Jane Fonda)、苏珊·萨拉登(Susan Saradon)、蒂姆·罗宾逊(Tim Robinson)等社会名流(Urbina 2007)。

对缘何参与 2007 年 1 月华盛顿游行的全面分析必然会将抗议者的行为放到美国日常生活(即上述第一类要素)中进行解释,但这必然要考虑第二类要素:谁来组织这些参与者? 怎么组织? 在此类个案中,我们试图解释的抗争风潮涵盖了华盛顿所发生的所有游行实践。我们还希望对比它们同其他各波抗争行动之间的差异,包括同发生在首都以外的游行、广义的街头游行,以及去了华盛顿但并未参与街头游行的那些代表,等等。抑或我们还可以进行跨国比较研究。例如,在英国,伦敦的游行可以追溯到几百年前(Reiss 2007a)。因此我们所要解释的政治抗争风潮仍然包含了诉求伸张行动中的公众参与行为,且相应的解释仍然涉及日常社会生活与涉及抗争的社会互动。

与之相似，研究者在讨论罢工时总是明确地将罢工的片段定义为在工作场合发起，或相应未能发起的罢工行动上。他们区分了罢工行为本身与对罢工行动产生明显影响的，且能从中揭示因果机制和进程的相关事件。广义而言，涉及抗争的社会互动中的变动与变迁已成为研究者解释对象的一部分。狭义而言，日常社会生活与涉及抗争的社会互动也都是对伸张诉求的公开集体行动的一部分解释。本书基本从狭义的角度进行讨论。这样提炼出了简洁的解释对象。由此从中明确一个简洁的解释对象，不过得争取证明这一选择是正确的。

在任何案例中，我们往往致力于通过将较大的抗争风潮划分为多个片段，从而更好地把握其中各项因果互动：界限明确、顺序发生的互动通常由研究人员将原本较长的抗争风潮分割为一个个便于系统观察、比较和解释的片段得出。假定我们已经知道想要解释的那一轮抗争风潮，并且知道其所包含的解释对象是简洁抑或密集的。然而如何识别一个个片段仍是棘手的概念与理论问题。研究者面临着从三种截然不同的路径中选择一种来描述相关事件片段：

1. 尝试将抗争过程中参与者的行动重构为一个单独的片段，例如将参与者对参演事件或运动的自述作为考察单位。

2. 直接采纳已刊发媒体报道中的习惯性论断，例如依据报纸的描述称"暴动"，或是根据警方的描述称为"遇到暴徒"。

3. 根据观察到的互动及其被打断的自然进程划分片段，例如重新以"一天"为单位划分手头与互动行为相关的素材。

上述三种路径都有各自的支持者，也各有优势和明显的劣势。但选择哪一种并不依赖于常识或是研究者实际研究过程中遇到观念冲突时解决问题的便利程度。每一种路径都意味着对抗争政治有所不同的解释。

对于选项一而言，行动者的意识成为分析的核心；研究者经常考虑"抗议""抵抗"之类的题目。在那种情况下，研究者可能会注意到抗争行动的参与者如何梳理他们的看法和记忆是个颇有意思的问题。但实际的新闻分析只关注观念转变本身。

选项二中，文化与惯习占据了主导地位；研究者尝试将涉及抗争的互动放进现成的时间—空间语境分类里。而现在（正如波莱塔对美国社会运动的讨论所显示的那样）相关解释必须甄别和突出包括媒体报道用语在内的现有习语、范畴、惯例的变动和变迁。

选项三中，能被观察到的互动占了上风。研究者力图辨认不同的观念形式和各异的时空语境中抗争行为的共性。他们不希望行为体的意识和当地文化成为决定观察单位的因素，而更愿意在所能观察到的互动基础上，进一步细分片段。例如，很多政治抗争研究者试图解释政府的压制行动在什么情况下、如何削弱了集体行动，还有一些研究者则希望弄清楚各类人员聚集行为的规律（Davenport 2007，Davenport，Johnston，and Mueller 2005，McPhail 2006）。而本书不仅对行为体的意识和文化给予关注，而且强调了专注于讨论可被观察到的互动在研究中的优势。

对抗争性公开政治表演的设问是这本书的由来。我们提出了诸如在官方机构总部门外集会、集体抢夺粮食、武装袭击、街头游行，以及其他多种多样的诉求伸张表演如何兴起、衰落和变化，它们的兴起、衰落和变化又是如何发生的？我们见证了持续发生与即兴变换两大趋势相互影响、不断变化的过程。一方面，人们在特定时间和地点提出抗争性诉求的抗争剧目极为有限。大多数剧目众人皆知，因而参与者或多或少地知道该怎么做、能指望哪些结果。18世纪60年代伦敦的熟练工深知聚集在市政厅外寻求市长接见的套路，就像19世纪30年代伦敦中产阶层深知如何组织一场公开集会、如何向议会递交请愿书一样。那些表演只是发生了细微的、渐进的变动。但它们同时也在不断变化；甚至1834年的公开集会同1768年的看起来已经不太一样了。

另一方面，没有任何两场抗争表演能够互为镜像。实际上，此类表演若要像精细的军训那样运作的话，在效果上总有些损失。参与者在表演中不断进行即兴创编，主要形式有两种：一是弄清楚如何塑造现有路径，从而更好地提出他们目前的诉求，二是回应其他人对他们所提诉求的反应。他们同其他参与者、旁观者、诉求对象、竞争者和权威不断互动。在此过程中，他们在旧有形式中加入各种细微的创新。大多数创新点随着事件的结束而消失，有的创新做法则保留了下来。由此造成的结果是，有些表演消失无踪，另一些则顺势而生，更多则是经历了逐步改进的过程。

的确，有时候会忽然出现激进的创新并迅速地传播开来。法国大革命早期的游行与公众集会继承了此前法国诉求伸张行动的特征，但大规模地打破了18世纪早期的抗争与叛乱模式（Markoff 1996a，Tilly 1986）。而在美国民权运动中，抵制公共汽车和静坐行动自然可以找到先例，但此类行动的大幅增长、产生突变，并随之成为标准化剧目的速度令人印象深刻（McAdam 1999）。政治语境的剧变刺激抗争表演产生激进且剧烈的变动。但在大多数情况下，政治语境的变化是逐渐发生的。因而抗争表演的变化也是如此。

本书主要从三个方面描述了政治语境：作为政权的政治语境、政权中的政治语境，以及政治机会结构中的政治语境，即提出诉求的行为体所面临的战略局势。政权指的是在某一司法体系和相关行为体关系内部，政府同主要政治行为体之间的关系；我们之前已经遇到过英国政府，遇到了诸如市长、议会、有组织的工人，以及反对谷物法的人士。政治机会结构（第四章将对此做详细的讨论）则由诉求伸张行动中因为政权的开放性、国内精英的一致性、政治联盟的稳定性、潜在的诉求伸张行动者获得盟友的可能性，以及根据可能的诉求伸张形式，政权采取相应的压制或促进。最后，战略局势决定了关键行为体在提出集体诉求过程中的处境与相互关系。

除了一而再、再而三地关注政治语境之外，整体而言，本书还彻底从自下而上的视角出发。这在证据与分析两方面都有所体现。书中所呈现的证据全面涵盖了诉求伸张各方的特征与行为，而非仅仅涉及诉求的对象或其监管机构；政府当局、商人、议会议员和政治掮客的特征和行为就影响而言，在证据中所占比重低于普通抗争政治参与者。因此，接下来的分析本身对精英决策过程及其对抗争性诉求的回应着墨有限，而是更关注牵涉其中的、相对而言更普通的人们的所作所为。我们关注的是那些或针对当局，或针对其他群体的集体诉求伸张者或遵循旧例或即兴创编的抗争表演。

我们应如何解释依循旧例与即兴创编的结合呢？本书结合了两种不同的策略。一是将抗争表演视为一类演进方式类似于语言演进的交流方式：在运用中逐渐演变。二是深入探究提出抗争性主张实际作用方式的细节证据。这一章以18世纪50年代至19世纪40年代间发生在英国的几个案例开篇，便是因为本书中最大的单体证据来自对这一时期英国抗争行动的系统考察。不过本书其余部分的讨论同样引入了那些其他研究者已完成的优秀系统性研究。尤其值得一提的是，本书充分利用了一个已有四十年历史的政治抗争研究经验：建立统一的类型体系来描述一类诉求伸张或是其他行为。

对事件进行分类研究已然主宰了晚近十余年有关政治抗争的定量研究（Franzosi 1995，1998，McAdam 1999，Olzak 1992，Rucht，Koopmans，and Neidhardt 1999，Rucht and Ohlemacher 1992，Tarrow 1989，Tilly 1995，2004a，Tilly and Tarrow 2006：appendices，Wada 2003，2004）。分类对抗争性互动的观察进行了形式化的处理，以便进一步进行审慎的论证和系统的比较（Tilly 2002a）。这些分类也蕴含了对观察单元简洁、一致的偏好。我们讨论的 1768 年至 1834 年间在伦敦发生的四起事件，实际上都出自一套理论驱动下的分类事件目录：我们断断续续用了 20 年时间，详细地列出了 1758 年至 1834 年间发生在英国的 8 088 起"抗争集会"（contentious gatherings，CGs）目录（Tilly 1995）。

后续章节将对该分类目录做进一步的详尽讨论。现在要讨论的是该分类目录是在 20 年的时间里通过持续阅读众多英国报刊，所发现的每一起事件的相关片段。该分类目录是从更为连贯的英国抗争风潮中选取了针对自身以外群体、参与人员众多、集体诉求公开可见的公众集会。我的合作者同我一道根据从其他各类渠道获得的充足证据确定了相关抗争集会的时间—地点语境，旨在寻求对其变化与变迁的解释。我们试图确定英国的大众诉求伸张行动如何，以及为何因情境而异，在 18 世纪 50 年代至 19 世纪 30 年代之间经历了深刻的变化。

回到语境看，我们所关注的 18 世纪 50 年代至 19 世纪 30 年代之间英国大众抗争形式变化之大犹如讲述了一个颇具戏剧性的故事。"戏剧"这个词颇为准确。我们可以通过两个相关的理论性象征——表演与抗争剧目——从中捕捉到一些抗争政治周期性的、根植于历史的特征。[1] 一旦我们进一步考察集体诉求伸张行动,会注意到某些事例都是对同一脚本的即兴创编。提出请愿、扣留人质,或是组织示威游行都构成了联结至少两个行为体的表演,一方是诉求提出者,一方是诉求所指对象。细微的创新不断发生,但有效的诉求取决于相对语境而言可辨识的关系,从而作用于两两之间的关系与既往对诉求伸张方式的运用上。

一系列表演聚合构成套路化的诉求伸张抗争剧目,进而运用在各类诉求提出者—诉求对象上:老板与工人、农民与地主、相互竞争的民族主义派系,诸如此类不一而足。抗争剧目的存在意味着特定的某一类诉求提出者拥有一种以上向客体提出集体诉求的方式。沿街游行的那一批人有时也会发起请愿行动,武装抢劫勾当的肇事方和受害方有时也能坐下来进行谈判。这些夸张的象征有待研究者对大众或特定群体在互相提出或接受诉求的互动过程中总结得到、从中学习,却又包含即兴发挥的特征进行深入研究。诉求伸张行动往往表现为爵士乐和即兴喜剧类似的表演风格,而不是那种彬彬有礼地读讲演稿的做法。参与抗争政治的人就像爵士三重奏小组或是剧院里的即兴剧组那样,他们通常手上有几个拿得出手的剧本,但也不至于有数不清的备用剧本(Sawyer 2001)。在它们所能组成的有限的排列组合中,由参演者临时决定以怎样的顺序上演哪几个剧本。

抗争剧目因地、因时、因参与双方而宜。不过总体而言,一旦人们集体提出诉求,它们便根据地点、时间、参与双方的特点,对有限的几类现成抗争剧目进行编排创新。当下欧洲城市的社会运动人士采取了结合公开集会、通过媒体发表声明、举行示威活动和进行请愿行动等方式,不过并未涉及自杀式爆炸、劫持人质和自我牺牲等形式。他们的抗争剧目可以追溯到此前悠久的抗争历史中(Tilly 2004b)。

弱剧目与强剧目

大体而言,"表演"和"剧目"仅仅是一种隐喻表述。它们简洁地表达了政治抗争参与者往往会戏剧化地表达自身诉求,而非将之视为诸如通过互联网下单购物之类的日常行为。大体而言,我们可以想象抗争剧目从根本不存在"剧本"到极为刻板等各种情况,而这取决于某次集体提出诉求的经历在多大程度上影响了下一场经历:

- 无剧目:某场表演并未影响或预告下一场行动,这或是因为集体行动的参与者做了在当时情况下对他们而言最有成效的事,或是(另一种极致的情况)因为他们的行为只表达了此时的心情;个体的回应和即刻判断都是如此行事,很大程度上是对固定程序的反应。

- 弱剧目:在不同场景片段之间重复某些行为,因为习惯和有限的想象力使重复比创新更方便;闲谈和走过拥挤的街道等动作都符合这一模式。

- 强剧目:在某些方面类似戏剧演员的作风,抗争行动的参与者在筹划制定可行脚本的过程中进行了零星或细微的创

新；我们可以经常在议会辩论和课堂上的口头报告中看到
这类情况。

- 极为刻板的剧目：参与者尽其所能一再精准地重复少数几
  个套路；军事训练和为语言学习进行的练习通常彰显了这
  种刻板程度。

由此我们得出了本书最广泛的普遍化论述：尽管原则上上述任何
描述都能——而且有时的确能——适用于诉求伸张行动，但绝大多数
集体抗争行动涉及强剧目。而且其中涉及集体学习行为和不断适应的
过程。

这一戏剧性的隐喻使我们遗漏了重要的一点。不同于舞台上的演
员在面对熄灯后的观众席时所想象的情形，抗争行动的参与者在互动
中不断学习。其中既包括诉求者本身，也包括诉求对象、第三方和旁观
者。而且最后形成结果的影响也比眼前的片段更为深远。他们并非降
下帷幕，一走了事。受到互动与讨价还价的打击与影响，过去集体伸张
诉求的路径制约了其后续形式。这对公众抗争的诸多事务、语境和结
果产生了影响。特定的抗争道路之所以会对后续进程产生影响，是因
为每一项协力工作都旨在促使各方就相关诉求实现交流、形成有关互
动的记忆，从而可以了解不同类型互动可能造成的结果，以及在参与者
内部或不同群体之间关系网络的改变。

强剧目假说对政治抗争分析影响深远。第一，这意味着相关表演
和剧目在因果和象征意义两个层面都是协同一致的。因果关系的一致
出自相同的基本机制及其在各类情境下都会产生的相似的结果。以政
治运作为例，其运作模式基本相同，而与相关行动的规模和情境无关：

通过政治掮客的牵线将过去少有联系的两个或更多群体联结起来,从而推动了它们之间的政治协同(Tilly 2003,Tilly and Tarrow 2006)。

而象征意义上的一致则是出于人们对事件本身相似程度的分类,且在此不考虑它们在因果逻辑上是否一致。我已在其他著述中论证了所有人们称之为革命的进程并不遵循同样的因果法则,然而一旦人们给某一进程贴上了"革命性的"标签——例如人们事后称之为法国大革命的一系列抗争——便可以被视为共同的象征与行动模式了(Tilly 1993)。强剧目假说由此得出了表演和剧目在因果和象征意义两个层面协同一致的结论。

第二,这一假说意味着约束。表演和剧目两者都不仅是便于描述抗争行动规律的标签。过去含有表演性质的抗争行动,如向议会提出请愿,抑或船工在阻断航道罢工,或是水手在上演类似剧目时有所创新从而偏离了其他技术上更有把握的方式。公民—统治者在包含请愿、派出代表、上演讽刺剧,以及进行公开庆祝等行动的剧目中择其一而为之的做法,令后续的公民和统治者在向对方提出诉求时也从中选取表演形式(而非跳出框框上演截然不同的剧目)。改写一下,就是本书所组织的观点:表演与剧目在因果层面协同一致。它们在象征层面协同一致。两者的存在约束了集体诉求伸张行动。

后续章节将从各类不同的抗争行动出发佐证上述一般性结论。为了仔细考察那些个案,我们需要先进一步区分四个可能的统一性层次:行动、互动、表演以及剧目。可以想象,大多数规律可能出现在特定行动这一层次,参与集体诉求伸张行动的人不必被放到同一场抗争行动里,就可以分头学会欢呼、游行、打砸物件、射击和逃跑之类的行为(McPhail 1991,Sugimoto 1981)。学会互动这一点很有可能是打人与打砸商店橱窗这两种行为之间最明显的区别,这就类似于为自己团队的领导人而欢呼的场合必然与为国家英雄而欢呼的区别。同样,参与者可以从街头游行和步兵战斗中完整学习互动表演的内容。最后,我们还可以运用想象习得完整剧目的相关内容,因为当社会运动参与者同时或多或少地学会了集会、游行、担任纠察、分发小册子、进行请愿的行动的时候,也掌握了结合这些互动可以实现什么效果。

学习行为发生的层面至关重要。如果学习主要发生在特定行动这一层面,我们可以极大地倚重个体心理学理论,而包括神经科学甚或进化心理学在内也都可以为我们的解释提供理论支持。如果互动行为是核心,那么解释就必须进一步涉及人际互动过程,尽管这些互动很可能只是小规模的。如果是很多人参与的集体表演行为,我们的解释就必须充分涉及有关协同与共识,因为有的集体行为体量极大,有的片段在某些情况下可以大到足以包括绝大多数甚至所有参与者。如果抗争剧目成为学习的主要场所,那么我们作为分析师就必须运用广泛的协同、大规模的灌输教化和整个群体对战略性逻辑的适应等理论工具进行分析。

本书接下来的章节会论证学习行为发生在所有上述四个层面,但最重要的是表演层面。政治抗争行动的参与者显然学会了通过个体的行动,如游行和打砸财物进行表演。他们显然还在互有差异的行动中习得了他人的做法;例如他们通常能学会区分"我们"和"他们",尽管随着政治抗争行动的推进,谁是"我们"而谁又是"他们"的标准时不时地发生改变。人们通常在抗争剧目层面习得某一类诉求伸张行动中那些影响行动的发起、交融和用各类表演来进行匹配的战略性逻辑。由此,人们会更了解那些战略性逻辑。而且到了那种程度,他们也会成为政治抗争专家或领导人。

　　最重要的是,政治抗争的参与者习得了如何将表演同当地实际情况相匹配,在表演中各就其位、各司其职,同时出于效果的考虑调整表演形式与内容。正因如此,表演在一定程度上独立于抗争剧目,它们形式各异且不断变化。街头抗议颇为典型地体现了这一点,它是同政府当局和普通公众沟通频繁的社会运动激进分子的抗争剧目。但类似的抗争剧目同样出现在某些工人团体参与的罢工、怠工和控诉大会上。街头抗议的形式与内容由此越来越多样化,取决于社会运动激进分子或是工人以怎样的形式上演抗争剧目。

　　如果这一解释为真,那么它就对解释议程构成了挑战。因为这意味着我们必须解释各种情况带来的变动与挑战,它们包括:

　　　　发生在抗争表演过程中个体行动的起源、可行性与效力;
　　　　发生在抗争表演过程中个体间互动的起源、可行性与效力;
　　　　抗争表演过程汇总各项行为与互动相互之间的连贯性;
　　　　整个表演过程的起源、可行性与效力;
　　　　表演与抗争剧目之间的连贯性。

　　在强抗争剧目中,所有上述要素都会同其他要素构成互动。诸如移动电话和互联网等传播媒介的创新,使抗争行动如火如荼之际的即时通信更加便捷,从而对个体行动的起源、可行性与效率产生了影响。个体行动力的增强反过来又成就了形式复杂的表演,如在多个地点同时发起抗议行动的起源、可行性与效率。不过效率也有可能朝着另一个方向发展:18世纪晚期大西洋两岸反对奴隶制的动员行动和21世纪初世界各地反对全球化的动员行动,都催生了诉求伸张行动从一处散播到另一处,并让它们同一个时间在不同地点进行表演发声。

正如我们将在后续章节中看到的那样,国家的政治制度架构对抗争剧目的内容产生了极大的影响。有两类因素的影响尤为深刻:政府介入日常事务的能力和该政权的民主化程度。总体而言,行政能力强的政权相对行政能力弱的政权而言,相关机构在日常抗争行动中起到了更大的作用,19世纪英国的情况便是如此。面对行政能力强的政权,抗争者所要付出相应的代价则是对哪些行动模式可行而哪些行动不可行存在的明确划分,有些形式也被明令禁止。后文中我们将详细考察1750年至1840年间英国的半民主化特征与政治抗争深刻转型的相互影响。

正式地描述表演与抗争剧目

欧美国家自19世纪晚期开始收集关于工人停工抗争的官方报告。从那时起,颇有统计意识的分析师便开始以官方数据为依据对工业化(过程中的)冲突进行定量分析(Franzosi 1989,1995,Haimson and Tilly 1989,Korpi and Shalev 1979,1980,Shorter and Tilly 1974)。而像我的老师彼蒂里姆·索罗金(Pitirim Sorokin)那样的先驱则在20世纪二三十年代建立了战争与革命编年数据库(Sorokin 1962[1937])。然而直到第二次世界大战结束之后,分析师才开始建立有关革命、政变、国际战争、内战和国内集体暴力行动等其他形式的抗争的数据集(Cioffi-Revilla 1990,Rucht,Koopmans,and Neidhardt 1999,Rule and Tilly 1965,Sarkees,Wayman,and Singer 2003,Tillema 1991,

Tilly 1969)。在很长一个时期内,研究者一直尝试利用这些数据库做点什么:或是解释各地冲突烈度的差异,或是分析冲突因时而异的波动。对这类目标来说,对全部事件进行简单的描述性统计就能给出合理的答案。这意味着只要研究者对个体事件的计数方式没有异议,给出的答案就是合理的(Olzak 1989,Tilly 2002a)。

总体而言,仅进行简单计数分析的分析师很少关注表演与抗争剧目。诚然,罢工行动的研究者会对罢工和停工、未经工会同意的停工和经正式登记合法的停工,还有成功或不成功的罢工行动加以区分。相应地,对集体暴力行为的研究,通常会划分激烈程度(根据死伤人数与财产损失)和形式(街头斗争、暴力示威、起义等),进而对此进行分类统计分析。对他们而言,联立表和相关性分析已经就各类诉求属性与特征提供了足够的信息。然而总的来说,其中的信息量远远不足以支撑我们想要研究问题的严肃讨论,即个体行动的起源、可行性与效力;抗争剧目中相关表演所要描述的内容,等等。

例如,奥地利社会历史学家格哈德·博茨(Gerhard Botz)曾分年度整理了1918年至1938年间奥地利罢工和"暴力政治事件"数据集。其中提及的暴力事件主要通过阅读这一时期三份维也纳当地的报纸——《帝国邮报》(the Reichpost)、《工人报》(Arbeiter-Zeitung)和《新自由报》(Neue Freie Presse)——整理得出。之后博茨又对数据库进行了扩容,增加了1946年至1976年间的罢工数据(Botz 1983,1987)。他结合了两种研究方法:(1)将相关事件放到奥地利政治史中进行分析论述;(2)对相关暴力事件(1918—1938)和罢工(1918 1938,1946 1976)的波动起伏同经济增长情况、失业率和贸易工会成员资格等因素之间的关系进行回归分析。同这一体系中其他众多研究相似,定量分析显示罢工行动数量的增减同就业率、工会成员资格和经济繁荣与否存在广泛的联系。

大致与博茨的奥地利个案研究同步，瑞士社会历史学家汉斯佩特·克里西（Hanspeter Kriesi）和他的同事收集整理了瑞士1945年至1978年间他们称之为"政治活动事件"的类目。他们梳理了报纸、政治年鉴、历史著作、档案、罢工行动统计数据，以及普通公民在集体行动场合散发的左翼文学选辑、公众对某些政治议题的公开诉求等（Kricsi，Levy，Gangguillet，and Zwicky 1981：16—33）。他们同样研究了大众对于这3 553起事件的反应。他们对相关数据全面的定量分析显示，瑞士的体制虽然鼓励公民充分参与（参见 Frey and Stutzer 2002，Trechsel 2000），但非常冷淡地对待边缘群体和犀利的反政府激进分子（Kriesi，Levy，Gangguillet and Zwicky 1981：596—598）。

在得到上述结论之后，克里西又招募了另一批合作者就"抗议事件"进行大规模的国际比较研究，所涉案例包括法国、德国、荷兰和瑞士。他们通读了1975年至1989年间四份全国性报纸的周一刊，从中发掘"政治因素驱动的非常规行动"（Kriesi，Koopmans，Duyvendak，and Giugni 1995：263；还可以参见 Kriesi 1993）。他们总共整理出7 116起事件，平均每个国家每年发生120起此类事件。他们想要确定政治机会结构的形式——例如其在瑞士相当碎片化，而在法国集中程度很高——是否影响了社会运动的特征与烈度。他们根据对大规模数据的研究得出的结论是：是的，形式的影响的确存在。瑞士提供了更多可容纳小型的、各有差别的抗议活动的缝隙空间，而法国对全国范围协同性较好的政治活动更为友好。克里西及其合作者的研究代表了一类对事件分类统计方法的复杂运用，这在晚近几十年间已成为对可以用于定量分析的抗争行为片段进行描述的标准方法。[2]

　　毫无疑问,现有最大的单个的抗争政治分类统计是 Prodat(抗议数据,即 Protest Data),迪特尔·鲁赫特(Dieter Rucht)及其合作者搜集了 1950 年至 1997 年间德国大约 15 000 条有关"抗议行动"的记录。[3]表 1.1 展示了描述性统计的全貌。在这一数据库中,请愿行动、游行和

表 1.1　德国抗争行动的形式及参与者数量,1950—1997 年

形　　式	行动数量(%)	参与者数量(%)
请愿、公开信等	19.5	35.7
游行	18.0	21.4
静坐示威	15.6	34.0
罢工	12.0	5.1
严重破坏财物	5.5	0.0
扰乱秩序、妨碍公务	4.5	0.7
提起诉讼/走法律程序	3.7	0.1
集会、发表演说	3.4	1.9
占领	3.2	0.1
无声抗议	2.6	0.1
封锁、静坐抗议	2.6	0.2
发传单	2.3	0.1
斗殴、混战	1.6	0.1
破坏财物	1.5	0.0
绝食抗议	1.2	0.0
召开新闻发布会	1.0	0.0
强行袭击	1.0	0.0
提出申诉	0.2	0.3
诽谤	0.1	0.0
盗窃、入户抢劫	0.1	0.0
杀人、谋杀	0.1	0.0
其他	0.3	0.0
总%	100.0	100.0
总数	14 686	68 152 452

资料来源:Rucht 2007:52。

静坐示威在全部事件中占到了一半以上的比例,且涉及超过九成的参
与者。不过上述归类涉及范围很大,从打架斗殴到绝食抗议等不一而
足。鲁赫特自己也指出了相关数据的局限所在:

> 在对抗议事件进行分析的基础上,我们可以对此类结论做进
> 一步的拓展和区分。不过从本质上来说,仅限于解释外部特征。
> 它们很少甚至不能告诉我们抗议游行背后准备与行动阶段有组织
> 的努力过程、组织者的战术考虑、参与者群体的社会结构组成及其
> 不同立场等具体情况,还有游行所产生的直接或间接影响等。这
> 些都需要其他社会研究方法,如参与式观察、询问组织者和参与
> 者、对各类主体和冲突进行详细的个案研究、对媒体信息进行分
> 析,以及最后,对政治决策过程进行分析等(Rucht 2007:57;还可
> 以参见 Rucht 1991,Rucht and Neidhardt 1998)。

因此,相比其他方法的诸多优点,对这类大数据的考察并没有增加
深入抗争表演内部从而解读其动力的契机。不过有些研究者的成果已
经接近了。因为对集体行动的普遍运作模式感兴趣,克拉克·麦克费
尔(Clark McPhail)的综述迈出了第一步,他探究了抗争事件乃至所有
大众聚集起来进行集体行动,之后又纷纷散去的情形。1983 年,麦克费
尔根据对华盛顿哥伦比亚特区 46 起政治示威活动的观察,将它们分为
不同类型的聚集,有时同一场示威游行中会出现一类以上的集会形式。
他所目睹的 75 起集会的类型分布如下:集会(34)、游行(19)、警戒
(10)、纠察(6)、集会—纠察—公民不服从行动(3)、集会—公民不服从
行动(1)、纠察—公民不服从行动(1),以及公民不服从(1)(McPhail

1991：183）。麦克费尔所观察到的抗争剧目因此包含了五种不同的表演类型：集会、游行、警戒、纠察和公民不服从。大多数表演单独发生，但有时不同形式会相互结合。

麦克费尔打算对个别集会做进一步的归类：诸如示威、涉及诸多事件的社会运动，以及同时包括个别事件和社会运动在内的一波运动和趋势。不过他还特别强调了微观尺度的重要性：如果说只有比较少的社会学家关注了集会期间人们一起做了什么，越来越多的社会学家关注相对宏观分析层面稍大一些的分析单位，例如集会、事件、运动、浪潮和趋势等。微观分析层面和宏观分析层面人们的集体行为之间的关系极为重要，不容忽视。这些都必须结合起来考虑而不是争执不休（McPhail 1991：186；还可以参见 McPhail 2006，McPhail and Miller 1973，McPhail and Wohlstein 1983）。

后来，麦克费尔的雄心越来越大，研究也越发深入。他将行动和互动分为四大类：凝视、发声、操纵和移动。联合行动（例如同时直视同一个方向）与互动（例如牵起手来）都被视为集体行动（McPhail, Schweingruber, and Ceobanu 2006）。接着，麦克费尔又同他的合作者一起，不断作出更细的划分。以发声为例，首先可以分为通过言语的表达和声响的表达，而声响的表达被进一步细分为欢呼、喝倒彩、有节奏无实意地喊口号和吹口哨等。由此一个编码单就能让观察者完成关于某个时间、某处空间，一场集会中有多少人实施了哪些行动，表演了什么，或是进行了什么互动的记录（Schweingruber and McPhail 1999：466）。

由此多个观察者和他们记录的编码单汇合在一起，便形成了对分散为不同片段的行动与互动的全局性描述。这样可以表现诸如一场集会上人们欢呼的频率比一场游行高出多少之类的答案（Schweingruber and McPhail 1999:480）。研究过程集中关注行动，尤其是互动，因为这是集体表演的基本组成部分。但麦克费尔期待的研究路径尚未形成一个关于表演与抗争剧目的统一理论，也没能找到将抗争表演整合或分解为各种特征类型，从而同博茨、克里西和其他研究者的分类统计相互比照。但他的研究方向是对的。

国际关系专家则从另一个角度遇到了相似的问题：如何根据正式的新闻信源，在转写外交互动和军事袭击等国家间行为时实现规模化和一致性。政治科学家菲利普·施罗特（Philip Schrodt）及其合作者设计了一些简单的通讯社报道转写方法。施罗特将该系统命名为KEDS，即堪萨斯事件数据系统（Kansas Event Data System）。施罗特这样描述该系统，

> KEDS 基于对句子的浅层分析——主要通过识别专有名词（它们或为复合词）、动词和动词短语的直接宾语——而非完整的句法分析构建数据集。因此，尽管这一方法在识别复合句或使用非常规语法结构的句子时会出错，但事实证明它对处理通讯社报道导语这类英文句子而言有很好的稳健性。该系统在使用 20 世纪90 年代早期电脑硬件的条件下，编码速度可以达到约 70 条/秒，在当时相比人工编码已是极大的进步。当时编码员可持续的人工操作输出速度是每小时完成 5 至 10 条（Schrodt 2006:5）。

KEDS 的技术"表亲"名为 VRA，即虚拟研究助理（Virtual Research Assistant）系统，用于处理线上新闻报道的导语或第一句话，记录其主体、动语和客体（Bond 2006）。原则上，以上相关路径最后都能形成一

种方便而且先进的方式，用以整合抗争表演与抗争剧目的详细目录。只是当时他们还没找到解决如何整合与分解此类研究之间变量的特征分类标准各异的问题。

截至目前，西德尼·塔罗（Sidney Tarrow）、罗伯托·弗兰佐西（Roberto Franzosi），以及和田毅的研究是最接近这一目标的。泰罗研究了 1965 年至 1975 年间意大利的抗争政治周期，因为全国性报纸《意大利晚邮报》（*Corriere della Sera*）称这些年间发生了 4 890 起"抗争事件"。"因为我对超常规预期行动很感兴趣，而且此类行动的参与者表现出拥有共同目标，"塔罗告诉我们说，"我搜集了关于'抗争事件'的资讯，这类事件包括罢工、示威游行、请愿、委派代表等行动，但不包括那些不涉及对其他行为体提出集体诉求的抗争行动。我将抗争事件定义为代表集体利益，针对其他群体、精英或政府当局而直接进行的破坏性行动"（Tarrow 1989:359）。

同大多数前辈一样，塔罗独立整理了一套详细到每一起事件的可机读记录。但他从三个重要的方面开拓了这一事业。其一，他将一系列描述归结为三个要点——事件概述、不满的内容和政策性回应。这使他无须查阅原始报刊资源便可以改进原有的分类方式。其二，他在这些记录中加入了可以同时存在并显示两项或以上特征的清单。这样他不仅能够分析全部事件的分布情况，而且可以看出不同暴力形式的频度特征——同警察发生冲突、暴力冲突、财物损失、暴力袭击、闹事和随机暴力行为等（Tarrow 1989:78）。其三，塔罗还通过赋予不同行为类型不同权重再进行组合，整理了 份"烈度"索引。比如请愿和身体暴力行为的异同等。由此，涉及多重分类、特定行为模式的广义事件类型划分使塔罗的工作已经接近了系统地描述表演的程度，即使它尚不足以准确描述抗争剧目。

塔罗在着手整理意大利抗争事件证据前曾向我讨教过。罗伯托·弗兰佐西曾花了一整年时间同我的研究小组进行了紧密的合作。尽管他最终自己开发了先进的事件记录系统，但他的工作是从紧跟我的著作的逻辑分析 1919 年以来意大利的冲突起步的（Franzosi 2004a：39）。这一研究结合我们所观察到的主体、动词和客体 弗兰佐西称之为"语义三胞胎"——来识别互动，进而把更多的信息加注在三项基本信息之上。

1920 年 8 月 30 日，米兰市罗密欧（Milan's Romeo）金属加工厂的工人以占领工厂的形式回应了管理层发起的停工（Franzosi 2004a：66）。占领行动引发了一波大型静坐示威行动——占领（*occupazioni delle fabbriche*）——最终成为法国、美国和世界各地静坐示威行动的范本。

弗兰佐西证明他可以目的明确地通过以下步骤完成对热那亚当地报纸《劳动报》（*Il Lavoro*）上复杂故事的简写：

> 工厂宣布停工
> 工人不接受这一决定
> 劳工首领决定占领工厂
> 工人们不离开工厂（Franzosi 2004a：78）

这种对上述冗余要素进一步增加信息量的做法使弗兰佐西实现了先是对单一片段，进而对众多片段进行深入且丰富的分析：行为体间关系在关系网络中的诸多表现、对参与者行为及其结果的各种分类、各类事件的时间顺序等,不一而足。弗兰佐西将这些信息打包放进他所开发的多用数据存储与检索系统(Franzosi 2004b),便可以用于多种多样的配对工作。

按照弗兰佐西的说法,只要处理得当,甚至简单的描述性统计都有讲述复杂故事的能力。例如弗兰佐西通过对 1919 年至 1922 年间活跃程度最高的行为体频度分布的考察,发现了其中惊人的转折:工人和贸易工会从 1919 年至 1920 年革命时期参与度极高,转而又经历了急速下滑;(包括法西斯分子在内的)政治激进分子则从几近缺席变为大肆占据主导地位;而且政府官员能力低下也进一步导致了墨索里尼之流的法西斯分子攫取权力(Franzosi 2004a:82—84)。上述统计结果又让弗兰佐西这样审慎的分析家反过来进一步追问:这些类型中不同的行为体如何进行互动,又提出了怎样的诉求?

和田毅对 1964 年至 2000 年间墨西哥政治的研究揭示了另一些同塔罗及弗兰佐西对意大利政治抗争的分析之间密切的关系(Wada 2003,2004;和田的博士论文是在我的指导下完成的)。和田根据《至上报》(*Excelsior*)、《壹加壹报》(*Unomasuno*)、《每日报》(*La Jornada*)等三份日报的报道统计了 37 年间 13 个选举周期中,每次前后 29 天遍及全国各地的大选活动期间的抗争事件。他从报纸报道中甄别了 2 832 起事件,其中部分事件相互关联构成社会运动,因此总共涉及 1 797 起运动。和田使用的"主体—动词—客体—诉求"转写法使其得以落实运用"谁对谁提出了诉求"这一独特的网络模型。总的来说,它们揭示了墨西哥的集体诉求随着该国部分民主化进程的推进而骤然政治化的状况。从对商人、地主和高等院校提出诉求的过程中,抗议者转向对政府提出越来越强势的诉求。

按照和田的分析,精英之间网络化联结的式微(尤其是在长期执政的墨西哥革命制度党[PRI]执政期间受到极大限制的情况下)为诉求提出方分化他们的统治者提供了契机。由此也推动了20世纪90年代墨西哥的部分民主化进程。在技术上,和田打破了原本附加在分类描述性统计上的诸多枷锁。技术自由又进一步打开了用独特的方法处理墨西哥政治中互动的新路径。

麦克费尔、塔罗、弗兰佐西与和田的创新从三个方面教育了政治抗争的分析者。其一,记录并分析抗争片段内的动态过程,而不只是对事件进行描述性统计,实际上是可行的。其二,相比对行为泛泛而谈的描述,对特定动词的记载更具实用性。其三,有明确作用对象的动词使研究者得以从个体化的分析转向讨论抗争行为体之间的抗争行动。

发现表演与抗争剧目

务必关注潜在的含义。按行动——转写各个片段不仅提供了对于事件更详尽的描述,还让分析者从对罢工、集会、示威游行等各类事件的简单加总中解放出来。这种自由向两个方向生长并发展:一是在更详尽地掌握相关知识的基础上实现对事件片段重新分类;二是行为体、行为、互动、方位和事件之间的联结,加上表演与抗争剧目中所有其他要素。

本书以对事件的精确描述为中心,致力于解释行为、互动、表演和抗争剧目的变动和变迁。我们应如何面对这种强有力的挑战呢? 在开始其他一切工作之前,我们有必要找到能证明抗争剧目切实存在的迹象。抗争剧目真实存在于各式各样的迹象中,以下几种是最具说服力的:

- 在特定的时间和地点,各项表演趋同于经常上演且明确的几类表演。

- 对某一组行为体和问题而言,历次行动中的相关表演差异极小。

- 政治抗争的参与者证实,他们对相关表演进行命名,参考此前同类行动行事,相互支招,是否采纳必然进行过咨询或是有前期经验的活动分工,能够互相预测对方行为等做法说明了他们知道那些行为实为表演。

- 在某一组行为体上演的全部抗争行动范围内,每一对重要的行为体都有其自身的抗争剧目。在这对关系中,伸张诉求的行为体在既有抗争剧目中选取合适的那一项。

- 在抗争行动之外,行为体同历史经验联系更紧密,他们的抗争剧目的相似程度就更高。

在众多诸如和田分析墨西哥民主化进程这样的案例研究中,我们或许还可以期待借此准确描述在政治机会结构发生变化的情况下,表演与抗争剧目的明显转向。我们或能据此进一步追问更多有关上述转向的细节:

- 这些变动中有多少是对现有表演的改进?又有多少是通过改变既有表演相对突出的要点而发生的变化?还有多少是

通过迅速引进新的表演形式实现的？

● 地区间、议题间，以及群体间的转向不平衡到什么程度，为
什么？

● 因跨区域、跨议题、跨群体抗争分布差异发生变动所造成的
转向能够达到什么程度？

● 相比表演中某个因素的改变，因参照系的变化或整个表演
的置换所造成的转向之间，存在怎样的差异？

● 官方压制或是为之提供方便的两种做法所造成的效果有多
大的区别？

● 抗争剧目的变化是否会为部分行为体的行事与达成目标提
供便利，同时为其他行为体设置障碍？

这些问题有的简单，有的则有难度，但大体上都能找到答案。

但有些问题还是会让人感到困惑。诸多相关设问都围绕着结果与
效果展开，例如，（抗争剧目在什么情况下）会在下一轮诉求伸张行动中
再次出现？如果缺少关于结果的证据，我们就几乎无法判断行动的有
效性；然而描述抗争片段的报道常常在参与者四散之际戛然而止。研
究者不得不花更大的功夫来确认政府当局、竞争者、旁观者，以及诉求
对象本身是如何对诉求作出回应的，他们甚至得花更大的功夫来洞悉
某一片段对于大众的影响。

反过来，与结果相关的文献的匮乏也加大了我们在判断有效性时
的风险。追踪抗争行动的有效性从来不是一件容易的事情，尤其是在
人们假定的效果独立于行动本身、涉及多个行为体，或是逐渐显现时更
是如此。[4] 我们必须做三件不同于前人的事：(1)对某些行为体的政治收

益与政治损失进行分类,这有别于对抗争本身的描述;(2)将上述收益与损失分散到相关事件中;以及(3)就行为及其外部效果形成竞争性且可验证的模型。

同样,大量有关潜在政治行为体不断变动的利益、组织、文化和政治立场也亟待远超抗争集会本身的长期观察,这实际上涉及广义的抗争行动。尽管在某种意义上,绝大多数政治与社会史只涉及这类议题,但撰写并记载上述变化并将之同即使是所有潜在行为体中极小的一部分联系起来,也是一项工作量极大的挑战。而且情况会更糟糕:从长远看,关键论据同样涉及没有采取行动的潜在行为体,很少甚至未曾涉及潜在抗争行动的区域,以及利益受到威胁,但抗争行为却仍处于最低程度。

最后,本章讨论的解释路径概述了激发集体意识、学习与适应等内容。以街头示威为例。如果它是从早年宗教游行、阅兵和兄弟会远足等集体行动形式发展而来的话,那么流程中的一部分必然包括有意识的借用和适应过程,之后则是对新形式的巩固。它还必须涉及借用并适应那些现成套路中有关参与者就自身权利同政府当局进行谈判的内容。我们如何根据周边数千份相关的描述性判断来把握如此复杂的过程呢?

本书尝试通过强调史实来解决这一问题。经过精心整理的历史报道在协助我们实现目标上有两大优势。第一,历史报道允许我们在寻求解释变化与变迁的过程中,以历史学家的经验为基础,重构政治抗争的政治、经济与社会语境。第二,历史报道深陷斗争的历史洪流,其进展身不由己,并由此塑造了最终的论述。在回顾历史的过程中,我们得以有机会发现一再出现的模式。这也是为什么本书强调英国18世纪至 19 世纪的历史,并一再同爱尔兰、法国、18 世纪时英属北美殖民地,以及其他历史案例进行比较的原因。它们都将抗争表演放在比较历史视野下进行讨论。

以下各章将依次讨论如下议题:第一部分主要讨论抗争剧目的变化与变迁。第二章对表演与抗争剧目进行系统的描述,第三章考察表演与抗争剧目如何发生变化,第四章关注运动——即通过多重表演推进有组织的且诉求明确的项目。本书的第二部分转向更具体但同样有意思的话题:社会运动的发明及其抗争剧目(第五章),国家政权和经济的变化与变迁是如何影响抗争剧目的(第六章),以及更广义比较历史视野下抗争剧目的变迁(第七章)。结论章(第八章)将上述各缕线索编织在一起。最终,我们将看到一幅更为清晰的图景,理解人们在过去,以及当下继续提出的抗争诉求中,如此众多的变化与变迁是如何发生的。

注 释

1. 关于出自历史经验的阐释和对于将表演视为象征的批评,参见 Burker 2005。关于对抗争表演和抗争剧目的描述与调查(并非所有人都用这两个词进行表述),参见 Archer 1990, Barber 2002, Beckwith 2000, Beissinger 1998, Borland 2004, Bourguinat 2002, Casquete 2006, Chabot 2000, Chabot and Duyvendak 2002, Duyvendak, van der Heijden, Koopmans, and Wijmans 1992, Ekiert and Kubit 1999, Ellingson 1995, Ennis 1987, Esherick and Wasserstrom 1990, Eyerman 2006, Farrell 2000, Fillieule 1997, Garrett 2006, Granjon 2002, Greiff 1997, Hanagan 1999, Heerma van Voss 2001, Hertel 2006, Jarman 1997, Lafargue 1996, Lee 2007, Lofland and Fink 1982, McPhee 1988, Mueller 1999, Munro 2005, Oberschall 1994, Péchu 2006, Pigenet and Tatakowsky 2003, Plotz 2000, Plows, Wall, and Doherty 2004, Reiss 2007b, Robert 1996, Rolfe 2005, Salvatore 2001, Scalmer 2002a, 2002b, Schwedler 2005, Sowell 1998, Steinberg 1999a and

b，Stinchcombe 1999，Szabó 1996，Tarrow 1989，1998，2005，Tartakowsky 1997，2004，Thornton 2002，Traugott 1995，Vasi 2006，Wada 2004，and Wood 2004。

2. 例如 Beissinger 2002，Brockett 2005，Duyvendak 1994，Ekiert and Kubik 1999，Fillieule 1997，Giugni 1995，Imig and Tarrow 2001，Koopmans 1995，Lindenberger 1995，López-Maya，Smilde，and Stephany 2002，Robert 1996，Rucht and Koopmans 1999，Rucht，Koopmans，and Neidhardt 1999，Rucht and Ohlemacher 1992，Soule 1997，1999，Tartakowsky 1997，and Tilly，Tilly and Tilly 1975。

3. 然而，某些类型有时会积累大量的数据；例如丹尼尔·塔塔科沃斯基（Danielle Tartatkowsky）对法国 1918 年至 1968 年间大约 15 000 起街头示威行动做了分类，而我和爱德华·肖特（Edward Shorter）曾对 1830 年至 1968 年间法国的 10 万起罢工行动进行了数据分析（Tartakowsky 1997，Shorter and Tilly 1974）。

4. 参见 Amenta 2006，Banaszak 1999，Button 1978，DeNardo 1985，Gamson 1990，Giugni，McAdam，and Tilly 1999，Gran and Hein 2005，Ibarra 2003，Jenkins 1985，Linder 2004，Luders 2006，Mansbridge 1986，Markoff 1997，McAdam and Su 2002，McCammon，Campbell，Granberg，and Mowery 2001，McVeigh，Welch，and Bjarnason 2003，Schumaker 1978，Skocpol 1992，Snyder 1976，1978，Soule and Olzak 2004，Sterns and Almeida 2004，Tamayo 1999，Tilly and Wood 2003，以及 Wisler and Giugni 1999。

第二章　如何考察并描述表演与抗争剧目

对抗争表演集会的分类计数路径是罗列事件条目、对其进行分类，并按时间和地点计算统计这些事件的频次。这一传统中晚近最有说服力的几项分析之一便是确定了民族主义动员是如何在苏联解体一事上起到了推波助澜的作用。苏联问题专家马克·贝辛格（Mark Beissinger）及其研究团队以关键的 1987 年至 1992 年为中心，收集了大量苏联与后苏联时期抗争行动的证据。他对事件的分类包括相对和平的示威行动和充满恶意的暴力冲突。

贝辛格运用上述基于事件片段的事件集解开苏联解体的疑问。如他所述：

> 本研究的基本分析单位是抗争事件。虽然这不是剖析抗争行动的唯一方法，事件分析法在研究一波又一波动员时受到了研究者的广泛认可。它本质上是历时性地追踪特定类型事件兴衰、研究其特征的方法。（Bessinger 2002:42）

作为颇有经验的苏联政治分析者，贝辛格想要解释 1986 年之后苏联不断兴起的民族主义分离运动。曾经的苏联加盟共和国设法独立并获得成功,从而于1991年瓦解了联盟。

贝辛格能就整个进程写出一部阐释性的历史学著述。但他选择以1987年初至1991年8月的两大类事件片段为中心进行分析:一是至少有100人参与的示威游行,共有5 067起;二是至少有50人参与并涉及个人或财产袭击的事件,共有2 173起。他将暴力事件进一步划分为:(1)族群骚乱;(2)群体性暴力冲突;(3)大屠杀;以及(4)族群战争。贝辛格还对1987年之前的起义和游行示威行动做了编目,但相关分析讨论仍集中于上述两大类条目。

在编纂上述两类条目的过程中,贝辛格和他的同事参考了150种来源各异的文献,包括俄文报纸、通讯社报道、苏联异见分子汇编的资料、流亡者的出版物,以及外国监听/情报机构的报告等。由此可以看出到20世纪80年代后期,街头游行示威——有时会升级为暴力冲突——业已成为动摇苏联统治的常规表演。

根据自己的苏联政治知识而设置编目的做法,使贝辛格有能力揭示最初有关苏联内政改革的要求是怎样让位于要求获得区域自治与独立诉求的,它们曾被认为绝不可能取得成功。爱沙尼亚和拉脱维亚早期寻求独立并取得成功的结果激励了之后各加盟共和国提出进一步的诉求,而越来越多的暴力行动则是诉求伸张行动在竞争与压制下不成功的结果。

1987年至1991年间,全苏联各民族聚居地区开始集体提出自治或独立的要求。到1992年,15个加盟共和国都退出了联盟,并作为主权国家获得了国际社会的承认。贝辛格在分析他的事件编目时,所做的最主要的一项工作便是运用图表按月分析1987年至1991年间相关事件的频次,讨论苏联不同的加盟共和国分别从何时开始上演抗议示威行动(Beissinger 2002:84)。以下为频次最高的几个加盟共和国爆发抗议示威次数最多的月份:

亚美尼亚	1988 年 5 月
爱沙尼亚	1988 年 11 月
摩尔达维亚/摩尔多瓦	1989 年 2 月
俄罗斯	1990 年 1 月
克里米亚鞑靼共和国	1990 年 4 月
乌克兰	1990 年 11 月
拉脱维亚	1990 年 12 月
立陶宛	1990 年 12 月
阿塞拜疆	1990 年 12 月
格鲁吉亚	1991 年 9 月

苏联建立的这些分类和边界划分模式被运用到国家治理结构中,例如将乌克兰和立陶宛视为不同的统治单元,并在语言和文化表达等问题上给予其一定的自治权。结果所有既定事实都成了明确的利益。这很容易导致激进分子纷纷声称自己代表所有乌克兰人、所有立陶宛人,以及清单上的各个族群发声。这一中介把某一民族内部不同的群体拢到了一起,使之临时成为一个统一的行为体。

其他政治行为体也分别在瓦解苏联问题上起到了各自的作用:苏联领导人米哈伊尔·戈尔巴乔夫、俄罗斯领导人(后续又担任俄罗斯总统的)鲍里斯·叶利钦、崛起的工业寡头、政府安全部门,等等。但就是上述简单的编年表本身就是一组重要的叙事,揭示了各加盟共和国脱离苏联统治的顺序。地处联盟边疆并得到强势邻国支持的因素,使亚美尼亚和爱沙尼亚早早行动并取得了成功,在外部力量迅速支持两国主张的羽翼下成为独立国家。这一态势随即加速,并在1990年末达到顶峰。这些主要行为体除克里米亚鞑靼共和国(该加盟共和国最终并入乌克兰)之外,最终都获得了独立。

贝辛格指出,在戈尔巴乔夫开始改革之前,苏联偶尔也会发生游行示威和袭击。例如,1965年4月,10万人在亚美尼亚埃里温举行集会,纪念五十年前在奥斯曼帝国驱赶并屠杀亚美尼亚人事件中的牺牲者(Beissinger 2002:71)。然而在专制政权统治或威权政体下,无论是示威游行还是政府当局之外任何人发起的集体袭击行动非常少见。但1985年之后的剧本便截然不同。一旦爱沙尼亚、亚美尼亚之类的苏维埃共和国开始在外国支持下朝着独立的目标慢慢转向,全苏联加盟共和国名义上的领导人都开始寻求自治或独立。图2.1以月为单位描述了1987年至1992年间的情况。

最初和平的进程很快激进化并一再升级。原则上,会形成以下简单的循环:一个去中心化的苏联可以赋予几个名义上的加盟共和国部分自治权,从而将之吸纳到自己的治理结构中来;同时压制那些难以驾驭、极具威胁的诉求者,从而像以往那样回到一个修正版本,继续苏维埃事业。戈尔巴乔夫的确一度尝试这么做了,但失败了。反而是十五个加盟共和国完全获得了独立地位,其他共和国也赢得了在苏联体制下从未获得过的权利,贝辛格称之为掀起了"民族主义浪潮"。在此过程中,我们称之为苏联的政权消失了。贝辛格对图2.1所示的暴力行动分析说:

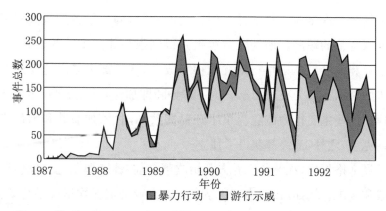

图 2.1 苏联及其前加盟共和国的游行示威和暴力行动，1987—1992 年
资料来源：Mark Beissinger。

总之，在 1987 年至 1992 年间当时苏联地区范围内，我甄别出 32 波主要的民族主义暴力行动；它们分属这些年间 16 起更大的、涉及暴力行动的族群民族主义冲突。其中仅有四起事件（即阿塞拜疆—亚美尼亚冲突、格鲁吉亚—奥塞梯冲突、格鲁吉亚—阿布哈兹冲突，以及摩尔达维亚—德涅斯特左岸共和国冲突）将暴力作为解决边界冲突的自我维持策略，从而导致原本时间很短的一波波小冲突绵延不断。其他暴力动员个案大多短命。导致有的冲突中的大规模暴力行动会持续一段时间，有些暴力行动不会扩散的原因则取决于国家制度与暴力生产之间的关系。（Beissinger 2002：309）

注意，例如在亚美尼亚、爱沙尼亚和摩尔达维亚/摩尔多瓦强烈要求获得自治之后，民族主义诉求在 1989 年有一个急剧加速的过程。贝辛格将此顺序解释为调整政治周期的结果：一般说来，早先发起自治运动的共和国或是赢得了一定的优惠条件，或是和平地遣散了动员队伍。但也有人不顾此前的失利坚持斗争，从而进入煽动或引发暴力行为的激烈反抗或诉求伸张的阶段。如果后发社会运动项目以寻求自治或独立为目标，那么双方暴力相向的做法就更加常见。图2.1清晰地展示了随着周期的推进，相对于和平示威游行，暴力行动比例逐渐上升的趋势。

因此，参考上述有关背景的深刻认知，通过相对简单地分类并统计相关事件便能揭示对于政治进程而言颇为关键的证据。然而贝辛格的一系列事件目录仍无法解决以下两个根本性问题：（1）具体考察众多个别事件片段，从而分析行为体、行动、互动同抗争诉求之间的相互作用，以及（2）精确调查某一事件片段是如何影响下一事件片段的。要实现这些目标我们需要从抗争表演与剧目中进一步提炼证据。本章便是要论述各种提炼证据的路径。这一工作的起点是回到研究本身，旨在从技术适用性方面超过弗兰佐西（Franzosi）与和田的工作。我提出了一个自己熟知的略为古早的模型，由此能够很好地利用其中形成的证据。

大英研究项目

利用事件目录确定表演和抗争剧目需要在技术上耗费大量精力，但这一工作极为重要。在过去将近十年时间里，密歇根大学和社会研究新学院的几个研究小组同我一道创建了一个涵盖 1758 年至 1834 年间英国抗争政治行动的系统数据库,其中包括行动、互动、表演、抗争剧目及其情境等多方面的证据。我们发明了一系列交互方式,使我们的研究者能够同大型主机进行交流,在一个交互式数据库中存储了大量经过人工编辑的摘要文件,还能以无限多种方式检索有关抗争集会(contentious gatherings, CGs)的信息(Schweitzer and Simon 1981)。我们称这一事业为"大英研究项目"(the Great Britain Study,GBS)。

我们得到的核心数据集,是包含了发生在英格兰东南部(肯特郡[Kent]、米德尔塞克斯郡[Middlesex]、苏塞克斯郡[Surrey, or Sussex])从 1758 年到 1820 年间选取的其中 13 年,加上全英各地(包括英格兰、苏格兰、威尔士,但不含爱尔兰)自 1828 年至 1834 年,共计 8 088 起抗争集会的可机读的描述性资料。本研究项目中,一起"抗争集会"是一个有 10 人或更多人员集结在公众可达且可见的场合,他们伸张诉求的做法一旦被注意到,必然会吸引至少一个圈外人士的活动。从原则上来说,抗争集会包括几乎所有当时的政府当局、观察家或历史学家称为"暴动"或"骚乱",以及更经常出现在"公开集会""列队游行"或"示威游行"等标题之下的行动。

我们对抗争集会的标准化描述都援引自以下定期出版物:《年度纪事》(Annual Register)、《绅士杂志》、《伦敦纪事报》(London Chronicle)、《时事晨报》、《泰晤士报》(Times of London)、《议会议事录》(Hansard's Parliamentary Debates)、《议会镜报》(Mirror of Parliament)、《议会投票与进展》(Votes and Proceedings Parliament);我们殚精竭虑地从中查阅上述年份以及 1835 年 1 月至 6 月间的相关文献。尽管我们在阐释手头的证据时频繁地参阅了已出版的历史学著作和内政部文件等档案和资料,但可机读的描述性资料仅转写自上述定期出版物。我们并未尝试为每一起事件都找到所能获得的(所有)信息,甚至对其中的代表性事例也没有这么做。而是完整收集了上述模式期刊中的全部细目,选取原则是我们能够检验,甚或有时能够检测的事件。

我们的团队创造了一种"流水线":一位研究人员负责浏览上述定期出版物,从中找出看来符合条件的事件及其报道,另一位研究人员具体把这些报道整理归类到符合条件或不符合条件的"抗争集会"卷宗里,第三位研究人员初步将报道人工转写到编码单上,一位编辑复核摘要,第五个人进行计算机操作输入上述材料,这样便完成了一条数据的录入。很明显,我们无法像第一章中所描述的新闻专线分析员那样简单地让该流水线自动运作。平均而言,每一起抗争集会我们可以从定期出版物中找到 2.6 条素材。这意味着我们经常要将故事片段连缀起来,甚至有时候还得从不同角度判定诸如参与人数等各方报道不一致的情况(确认哪一份材料更准确)。我们还花了大量时间查阅地名辞典弄清表达模糊的地名、查阅历史或传记辞典弄清人名。转写难免有错。编辑们得找出其中的差错。简而言之,我们需要充分专注且聪慧的工作,才能基于手头的材料形成可信但尽可能少转写的事件材料。

抗争集会的计算机存储记录分为好几个部分:

- 对每一起事件的一般性说明(8 088 条可机读记录)
- 对每一项要件的描述——每个人或不同的人群在事件发展中表现各不相同(27 184 条记录)

- 有关任何要件的地理方位或体量等补充信息,若相关信息可获得(18 413 条记录)
- 对任一要件中各项可区分的行动的概述,包括行为体(单一或多个),关键动词,行为对象(单一或多个)(若可识别),以及我们从中提取行为体、动词与行为对象的(一个或多个)文本片段(50 875 条)
- 我们可以从中对相关行为形成概述的、摘自详细文本的片段(76 189 条)
- 对每项条目信源的鉴别(21 030 条)
- 对有行动发生的每一处地点,包括其所在郡、城镇、教区、地点、方位的鉴别,并将其准确标注于精度为 100 米×100 米见方的英国地图上(11 054 条)
- 对一起事件的一组口头评价,或转写过程中所遇到困难的记录(5 450 条)
- 各组特别文件列出了所有构造的别名和所有在任意条目中的所有个人(28 995 条构造的名称,26 318 条人名)

在日期、星期几、国家名称这样直观的项目之外,上述记录并不包括对常规语汇的编码。总的来说,我们从文本转录相关词汇,或是(做不到这一点时)转写或解释这些词汇。以构造的名称为例:我们直接转录了文献中实际用到的词汇,而不是以宏观类目命名从而对相关内容进行编码。例如,对每一起行动的命名包括了行为体的名称、一个描绘该行动特征的动词,以及(在所有行动中,大约有 52% 的事件存在的)行动对象的名称。

以下是一个简单的例子。据 1758 年 1 月 24 日至 26 日《伦敦纪事报》报道：

> 有几个人以一副挑事的态度集结在伦敦塔下，砸碎了几扇窗户，折断了还没来得及为祝福普鲁士国王生日而点亮的蜡烛。同一天晚上，群氓在斯特兰德的萨里街（Surry Street in the Strand）制造了严重的暴力事件，尤其是公共马车售票处几乎没有一扇窗户上能留有完整的玻璃。

在历史学家最终称之为七年战争的欧洲国家间冲突期间，当时英国刚刚同普鲁士结盟，普鲁士国王一时间成了伦敦极受欢迎的英雄。在窗口点亮蜡烛的做法表达了住户对公开庆祝行动的支持。人们经常通过打破住户窗户的做法表达他们反对该住户的立场。我们将"有几个人"视为不充分证据，因为有 10 个或更多的人在袭击公共马车售票处之前同样聚在这里过；但把"群氓"理解为指代至少有 10 人以上集结在售票处。完成转写的针对问题行为的可机读材料式样如下：

转写的内容	主体	动词	客体
当天晚上，群氓（集结）	群氓	♯集结	无
群氓在斯特兰德的萨里街实施了严重的暴力行为，尤其是在公共马车售票处，没有一扇窗户上面的玻璃是完整的	群氓	♯打破	公共马车售票处的产权人
	群氓	♯结束	无

这一个案中，"♯集结""♯打破"和"♯结束"，表示这是我们从叙事中推论提炼的动词，而非直接从文本中引用的词。但大多数与时间有关的词在文本里提供了动词。

我们的确使用了一定的编辑自由权。一旦第一对参与者的互动开始形成（包括诉求客体缺席的情况，例如议会）便可以将之定义为事件的开端；同样，互动结束事件亦结束。这被具体运用在两个方面：(1)我们把所掌握信源中所报道的行动划分为三个阶段——事件"前、中、后"——但会记录全部三个阶段的信息，以及(2)当我们所掌握的信源未能报道参与者是如何终止互动或消失时，则动词"结束"代替该事件的最终结果。其中第二项策略总共在可机读行动记录中标记了5 936条"结束"字符——这几乎占到全部动词的12%，并涉及大约75%的案例。

传统历史叙事的爱好者或许会认为这一转写叙事的路径过于机械或是简化。仅仅通过讲故事显然无法为系统性的分析提供证据。然而在我看来，实际上，大英研究项目的转写录文相比按时序推进的叙事，能够更多地保留相关片段语境中更丰富且更细腻的信息。这是通过同其他片段中相应的角色或其所处的宏观语境建立特定要素——构造、行动、地点，等等——之间的联系实现的。从这个意义上来说，这一方法恰恰是反对机械化和简化的。

我们还整理了另一组可机读文档，包括对肯特郡（Kent）的1758年至1828年间数年的伦敦贸易名录的转写，郡一级人口普查数据、伦敦地区教区的信息描述，1758年至1820年间十人及以上尚不够"抗争集会"资格的集聚行动，依据 E.J.霍布斯鲍姆（E.J. Hobsbawm）与乔治·鲁德（George Rude）合著的《斯温大尉》（*Captain Swing*）转写了19世纪

30 年代与斯温暴动有关的事件＊,还根据大量已出版的历史学著述整理编写了"抗争集会"事件目录。此外,我们还在英国档案中搜集了数不清的微缩胶卷、影印资料和笔记,其中特别包括了英国内政部所藏1828 年至 1834 年间全国各郡的完整档案。所有上述资料都各司其职支持了我们有关诉求伸张变迁的分析。

　　图 2.2 简单地呈现了(大)伦敦地区四个郡的抗争集会年度计数。1811 年后颇为可观的增量是"报道效应"同抗争行动的重要变迁结合的结果。就我所能给出的解释而言,对比当地文献和本土学者关注的细节,我们依据全国性报刊筛选案例意味着只有很小一部分地方性事件——尤其是劳资纠纷——列入了我们的 18 世纪事件列表。但是公开伸张诉求的行动在拿破仑战争结束后,随着国家战时管制的放松迅速增长。与此同时,各地不同形式的冲突,例如乡村社会常见的搏斗和贸易组织之间的竞争也纷纷让位于以国家为中心的诉求。因此,总部设在伦敦的报刊越来越重视抗争行动,无论那些事件发生在何处。

　　考察(investigations)会根据事件的重要与否筛选出相关事件(无论"重要性"本身的标准是什么),与考察不同,我们的分类几乎无法避免"似曾相识"的感觉,进而领悟到任何特定时间、特定地点的事件都可以归属到数量有限的类目中,不断再现却变化不大。我们的事件类目几乎会让读者不由自主地想到"表演"和"抗争表演"的概念。

　　＊ 1830 年的"斯温暴动"是英国工人因为担心自己的生计被取代而反对使用脱粒机这一新发明引发的一系列社会暴动。"斯温大尉"的化名旨在表达英国农村劳苦大众的愤怒,他们希望回到前机器时代的手工生产模式。这一化名出现在许多与事件相关的恐吓信上。——译者注

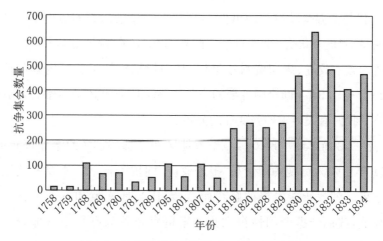

图 2.2　伦敦地区的抗争集会，1758—1834 年

　　然而不同的场景和不同的周期都使事件产生了不同的排列组合：集体没收粮食、侵犯边界明确的土地、袭击某一时期某一地点的猎场看守人；劫掠房屋、嘲讽式的游行、向另一方派出代表；在另一时刻进行游行示威、罢工、大规模集会等。主流的行动形式同样因行为体的社会阶层而异（市民阶层对待贵族的做法不同于农民对待市民阶层的做法），因手头的抗争议题而异（规训手下的工人如何讨王室欢心），因集会的场合而异（节日、选举、合法集会，等等）。行动的排列组合显然同社会组织和政治路径的语境相关。

　　本研究建立在有一定冒险性的认识论与本体论赌注基础上（Tilly and Goodin 2006）。在认识论上，这一考察的线索赌了一把报刊（至少是英国 18 世纪、19 世纪的那些报刊）充分报道了足够系统分析大规模变动的政治抗争行动，且其抗争表演与抗争剧目丰富多样。本研究还进一步假设审慎的研究者能够从公共表演及其语境之间的关系，以及各项表演之间的关系中形成对政治抗争的因果关系的推论。这一路径驳斥了一项共识：只有通过探究个体或集体行为体的意识才能对其行动形成可信的因果解释。

在本体论上，这类基于时间的研究将赌注下在了公开的政治表演由连贯且可分辨的现象构成的可能性上——由此我们可以获得诸如英国罢工、暴力没收粮食或公开集会有效的历史信息。另一方面，该本体论也否认这些公开政治表演可以用宏观分类定义相关概念，即符合"所有地方的罢工都是 X，它们都是由 Y 造成"的普遍性法则。说实在的，我在长期沉浸于法国历史之后开启英国研究之路，恰恰是因为我感到两个政权在抗争问题上形成了不同的变化与变迁模式（Tilly 1986）。最终，英法两国的案例和其他比较研究引领我得出的结论是，作为政治现象的研究者不应寻求经验事实的跨国拓展，而应寻求不同的组合、顺序，以及初始状态所导致的政治变化与变迁背后的因果机制及过程（Tilly 2001）。

退一步说，很多其他政治抗争的研究者拒绝上述这个或那个赌注式的预设（参见如 Goodwin and Jasper 2004，*Mobilization* 2003，Wells 2000）。但至少这么下注有两个很大的好处。首先，相比常见假说它们能更好地表述读者必须接受的（尽管只是暂时地）知识与事实，从而认可上述英国研究或其他类似研究的结论。其次，假设这一假说是正确的，它们为释义和比较不同时期、不同地点的抗争政治提出了既有挑战性又颇为可行的一系列概念。其中便包括研究英国 18 世纪至 19 世纪在国家大变革时期抗争剧目的变迁。

变迁中的抗争剧目

在 18 世纪 50 年代至 19 世纪 30 年代的英国这一案例中,我们可以明显地看出早期与晚期主流抗争剧目的区别。18 世纪中期东南各地频繁上演的抗争表演包括:

> 砸烂没点灯的住家的窗户
>
> 因对演出不满意而打砸剧院
>
> 集体没收粮食,通常还连带洗劫商人的营业场所
>
> 猎人和猎场看护人互相打斗
>
> 走私者和王家官员之间的对战
>
> 用言语或肢体攻击那些在街上看到的或戴着木枷锁示众的罪犯
>
> 推倒并/或洗劫危险或是抵抗集体行动的房屋
>
> 羞辱违反集体共识的工人
>
> 嘲笑或破坏公众人物或有违道德的人的徽标、肖像,以及财产
>
> 释放罪犯
>
> 受到压制的军人发动兵变
>
> 在公开行刑时选边站
>
> 工人因贸易纠纷举行针对政府当局的游行

而在东南地区之外,相应的项目名录不仅包括上述那些,还包括破

坏征收通行税的关卡、入侵封闭的有主土地，以及扰乱公开仪式或节庆等（Bohstedt 1983，Brewer 1976，Brewer and Styles 1980，Charlesworth 1983，Harrison 1988，Hayter 1978，Stevenson 1979）。

在极大简化后，我们或许可以想象出，一幕典型的英国"18 世纪的"抗争剧目包括：

- 人们常常或夸张讽刺，或故意而为地采纳当局的常规行动方式，或是偶尔假定当局以当地社团的名义拥有特权
- 集结在违法犯罪者的住处或是其做坏事的现场，反对其担任相关议席或（其他）公权力的象征
- 充分利用已获批准的公开庆祝活动与机会表达不满与诉求
- 参与者通常以建制合作团体或社群的成员或代表身份，而非代表特定利益出场
- 有意直接反对本地的敌人，但会寻求有势力的庇护者，从而在当地社群势力范围控制之外实现纠错，这对政府当局之外的代表而言尤为如此
- 一再采用肖像、默剧，以及仪式用品等形式丰富、表达蔑视的象征符号来表达不满与诉求
- 针对特定的情境与场合塑造行动

总的来说，这些颇具地方性的结构特征使表演分为两个特征：从其关注本地目标来说是地方性的，而且其扎根于本地团体而非区域或全国性团体的本地分支机构；尤其是不同的群体、情境和场合拥有各自形式截然不同的行动；分为两阶段则表现为对涉及可触及诉求对象的直接行

动同诉求对象阶高距远,从而要再由达官显贵从中牵线搭桥的间接行动之间存在差异。

"18 世纪的"抗争剧目反映了一个由众多团体与社群合作确立的当地权利政治格局;而当地共识的缺失使治安监管工作略显徒劳;政府当局对惩戒性措施的使用习以为常,而普通人有时也会效仿他们;大多数人宽容地接受了针对道德罪犯的直接行动;集会的权利面临严格的限制;所有掌权者及其竞争者都运用了精巧且满是符号的编剧技巧;奚落他人和避而不谈的做法就是有力的惩罚,同时公私生活之间的界限仍模糊不清。然而在 18 世纪经济资本化的过程中,国家权力的扩张威胁到了诸多权利以及支撑上述整治活动的基层官僚。正因如此,他们发起了广泛的抗争。

务必记住这些必要条件:"18 世纪的"只是更复杂时间表上的大致定位;有的片段会是一种以上形式的结合;没有哪类行为体能够单独展开所有各类表演;每场表演至少同两个行为体相关,其中至少有一方以另一方为对抗目标,同时另一方通常还以不同的表演;创新与改良不断地发生在上述各项表演的大致范围内。

此外就伦敦本身而言,地方与国家之间的界限颇为模糊,因为国王、议会、伦敦城的巨头,以及东印度公司之类的国家权力掌控者无不近在咫尺;相对而言,普通人(例如伦敦城里的裁缝、斯皮塔菲尔德[Spitalfield]的织工)偶尔也会直接向统治这片土地的人直接伸张诉求。但即使是他们也采纳了 18 世纪的表演模式。标准(表演)形式的数量仍明显有限,其中不包括相当数量的其他表演——武装暴动、民粹政党的兴起、执行死刑、大规模集会,等等——大体上,同样频繁发生。实际上,一些以 18 世纪的标准套路为目标的新抗争形式的确在 18 世纪六七十年代落地生根。稍晚我们会详细考察这一时期的具体变迁。回顾往事,我们发现示威游行、大规模集会和社会运动的种子早在 18 世纪便种下了。

到 19 世纪 30 年代,"18 世纪的"诸多表演几乎已经完全消失了。就图示而言,19 世纪英国的大众集会行动大体上符合以下模式:

- 运用某种当局极少甚或从未使用过的,相对自主的行为方式(例如当局从未举行过示威游行)
- 人们作为普通成员或特定利益的代表组成公共行为体或以此命名组织
- 直接挑战敌对方或政府当局,针对国家权威及其代表尤为如此
- 展示计划、口号,普通成员亦通过各种标志如旗帜、标识色及写有文字的条幅彰显身份
- 偏好在公共场合实施事先计划过的行动
- 偏好便于在各种情况或场合下转换调整的行动形式

必要条件同样适用于此。不同于 18 世纪抗争剧目地方性、针对特定问题且二分的特征,上述表演由相对更具普适性、模式化且自主运作的抗争剧目集组成。具体包括出席集会、罢工、示威游行、竞选集会、公开集会、请愿游行、有计划的暴动、侵犯官方集会、组织社会运动,以及组织选举运动等。当然,其中有的项目在 18 世纪便已出现。但它们直到 19 世纪才成为大众抗争的主流形式。本书接下来将用相当大的篇幅通过文献研究 19 世纪的抗争剧目是怎样、在何时,以及缘何取代了

18世纪的先驱。

　　我们应该忍住给任何两种抗争剧目之一贴上它比另一种更有效、更具政治性,抑或更具"革命性"的标签。同样,称某一抗争剧目"传统"而另一剧目"现代",也不会比有人说现代英语比莎士比亚时期的英语更高级之类的话语那样产生什么帮助。这只不过让我们看上去比别人效率更高或经验更丰富而已(对此类评价方式提出的令人尊敬的怀疑论,参见 Archer 1990:24, 251)。我们必须认识到抗争剧目只是参与其中的人们手中的一组工具。后退/前进,前政治/政治之类的区别并不涉及工具本身,而是特指运用这些工具的场合。工具并非只作用于其中一端,它们的相对效力有赖于工具、目标,以及使用者的匹配程度。19世纪之所以兴起新的抗争剧目是因为新的使用者开始有了新目标,却发现手头的工具无法匹配他们遇到的问题和自身的能力。在实际抗争过程中,人们伸张诉求和反对诉求的做法引领了诉求伸张的新潮流。它们成为抗争剧目表演内容的有益补充。

　　从本质上来说,无论是新目标还是新的行动形式都没什么革命性。毕竟英国17世纪便造就了两场革命,相似的抗争剧目又盛行于18世纪,然而并未在19世纪或20世纪凭新的抗争剧目引发革命。旧抗争剧目中很大一部分的表演(诸如在游行示威行动中用铁盘和鼓等在发泄对象房子门口制造刺耳的噪音、推倒济贫院等做法)包含了针对敌手的直接行动;而在更晚近的抗争剧目中,绝大多数行动(例如公开集会和大规模请愿)则认为国家权力结构的存续理所当然。在这种情况下,可以说旧抗争剧目反而比新抗争剧目更具革命性。两类抗争剧目都反映了其在所处历史语境中与权力组织的互动。两者之间的差异与抗争剧目及行为体同其所处政治环境之间的关系有关。

同大多数有效的二分法相似,为表述清晰,我在此将众多抗争剧目简化至仅为两类。实际情况中并没有采纳一类或另一类抗争剧目中所有表演形式的群体,也不存在一对行为体唐突地从一类抗争剧目转向另一类的做法,更不会直接在 1800 年或是任何时候直接掐断抗争剧目。我们的研究对象是一部持续创新和调整的历史。不过抗争剧目的种类飙升也曾发生过,一对行为体改变抗争剧目的做法,会引发数对相邻行为体也这么做;相比牵涉面窄的冲突,牵涉面广的能造成更全面的抗争剧目变动,而且有的创新点比起其他的流行起来更快、盛行得更久。正因如此,人为将不断变化的众多抗争剧目划分为 18 世纪或 19 世纪等不同集合,有利于讨论上述复杂历史。

斯坦伯格的《织工》

第一章曾提出,纷繁的抗争表演形成了强势的抗争剧目,而抗争剧目里的变化与调整通常来自表演层面的原因,其次生效果又会作用于行动、相互作用,以及抗争剧目。我们可以透过大英研究项目中纷繁的细节,管窥在情境中实际运作的抗争剧目。马克·斯坦伯格(Marc Steinberg)的作品启发了我们确定表演提出的承诺及其复杂性的思路。

斯坦伯格在成为独立的、优秀的英国 19 世纪工人运动分析专家之前曾为大英研究项目做过一些工作。他运用语言学分析解读对话的方法致力于讨论表演与抗争剧目中话语所处的场合(Steinberg 1994,1996,1998,1999a and b)。他生动的《战斗的话语》(*Fighting Word*,

1999a)一书深入地挖掘了工人阶层的生活,综合讨论了伦敦斯皮塔菲尔德丝织工人和兰开夏郡阿什顿—斯泰利布里奇(Ashton-Stalybridge)纺织工人从 18 世纪后期到 19 世纪 30 年代的经历。我们或许早已在未署名作者对布特勋爵 1768 年在市政厅模拟被处决事件的讨论中读到过斯坦伯格笔下的斯皮塔菲尔德织工的生活。

的确,在 1768 年和 1769 年,丝织工人充当了伦敦工人街头政治的先行者。在那个丝织品贸易相对繁荣的年代,议会确实屈服于他们的压力,通过了一项法案(1773 年),授权政府担保工厂主与工人之间的计件工资谈判,任意一方若违反定价都会被罚款。从那时起,对资本家有怨气的丝织工人就理所当然地向包括议会在内的公权力当局提出诉求、寻求正义。

然而在拿破仑战争结束后,自由放任派的拥护者开始逐渐废除 18 世纪构建起来精密的贸易保护结构。上述斯皮塔菲尔德法是到最后才废除的几个壁垒之一。但是到了 19 世纪 20 年代早期,大丝织商和大卫·李嘉图(David Ricardo)等政治经济学拥护者就开始攻击该法律,认为其拖累了贸易,是英国走向进一步繁荣之路上的障碍。他们在 1824 年取得了胜利;议会无视织工强烈的反对之声,废除了这一法律。从那个时候开始,进口丝绸所引发的竞争使斯皮塔菲尔德日渐衰败。由最大的商号牵头,各家制造商纷纷稳步下调了计件工资。织工则遭受着失业与工资下降的双重压力。

到 1826 年,丝织工人开始积极动员起来反抗工资的下降:开始进行公开集会、游说政府、集体向工厂主提出诉求、组织罢工,以及向议会请愿等。他们拒绝接受制造商的劳动自由论。《贸易自由报》(*Trade's Free Press*)对相关起诉书总结如下:

　　劳动自由吗？——是的——对富裕的资本家来说就是按照自己的意愿和心情掌控它、命令它，而且通常来说，按照其选择的价格……

　　劳动自由吗？——是的——要支付巨额税金、高额养老金，还要在和平时期养一支常备军，其在就业中所占据的比例令人惊叹，而这些若能恰当地支付给劳动者，他们会成为忠诚且顺服的臣民。

　　劳动真的对实现其劳动价值的技术工人自由吗？我们的答案是，不能；因为尽管他并未被这片土地上的法律强迫以无法维持生计的工资去工作，但他受制于这么做的必要性——他穷困的状态决定了他的依赖性——老板的意愿就是他的法律（Steinberg 1999a：112）。

　　至 1829 年，斯皮塔菲尔德的织工已在他们的抗争剧目中加入了三类截然不同的表演：在暗地里割断那些支付最低工资的生产商的织布机上的丝织品、针对贸易问题发起总罢工，以及（针对未能履行罢工协议的生产商）封存织布机使那些给出的工资低于协定标准的工厂主停工。仅就那一年而言，斯坦伯格就整理罗列了 30 个相互独立的斯皮塔菲尔德织工集体行动的片段清单（Steinberg 1999a：245—246）。生产商则找来政府武装部队回应。因而织工在 1829 年一场召集了 13 000 人参与的罢工中失败。他们一直没能从这一失败中恢复过来。这些人渐渐飘零，流落到澳大利亚、美国，或是在凋敝的本行业之外在本地其他领域找到了工作。

　　斯坦伯格对 5 月表演的分析为我们提供了将两类分析工作结合起来的宝贵机会：甄别织工的抗争剧目中暴力与非暴力表演之间的区别，

从而系统地分析与这些表演有关的证据,为比较与综合分析做准备。
让我们分别来看一下截然不同的两种表演:割断丝织品和集会讨论与
工厂主有关的事情。在 1829 年 4 月底的一次织工大会上通过的第 11
次决议含蓄地威胁,如果工厂主仍坚持降低工资,工人们将动用暴力。
"5 月 3 日晚上,"斯坦伯格写道,

> 第 11 次决议的通过已成为此类行动不祥的预兆。一个个"切
> 割者"蹑手蹑脚地游弋于工业区,破坏了好几家降低了计件工资的
> 工厂织布机上几近完工的布匹。这一做法在接下来的两天里丝毫
> 没有停止的意思,整个过程中至少他们破坏了 25 台织布机上的产
> 品(Steinberg 1999a:119)。

我的研究团队在 1829 年的《泰晤士报》上找到了多条有关上述袭
击的信息。以下显示了我们是如何对一起发生在 5 月 4 日的割断丝织
品事件进行转写并分类的:

转写的内容	动词	动词所属大类
某些有恶意倾向的人狂热地集结到一起	集结	移动
他们进了丝织熟练工的住处	进入	移动
并恶意割断织机上的布匹	破坏	袭击
#结束	#结束	结束
事后(工厂主向织工)承诺了一笔价值 200 英镑的补偿	给予	讨价还价

左侧的动词显示了我们对相应短语中核心行动的简化转写。右侧一栏
进一步将之匹配到八个宽泛的动词大类中去,包括:袭击、控制、结束、
集会、移动、讨价还价、支持,以及其他。(一下子包含了其他各类动词。)

抗争集会的可机读材料并不包括《泰晤士报》上的全文内容,但包括一些选文,更不用说有关该片段涉及的方位、来源、行为体等多方面的单独信息了。我们推断了"割布者"不再实施这类行动的原因,文献中并未论及此类恶行是如何消失的;因而以"♯结束"标注。至于"♯结束"位列"给予"之前,则是因为内政大臣罗伯特·皮尔(Robert Peel)在"切割者"不再割断布匹后,才宣布了一项(工厂主愿意承担的)补偿方案。

两天后,也就是5月6日,一队织工代表前去同工厂主会面,要求恢复1824年的定价,并威胁说如果工厂主不同意这么做他们就发起罢工。工厂主指定了一个12人的委员会,决定于次日同织工代表进行谈判。工厂主委员会做出了让步,但定价远低于1824年的价格。那天(7日)晚上,众多织工集结在王冠和锚酒馆(Crown and Anchor Tavern),拒绝了工厂主的说辞。以下为我们从《时事晨报》上摘录整理的转写文档:

转写的内容	动词	动词所属大类
昨天下午……由他们所属的委员会指派的织工……代表团……	指派	讨价还价
代表团的成员……集结起来,	集结	移动
同工厂主委员会会商	会面	集会
昨晚……12 000至14 000名织工集结起来	集结	移动
代表团……抵达	抵达	移动
伴随着大声的欢呼,协调会接受了(织工提交的申诉材料)	欢呼	支持
朗读了工厂主委员会的报告……将之递交给熟练工听候通过或是被拒绝	递交	支持
协调会现场变得喧闹起来,除了嘈杂声、喧哗声、高音嘘声什么都听不到	♯执行落实	讨价还价
决定不接受工厂主提出的条款	拒绝	控制
♯结束	♯结束	结束

这一转写将工人代表同工厂主的会谈（前三个动词）的行动视为随后发生抗争集会的前兆。我们将 12 000 至 14 000 名织工集结在王冠和锚酒馆门外的行为视作抗争集会的开端。同时我们又直接从文本中摘引了一部分动词，又提炼了另一些，其中"执行落实"显然是同原始文本最不相干的一个词。

表演与抗争剧目的系统特征

既有的报道并未告诉我们（此前）从织布机上割断布匹的织工是否同样会见了工厂主，或是在 5 月 7 日的大型集会上发了言。那看上去不太可能。但事实告诉我们斯皮塔菲尔德组织有序的织工既有能力直接行使暴力，又能从容组织大规模的非暴力集会。两种方式都是织工—工厂主互动抗争剧目的组成部分。上述转写同样告诉我们，简单地按各项表演自身顺序摘录并提炼基于动词的描述是有可能的："集结—进入—破坏—结束"对比"集结—抵达—欢呼—递交—执行落实—拒绝—结束"。这些例子并不包含有关参与群体的形成、所处方位、事件、来源、诉求提出者，以及诉求对象的信息。而加上这些信息，可机读文件便可以连接原本无法调和的两极：一端是具体到每一项行动的叙事，另一端是对事件的概述。它们填补了叙事与（抗争表演）流行研究的中间地带。

以我们的"抗争集会"数据集中的行动为例，表述为动词。我们转写的文档中包括了 1 548 种不同的动词。综合考虑频次、语言上的相似性、同时出现的情况、有关英国抗争行动的常识，以及完全的制度化架构，我将它们分为 46 个更具体的类别。（此前论及的八个大类进一步更彻底地分解为 46 个大类。）我的合作者和田毅以上述 46 大类动词为基础所做的事实分析拓展了事件类型。图 2.3 展示了最突出且最有意义的 31 类动词第一次基于事实分析的二维分类。[1] 图中任意两个动词类别相互间距离越近，则表明它们在同一类事件中同时出现的概率越高。

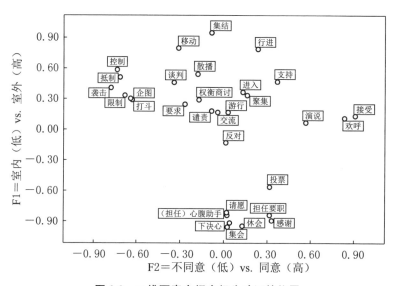

图 2.3　二维要素空间中行为动词的位置

图中通常与室内场景相关的动词——尤其是在公开集会中——集中在底部。而顶部更多地集中了与发生在户外的事件片段相关的动词。图的左边可以看到与分歧相关的词汇，其中包括暴力争议；图的右边的动词则与共识有关。这使得中间区域挤满了描述无论室内还是室外、无论导致共识或是分歧的动词。图示直观地描述并揭示了英国表演与抗争剧目运作的空间特征。

请注意空间内各簇动词的位置。中间偏左侧的动词挤得很近，我们可以看到"控制""抵制""袭击""阻碍""企图"，以及"打斗"。而由这组动词导致的一系列结果，又以不同的身体抗争形式，同时出现。我们在右侧则可以看到一簇相对松散的动词："演说""接受""欢呼"和"支持"；这些词在代表团或一群人提出请愿，或表达对一些高官支持的情境中尤为常见。而在图示的底部我们看到的是很大一簇动词："请愿""听取请愿""下决心""集会""休会""感谢""担任要职"，以及"投票"，所有这些动词都是公开集会的组成部分。这是因为尽管投票会在集会期间举行，但同样也会在竞争性选举中发生，在竞争性选举中，投票行为在户外进行，且通常伴随着候选人、选举人、支持者和观众之间的广泛互动进程。

我们可以通过探讨这些动词在（抗争）表演所属大致分类与我的课题组对"抗争集会"的初步分类——包括当局认可的庆祝仪式和代表团等——之间的联结，了解这些动词的运作逻辑。具体到每一组大致分类，卡片 2.1 分门别类具体列出了要素分析中每一类事件所用的动词类型，而非仅仅列出它们的平均频率。各类动词的表现也极为不同。例如，事先策划过的、由署名协会组织的活动会过度使用诸如"宴请""听取请愿"和"集会"等动词。所有这些类型都集中在二维空间的底部。

框 2.1　一再出现 * 的集会相关动词类目(按大类划分)，
英国，1758—1834 年

官方批准的庆祝活动(78 起抗争行动)：包围、庆祝、欢呼、宴请、进入、集结、观察、行进、接受

接受检阅、游行示威、集会(142 起)：企图、封锁、包围、庆祝、欢呼、谴责、宴请、进入、集结、游行示威、谈判、观察、反对、其他(行为)、行进、接受、支持、投票

代表团(79 起)：发表演说、包围、协商、集结、谈判、行进、接受、支持

署名协会事先策划的集会(985 起)：宴请、听取请愿、集会、请愿

事先策划的公众集结(3 197 起)：无

其他事先策划的集会(1 672 起)：宴请、集会

罢工、参与投票(turnouts)(76 起)：袭击、企图、封锁、控制、协商、惩罚顽固派、集结、听命游行、移动、谈判、请愿、观察、其他(行为)、行进、反对、出动

对封锁行动的袭击(27 起)：袭击、封锁、控制、谴责、死亡、进入、打斗、集结、移动、观察、出动

酒馆斗殴(24 起)：袭击、企图、封锁、包围、庆祝、控制、协商、宴请、进入、打斗、集结、给予、移动、谈判、要求、拒绝、出动

市场冲突(12 起)：发表演说、封锁、集结、谈判、反对、其他(行为)、行进、要求、支持

偷猎者 vs.猎场看护人(71 起)：袭击、企图、封锁、包围、控制、协商、死亡、驱散、进入、打斗、集结、狩猎、移动、谈判、观察、其他(行为)、行进

走私者 vs.海关(49 起)：袭击、尝试、封锁、包围、庆祝、控制、死亡、打斗、集结、给予、移动、观察、其他(行为)、行进、反对、走私

其他暴力集结行动(1 156 起)：袭击、尝试、封锁、包围、控制、谴责、进入、打斗、集结、给予、游行示威、移动、谈判、观察、请愿、行进、反对

其他计划外的集结行动(520 起)：封锁、庆祝、欢呼、控制、谴责、抗议、进入、集结、游行示威、移动、谈判、观察、其他(行为)、行进

* 一再出现 = 在所有集结活动中出现两次或以上，或(在最终"结束"和"集会"的情况下，分别在 73%和 54%的集结行动发生过)在各场行动中，比它们通常出现的频次高20%(或以上)。

事先策划的公开集会(此类型中最常见的动词包括"集结""担任要职""结束""听取请愿""集会""请愿"和"下决心")在统计中占据了极大的比例,因此看上去没有哪一类动词单独"占比极大"。反之,在盗猎者与猎场看护人之间的斗争中,动词类型集中在"袭击""企图""封锁""包围""控制""协商""死亡""驱散""进入""打斗""集结""狩猎""移动""谈判""观察""其他(行为)"和"行进"。这些动词类型积聚在要素空间上半部分偏左1/4区域(发生在户外的争议与斗争)里。

当然,在某种意义上,这份清单只是确认了我们对事件最初分类的合理性。毕竟我们始终突出动词,并以此为依据对叙事进行分类。不过,这份清单再次明确了是行为与互动使我们所见的"抗争集会"各具特色,以至于仅从动词类型本身出发就能相应地讲出一个极具代表性的故事。举个例子,试看"市场冲突"这一事件类型:不同于它们"粮食暴动"的大名,尽管参与其中的人偶尔会付诸暴力行动,但是"发表演说""封锁""集结""谈判""反对""其他(行为)""行进""要求"和"支持"等动词将它们同其他暴力集会区分开来。与之相反,这一事件类型开启了公众通过集体就粮食供应与定价问题讨价还价的进程(Tilly 1975,Tilly 1995:175—178)。与此相似,"惩罚顽固派"(donkey)这一动词类型只出现在罢工和参与投票活动中。这个词描述了工人的行动惯例:把破坏罢工的工贼放在驴子或者横木上示众,在推着他出城的路上向其投掷垃圾。

由此回头看,上述对应清单还告诉我们,我的事件类型目录夸大了某些区别。例如,在宏观了解欧洲抗争行动剧变与变迁的基础上,我引入概念,将官方批准的庆典视为一类,而将庆祝游行、游行示威和公众集会视为另一类行动。对于前者,我心里想的是欧洲人经常利用"忏悔星期二"(Mardi Gras)狂欢节*等节庆活动伺机提出意见、奚落对手。对于后者,我想到的则是训练有素的队伍,如部队、宗教团体、共济会政治支持者的参与。

　　所有这些不同的形式都出现在 8 088 场"抗争集会"的某个地方。而且,当它们出现的时候,形式各不相同。纯粹的获官方批准的庆典活动例子包括向王室在内的地位显耀之人致敬的活动。反之,纯粹的庆祝游行、游行示威和公众集会则包括有组织的群体各自寻求力量的行动。但我无法事先区分相关证据的两大重要特征。其一,支持者群体会因这样或那样的原因,利用公众节日或其他官方批准的庆典组织游行或示威。其二,鉴于街头集会和游行示威已成为伸张诉求常见的表演形式,它们通常也会采纳获得官方批准的庆典活动中既有的套路。这些数字揭示了结果:获官方批准的庆典活动中各个"错位"动词类型也"错位"地出现在了庆祝游行、游行示威和公众集会中。[2]

　　抗争集会的数量清晰地将经事先策划的集会分为三类,即有协会署名组织的、公开集会,以及其他类型。在几个目的的推动下,我们显然有必要区分包括(1)诸如 19 世纪 20 年代后期迅猛增长的反天主教组织等协会,(2)当地教区或土地所有者的协会,以及(3)部分领导者、候选人,或是吸引人加入有组织公开讨论,但追随者鱼龙混杂的各类集会。不过动词类型的分布情况揭示了到 19 世纪,无论他们是参加了某个协会,还是公开集会,抑或是各类支持者团体的成员,英国人已经掌握了组织集会的基本模式。

---

　　* 欧洲基督教传统中,"圣灰星期三"是大斋节,基督徒通常会在前一天,即"忏悔星期二"举行狂欢节的大型活动。——译者注

同一动词类型不断出现:"集结""集会""宴请""担任要职""结束""听取请愿",还有"下决心"(如果"宴请"看起来像是奇怪的搭配,那么请记得1758年至1834年间宴请、干杯以及敬酒在政治礼仪中的重要作用)。通过公众集会提出集体诉求的兴起,构成了从地方性、针对特定问题且二分的表演,向世界主义、模块化且自洽的表演转型的一个要素。

我们的二维空间——"同意/反对"和"室内/室外"2乘2联立——提供了另一种思考英国18世纪50年代到19世纪30年代抗争表演与抗争剧目变迁的方式。通常,我们样本中的事件片段都在左上角到右下角的范围内活动:从户外暴力程度更高的争议性行动向更平和的室内行动(原则上或将达成协议)移动。在箭头的起点,我们看到了公众的复仇和嘲讽;箭头的尖端则指向达成协议、建立支持的集体协商。公开集会的大规模兴起(伴随着"集会""担任要职""下决心""投票""听取请愿""请愿""感谢"和"休会"的循环往复)催生了众多沿着这一箭头发展的运动。

当某一行为体针对另一行为体有所动作的时候,我们便获得了一对主客体。在"抗争集会"数据中,我们用主体、动词、客体来表述它们之间的联系。正如我们所料,不同的主客体配对强调的动词也各不相同。本地人对议会议员的看法有别于它们的邻居。图2.4通过考察三大类动词——袭击、讨价还价、支持——背后频次最高的主客体组合,在一定程度上展示了此间的差异。样本混合了来自伦敦地区四个郡——肯特郡(Kent)、米德塞克斯郡(Middlesex)、萨里郡(Surrey)和苏塞克斯郡(Sussex)——在1758年至1834年所有年份的情况,但不包括英国其他地区。

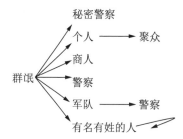

动词＝袭击　　　　　　　盗猎者──▶猎场护卫

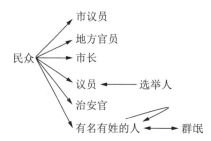

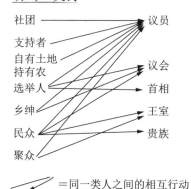

＝同一类人之间的相互行动

**图 2.4　行动中最为常见的主体—客体配对,按主要动词分类,
伦敦地区,1758—1834 年**

我们已经注意到,同"袭击"有关的动词都集中在前述要素空间的中间偏左区域,同"讨价还价"相关的动词则集中在中心区域,而同"支持"相关的动词分布在右侧。图2.4则包含了更多的信息:我们发现各对行为体在空间中占据主导地位的方位各不相同。同"袭击"有关的动词往往同"群氓"一起出现("群氓"或者说"暴徒"是我们所引源文献的用词,不是我们的用词),他们的反对态度同对手的人数无关,其对象包括单个有名有姓的人。此外,军队(他们一般敬重上层权威,但有时也会独立行动)也经常会在出现管辖权冲突时袭击当地警察,匿名人士有时会袭击人群,有名有姓的个人相互间袭击的行为也时有发生,此外——在另一组关系中——盗猎者和猎场护卫之间也存在这样的关系。

"讨价还价"相关动词的运作模式则截然不同:代替"群氓"的,是各类由当地居民构成的群体定期同各领域的官员和有名有姓的个人打交道。不过我们同样可以看到选民同议会议员讨价还价、群氓同有名有姓的知名人士互相讨价还价,以及(又是)知名人士之间的讨价还价。而在"支持"小组中,我们发现了更为全国性的平台。合法社团和当地集会都会定期发声支持议会议员,而大众和乡绅也会这样做。议会作为一个整体通常也会得到选民、乡绅和居民的支持,同时各大臣、王室成员和贵族也会获得来自选民、居民和大众的支持。

以上三组动词明确区分了不同的政治关系。由此可以得到两条显而易见的结论:总的来说,公共集会的兴起和与之相关的诉求伸张情境的变动使抗争政治逐渐远离袭击行为,向讨价还价和表达支持转型;而议会在公共事务中越发重要的角色既是引发这一转变的原因,也是由此造成的结果(Tilly 1997,Tilly and Wood 2003)。

　　1758 年至 1834 年间动词混搭模式的变化具体论述了以上两个结论。除组织的集会场次比国内其他地区加起来还要多这一持续的趋势之外，伦敦地区的事态走向同英国其他地区的差别并不明显。因此图 2.5 单独加总了伦敦地区（即肯特郡、米德塞克斯郡、萨里郡和苏塞克斯郡）1758 年至 1820 年的数据，另外统计了全英 1828 年至 1834 年的数据。在我们覆盖面极宽的动词类型中，有些词历年波动不大，无法显示趋势变化。

　　这些动词整体上归类为"支持"性行动，其中包括了图 2.3 中诸如"演说""欢呼""获得"和"支持"等子类，也包括了诸如"景仰""救助""鼓掌""批准""赞成""协助""承认""忍受""携带"和"欢呼"。总体而言，支持性的动词在每年近三分之一的抗争集会上出现。其中最少的一年是 1768 年表达反对意见的骚乱，相关动词出现在对 10% 的抗争集会的描述中；最多的则是 1822 年，出现在对 44% 的集会的描述中，当年众多反建制的伦敦人涌上街头祝福因与新国王乔治四世（George IV）分居而陷于困境的卡罗琳王后（Queen Caroline）。

　　图 2.5 追溯了趋势最明显的四大类动词：袭击、控制、集会及其他。"袭击"大类包括了诸如"辱骂""控告""武装""质问""攻击"等动词个体。而在"控制"大类可以找到"绑架""宣告无罪""逮捕""激发"等动词，更不用说"惩罚顽固派""叛乱"与"抗议"——主要都是引导和压制的尝试。"集会"则包含了图 2.3 底部的动词类型，具体涵盖了诸如"采纳""改进""回应""制定"和"论争"等动词。按照定义，"其他"的范围极为广泛：包括了"归类""庆祝""死亡""宴请""狩猎""观察""走私""出席"等动词。

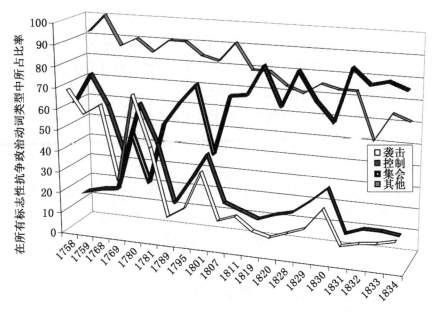

图 2.5 英国抗争集会的主要动词类型，1758—1834 年

图 2.5 显示了四个重要的趋势。第一，总体而言，"袭击"与"控制"出现的频次越来越接近；毕竟它们包含了户外斗争的两个方面。第二，两者都从 18 世纪五六十年代频次极高的巅峰骤降到 1801 年之后的极低的程度。第三，"其他"类型则随着时间的推迟稳步下降，从 1759 年的高位（当时历次抗争集会都包括了至少一个"其他"类型动词）逐渐降至 1832 年的地位（彼时仅有 51% 的抗争集会涉及"其他"类型动词）。在我们所研究时期的开端，没收粮食、规训那些破坏罢工的人，以及袭击行动都因地制宜、各不相同。而到了晚期，从东到西、从南到北，英国各地的集会和游行看起来都极为相似。照我之前用过的词，"其他"类型下降说明它们被更加模式化的表演取而代之。

由此也导致了第四种，与前三者相反的趋势。除 1789 年（当时街头暴力频发，影响广泛）、1801 年（当年街头暴力更激烈，其中包括了反对征兵的行动），和 1830 年（东南部农村发生了著名的斯温反叛运动）暂有下降之外，"集会"数量的提升比"袭击"和"控制"的下降规律性更强。到 19 世纪 20 年代，"集会"相关动词在每年四分之三强场次的抗争集会中都有出现。"集会"取代了"袭击""控制"，以及"其他"类型的动词。一个相对温和地向政府当局提出诉求的时代已经来临。

此前我曾总结过社会运动从地方性、特定且二分的表演向更具普适性、模式化且自主运作的抗争剧目的转变。通过对所收集整理的数千个片段的准确描述，我们可以进一步地指出这一转变的代价是大众对坏人与敌人直接行动的衰落。诸如割断织布机上的丝织布匹之类的行动越来越少、越来越没有效果。同时，被组织起来的工人、居民，以及其他本土行为体越来越多地直接向国家权威机构，特别是议会提出诉求。由此造成的结果是大众抗争所受的限制越来越多，因而 1829 年的织工起义站上了政治抗争全面变革的峰顶浪尖。

强抗争剧目？

我们所回顾的素材至此已然构成一个颇为连贯的抗争表演优秀案例。我们看到（由动词所展现的）表演中的行为与互动展示了变动与变革的模式。行动的混合与互动决定了众多诸如公开集会、集体没收粮食，以及盗猎者与猎场看守之间的斗争等表演类型之间有着天壤之别。

这亦使我们能够从抗争行动的全貌出发,准确描述其中巨大的变革。

然而此前考察过证据到目前为止,尚不足以解决强抗争剧目的问题。不同于抗争剧目的缺失、弱抗争剧目,或是死板的抗争剧目,强抗争剧目假说认为,在某些类似于剧场化的表演形式中,抗争的参与者制定了可供选用的脚本。他们在脚本之内的创新多涉及细节且有所推进。由此造成的结果使抗争剧目同时获得了因果关系与形式上的连贯性。此外,它们亦是对制约本身的实践:某一轮抗争和它的结果塑造了下一轮抗争行动。

无论是从普遍意义上来说,还是从英国特殊的经历来看,强抗争剧目的假说有其明显的经验性影响。让我对第一章中曾涉及的强抗争剧目的标准做一个拓展:

- 在特定的时间和地点,表演可以被归类为有限数量的、反复出现的、定义充分的类型里。

- 在一组特定的角色进行的所有抗争行动所定义的范围内,存在着大量的空白;明显位于参与者技术能力范围内的行动组合从未出现。因此,表演的类型有可见的边界,而不是连续分布在技术上可能的表演空间中。

- 对于特定的一组角色和议题,其表演类型在一轮一轮的表演中极少变动。而且,能看出在一轮表演中出现的情况,会限制后一轮的表演。

- 抗争的参与者通过以下方式表明他们意识到了这些表演:给表演命名;提及过去的同类行动;相互指导;进行分工,而这些分工需要事先协商或过往经验;预料彼此的行动;几乎同时终止行动。

- 在一组相互关联的角色中,每一对重要的角色都有自己的剧目。在一对角色中,提出诉求伸张的角色在现有的剧目中选择。

- 抗争之外的角色的历史联系越紧密、他们的剧目就越相似。因此,联系越多,表演就越同质化,即让表演更加模块化。

- 新的表演主要通过对既有表演的创新产生,一旦产生,就会将自己明确化、稳定化,并建立可见的边界。

总而言之,强抗争剧目假说暗示了大多数表演与抗争剧目的变革都是逐渐地、一点一点地发生的,是对环境变化与抗争过程中发展形成的创新相互作用的回应。诚然,在斗争大量存在、变革轰轰烈烈的时代,创新会更加迅速且更为戏剧化。我们在 18 世纪 60 年代的历史中已经看到诸多标志。那是在英国及其北美殖民地进行大规模动员的时代,各种新式表演迅速涌现。然而在大多数时候,强抗争剧目只是意味着增加了几条可行的诉求伸张途径而已。

其中某些影响有必要通过对特定的场景与人口进行斯坦伯格式的近观。以惩罚顽固派同组织公开集会之间的比较为例:相关表演越是特殊,我们就越是有必要接近当地进行观察,从而确定参与者是否,以及如何获得并分享了关于可行路径的知识。另外,追踪议会的兴起和国家层面社会运动的形成之类变化的影响,会发现它们仅在大规模条件下起作用。而一旦表演与抗争剧目在尺度上达到国家层面,我们就需要在国家层面进行观察。因此下一章将地方证据与对相关模式在时间与空间上的拓展结合起来进行考察。

注 释

1. 和田运用最大方差法做了一个主成分分析。他删掉了"结束""其他"等在所有动词中占比 2% 以下的条目。而占比最高的两项因素则在方差分析中占比高达 57.5%。在这一案例中，数据所体现的其在我们基于所有至少包含一个动词类目表中动词的原始事件目录中，在全部"抗争集会"中所占的比率。事件目录划分如下：(1) 得到官方批准的庆祝活动；(2) 代表团；(3) 庆祝游行、游行示威和公众集会；(4) 事先有所计划的有名有姓的组织；(5) 事先有所计划、公开集结的集会；(6) 其他事先有所计划的集会；(7) 罢工和出席活动；(8) 对破坏罢工者的袭击；(9) 在酒馆闹事；(10) 集市上的冲突；(11) 盗猎者同猎场看守之间的单挑；(12) 走私犯同海关之间的单挑；(13) 其他暴力集会；以及 (14) 其他计划外的集会。

2. 相关数据还显示，一方面在不同代表团之间高频动词多有重叠，另一方面庆祝游行、游行示威和公众集会等行动之间也存在这样的情况；而正如我们所能猜到的那样，尽管代表团各有不同，但通常包括了"演说"和"商议"等动词，使我们能很好地抓住集体话语同集会和人流移动方向之间的联系。

第三章 表演的形成、变动与销声匿迹

1768 年 5 月 24 日，当地人在苏塞克斯郡黑斯廷斯（Hastings，Sussex）上演了一场生动的抗争表演。正如我们为"大英研究项目"所转写的报告中所记：

> 群氓已经随着鼓点揭竿而起，坚持将小麦价格定在每蒲式耳 5 先令。他们随后前往农民怀特（White）先生的家里，连拖带拽把他弄到他自家农田中央，强行要求他待在那里；同时砸开他家谷仓并捣毁了他所有的小麦。那些人之后又回来绕着镇子招摇过市。市长不敢反对他们，治安官（Justice of Peace）约翰·尼科尔先生（John Nicoll Esq.）对被扭送到面前的群氓头目提起了诉讼。他让一个官员负责看守该头目，并将其扭送至霍舍姆看守所（Horsham Gaol）进行收押。但群氓很快救出了他们的头目并向尼科尔先生家进发。若不是从后门逃脱，尼科尔先生可能已经被他们杀害了。

正如此类报告中经常出现的那样，"捣毁了他所有的小麦"这一短语实际上意味着攻击者将那些小麦统统装车运走，对怀特先生而言，他们捣毁了小麦之于怀特先生的价值,但同时增加了其对当地消费者的价值。我们的故事都引自《绅士杂志》(*Gentleman's Magazine*)、《年度纪事》(*Annual Register*)、《伦敦纪事报》(*London Chronicle*)等类似的报道。正如粮食短缺之年在英国各地都有发生的那样,当地人应对粮食短缺和高价粮的反应便是以集体行动控制当地粮食供应。在6月早些时候:

> 将近200人聚集起来,手持棍棒或其他攻击性武器,出现在波士顿(Boston)、林肯郡(Lincolnshire),坚称肉铺应以3便士一磅的价格出售猪肉。肉铺为求太平同意了他们的要求。然后他们就安静地消失了(*Annual Register* 1768:118)。

在粮食短缺、粮价高昂的时节,这类报道源源不断地出现在英格兰各地。

7月1日就在伦敦本地,根据《伦敦纪事报》的报道:

> 昨天大批织工聚集在本希尔街(Bunhill Row)和齐斯维尔街(Chiswell Street),乡下的农民在那以10便士一佩克的价格出售豌豆。织工从中弄来了7车,并以6便士一佩克的价格将其出售。一车豌豆有80蒲式耳那么重。

官方将此类事件定性为"骚乱"和"暴动"。普通人则称之为行使正义。我们的研究则认定这些事件符合某几种特定类型表演的抗争集会。抢夺食物的行为,被我们归为(抗争)表演。

本章在三个不同层面拆解分析了抗争表演。第一，本章深入真实事件，对它们进行了仔细的考察，足以揭示它们是怎样逐渐或是骤然演进的。第二，本章考察了抗争表演中参与者的经历如何，以及缘何使他们调整自身所遵循的脚本的。第三，本章概述了国家政治与经济语境的变动如何影响了不同类型（抗争）表演的生命力，从而影响了其长期变迁。不过我们还是从老套的抢夺食物开始讨论。

1971 年，E.P.汤普森（E.P. Thompson）出版了至今仍是解释 18 世纪（抗争）表演是如何展开的主流理论。汤普森充分地展示了自己伟大理论家的天赋，将强有力的普遍性观念同丰富且准确的事例结合起来。对此他曾在自己一篇影响甚广的文章，即《18 世纪英国公众的道德经济学》中有所讨论，当时他正等待自己的代表作，《英国工人阶级的形成》（*The Making of the English Working Class*，1963）通过审稿。他对英国粮食斗争叙事分析的基础是其将近十年的档案研究工作。汤普森随后把"道德经济"的问题和对象描述为，

> 心态，或者我更愿意表述为政治文化、期待、传统，以及，说到底，对工人大众是市场上最频繁涉事群体的迷信；同时民众与统治者之间的关系——有时表现为讨价还价——被概括为让人不甚满意的"骚乱"（Thompson 1991:260）。

汤普森指出，英格兰当地人认为优先获得粮食供应是自己应有的权利。他认为，英格兰人之所以冲击市场是希望重构并维护上述权利。汤普森的文章引发了有关道德经济普遍性与单一性的激烈争论。学者有关上述问题的立场从一个极端的将之归结于全世界农民都面临类似

的道德经济学问题,到另一个极端的仅在 18 世纪英格兰范围内进行讨论(Randall and Charlesworth 1996,2000)。

汤普森自己并未提出普遍性的主张。他明确说过他的道德经济学理论是历史视角下的中层理论。该层次处于英国 18 世纪粮食斗争的具体事实与统治者—被统治者关系这一宏观领域。因为在他大多数已出版的历史学作品中,汤普森致力于明确指出自 1700 年前后至 19 世纪早期的英国的运作与变迁。汤普森注意到英国的道德经济学借用了16 世纪政府以家长制的模式管控粮食供应的思路。但他还是坚持认为道德经济学的概念在英国大众文化中有很深的根基。

汤普森还注意到,到 18 世纪末,人口增长、无产阶级化和工业化正将英国从一个谷物纯出口国变为纯进口国。因此工薪阶层民众越发容易在粮食短缺时深陷于粮价—收入剪刀差(price-wage scissors)加大的困境。但是他反对将粮食斗争视为对艰难世事的自动回应这类"抽风式"的观点。在他看来,文化和社会组织构建了饥饿与抗争之间的交叉点。

除了指出生存危机并激活道德经济学论调之间的普遍联系之外,汤普森的分析框架并未详细说明在什么情况下什么地方会发生哪种形式的斗争,而是以整个 18 世纪英国阶级关系为参照系。这有助于解释公众抵制自由市场"政治经济学"论调的行为。汤普森主张,此类抵抗行为采用了"稳妥的直接行动、保护性的市场控制行为及规范价格,有时会寻求家长制模式下的合法性"(Thompson 1991:261)。

汤普森以其无与伦比的天分嘲讽了他看不上的想法。不过本章仍有意运用汤普森式的智慧来解决一个汤普森不屑于研究的问题。按照汤普森的分析,英国的抗争表演是一个创新的过程,在一个又一个片段的改编中形成、变化或是消失。创新和改编强势地回应了英国经济、政治与文化环境中具体的变化。而且还揭示了——抑或至少是提出了——强抗争剧目从蕴含了潜在诉求主张者所造成社会环境大变革的本土化学习的互动中汲取大部分的优点。本章将对粮食斗争的演进与大英研究项目所覆盖的1758年至1834年间英国街头抗议进行比较研究。在此基础上，将以英法两国的历次抗议行动及其演进为代表案例，在更广义层面讨论两个不同政权的社会运动史。

多年来，同汤普森的多次私下对谈让我痛苦地认识到汤普森对本书所主张的社会科学构想持深刻怀疑态度。但（如汤普森在去世前不久再次向我保证的那样）至少我们在大众抗争研究必须有坚实的证据这一问题上达成了共识，认同这是对抗后现代怀疑论的屏障。我致力于用文献资料证明抗争表演与抗争剧目运作模式的研究，也是在双重意义上受到了汤普森的启发：在现有制度层面认识抗争行动共同的属性与原则，从而避免因"骚乱""暴乱"之类官方用语而造成的混淆。但我因为遵循一个介于汤普森那种柔性文学叙事与对事件严格分类计数之间的中间立场而与汤普森分道扬镳。

汤普森也清楚地知道，高粮价与粮食短缺的原因通常出现在表现截然不同的斗争事件背后，从1768年5月黑斯廷斯的抢夺谷物事件到1768年7月的伦敦强卖豌豆事件都是如此。在黑斯廷斯事件前两周的5月7日：

> 星期六，众多水手在东区圣乔治场聚集。他们自发地分为两群，其中一群人去往伦敦桥，另一群人则穿过伦敦城前往圣詹姆斯（St. James）广场，一路上挥着旗帜、敲着鼓、吹着横笛，向国王递

交了一份请愿书，阐述了他们当前面临的收入微薄但生活必需品与消费品价格高昂的困难，希望获得救济（*Gentleman's Magazine* 1768:262）。

两天之后，伦敦方面再次接到了大批工人有关生活必需品价格高昂的请愿书。我们对出自《绅士杂志》《年度纪事》和《伦敦纪事报》上的总共八篇文章抄录如下：

此前一晚已经聚集的一大批群氓。（人群）大约有150人向康希尔（Cornhill）前进，队伍的最前方有几个人抬着一座绞刑架，上面放着一只靴子和一条绿色的衬裙。（人群）在伦敦城市长官邸（Mansion-House）停了下来，申诉生活必需品价格高昂，并动手砸碎了几盏灯和几扇窗户。伦敦城市长让仆人把绞刑架拿回来。菲利普·派尔（Philip Pyle）摇了摇绞刑架，强制群氓把它扔掉。正当他拖动绞刑架的时候，有一个事后被确信是犯人的男人用手里的火把在菲利普头上的不同地方敲了好几下，导致他丢下了绞刑架。随后又有两三个人一起袭击他。但他夺下了火把，对袭击者进行了反击，并努力防止自己在后撤中摔倒。他说自己一旦摔倒的话，必然会被谋杀，因为霍金斯（Hawkins）拿着一根钉满钉子的棍子对他进行了一顿暴打。（他）看到那家伙袭击了自家大人的两三个仆人。（他还看到）一根钉满钉子的棍子，恰巧从犯人手里飞了出去，而别的仆人恰巧抓住了它。随后犯人便努力徒手自卫。

他随后制服了犯人霍金斯并把他拖进了市长官邸。但（他们）才把他拖进官邸10码远，那些群氓就冲进来要解救他，直到在受伤仆人的保卫下韦(Way)先生给他套上枷具才将其制服。市长同市司法官(City Marshal)库克(Cook)先生一起以最诚恳的态度来到(群氓)中间,请求他们停止任何形式的暴力行动。尽管如此,群氓中有人大叫:"打死他。"市长本人同市司法官库克先生一起护着几个群氓头目把他们带到了普特雷监狱(Poultry compter)。群氓们于是四散离开了。(我们还可以在第一章看到同一事件片段引自《绅士杂志》的节略版。)

七月,威廉·霍金斯(William Hawkins)(自那时起便在前引起诉书中被叫做"犯人")和约瑟夫·怀尔德(Joseph Wild)双双收到了来自"老贝利"(即伦敦中央刑事法院,Old Baily)的判罚,罪名是侵犯人身和扰乱治安;他们分别被处以 1 先令的罚款和在纽盖特监狱(Newgate Jail)服刑 1 年的处罚。在伦敦,无论粮价是否高昂,任何个人也不能袭击了市长的手下而不受惩罚。

尽管如此,在工人中间,生活必需品价格高昂的事实也给了他们一个抱怨申诉其他诸如腐败和英国统治阶层不称职等更常见问题的机会。伦敦事件中拿来示众的靴子、衬裙和绞刑架表达的便是公众对政府腐败的批评。(绿色衬裙指代的是民众深信太后是布特勋爵[Lord Bute]的情人)。但他们这种用俗语讽喻世事的做法与汤普森在他的"道德经济"说中分析的市场谈判行为已经全然无关了。因此我们必须非常小心地将粮食短缺与粮价高昂的问题同英国人民提出诉求时的表演区分开来。

所谓粮食骚乱

整个 18 世纪,黑斯廷斯和苏塞克斯这类标准形式市场冲突的发生频率远高于举着绞刑架、靴子和衬裙进行的游行。包括极具天赋的历史学家罗杰·韦尔斯(Roger Wells)在内,对此类问题的研究已然形成小小的学术行当。同英国其他大多数研究"粮食骚乱"问题的学者一样,韦尔斯忽视了汤普森有关要注意术语适用范围的告诫,但留心了汤普森提出的多观察思考人们在提出诉求时实际所作所为的暗示。通过设法尽量将集体诉求同当地情况联系起来并全面考虑抗争行动的情况,韦尔斯明确反对我从抗争集会和抗争剧目出发,对大众抗争"不恰当的概念化"做法(Wells 2000:210)。尽管如此,他有关 1795 年至 1801 年间全英格兰与粮食问题有关的"动乱"和"骚乱"史料的大规模汇编工作为我们提供了有关强抗争剧目的实例。那项研究也可以归纳到通过事件目录的收集和分类,分析抗争行动的广泛传统中去。

韦尔斯大约开列了 400 项事件,相关行动主要分为三类:(1)集体定价(他根据标准的法语概念称之为大众税[taxation populaire]),(2)阻止粮食装运,将其扣留在本地销售,以及(3)巡视农场并经常强征别人(储备)的粮食(Wells 1988:418; cf. Tilly 1986:156—159, 190—192)。本章开头提及的发生在黑斯廷斯和苏塞克斯的片段便属于第三类——巡视与强征行为。韦尔斯还顺便整理记录了另外两类直接行动的文献:(4)以信件、海报或涂鸦的形式进行威胁恐吓,以及(5)举着刺刀或长矛挑着面包之类象征短缺的标志性物品进行游行。其中以第一类行为——即进行定价——居多。在定价过程中,消费者同涉粮商人——最常见的售卖谷物的人或是面包师——对峙,或是要求他们降价销售,或是夺下他们的货物以低于商人所要求的价格进行销售,再把得到的钱交给商人。

韦尔斯讲述了 1795 年影响极广的那次定价行动:

> 1795 年第一波主要动乱始于 3 月底莱斯特城(Leicester)附近对矿工和运河挖掘工的一场大规模动员。那些志愿参与集体行动的人的软肋在于他们抓不住犯人,而莱斯特城的阿什比德拉祖什(Ashby-de-la-Zouch)和沙克尔斯通(Shackerstone)经受了大众第一波怒火。此后 4 月中旬又发生了一系列的麻烦,华威郡(War-wickshire)南部的矿工让贸易市镇纷纷陷落,其中包括贝德沃思(Bedworth)、纳尼顿(Nuneaton)和辛克利(Hinckley)。同期英格兰东部的诺丁汉也开始爆发骚乱。当进击的矿工同城市工人联合起来时,考文垂陷入了长期的混乱状态;逮捕行动只会刺激他们袭击市镇监狱,只有市政委员会作出必要的让步才能重建和平。截至当时,该地区大多数市镇遭到了破坏,在军队的帮助下,非常多的人勉强逃离了华威郡各市镇和工业村,前往特伦特河畔伯顿(Burton-on-Trent)的重要集市。到了 4 月底,纳尼顿、索利赫尔(Solihull)、基德明斯特(Kidderminster)、比尤德利(Bewdley)、辛克利和林奇菲尔德(Linchfield)都再次爆发了骚乱。这一切都因对林奇菲尔德想要批量采购货物的街头小贩想要实施控价却被粗暴对待所引发。(Wells 1988:97)

因此,在韦尔斯"动乱"和"骚乱"等用词背后,我们可以看到诉求伸张的路径明显就是有限的那几条,尤其是被他称为"大众税"的那条。我们在一系列行动中看出了抗争剧目所在。

谨记强抗争剧目的评判标准:

- 在特定的时间和地点,表演可以被归类为有限数量的、反复出现的、定义充分的类型里。

- 在一组特定的角色进行的所有抗争行动所定义的范围内,存在着大量的空白;明显位于参与者技术能力范围内的行动组合从未出现。因此,表演的类型有可见的边界,而不是连续分布在技术上可能的表演空间中。

- 对于特定的一组角色和议题,其表演类型在一轮一轮的表演中极少变动。而且,能看出在一轮表演中出现的情况,会限制后一轮的表演。

- 抗争的参与者通过以下方式表明他们意识到了这些表演:给表演命名;提及过去的同类行动;相互指导;进行分工,而这些分工需要事先协商或过往经验;预料彼此的行动;几乎同时终止行动。

- 在一组相互关联的角色中,每一对重要的角色都有自己的剧目。在一对角色中,提出诉求伸张的角色在现有的剧目中选择。

- 抗争之外的角色的历史联系越紧密、他们的剧目就越相似。因此,联系越多,表演就越同质化,即让表演更加模块化。

● 新的表演主要通过对既有表演的创新产生，一旦产生，就会
将自己明确化、稳定化，并建立可见的边界。

　　甚至在韦尔斯自己详尽的解释中也很少能抓住参与者就"接下来
如何行动"的问题互相咨询的材料。不过他们通常会证明自己对现有
定价（确认标的）、制造拥堵、进行、进行威胁和游行路径有清晰的认识。
尽管参与者有时会对上述表演进行组合，但并不会由此产生混淆。韦
尔斯的解释证实，即使诉求的对象如农民、面包师、粮贩、磨坊主和地方
当局多么愤怒地反对相关诉求，也都明白要展开的是哪一项表演。他
们同时也证明了我们意料之中的（斗争）脚本与就地即兴创编之间的
结合。

　　英国18世纪下半叶的经历向我们揭示了由各地消费者发起，数量
有限的粮食控制权表演，那些表演类聚为联结消费者与供应商的抗争
剧目，同时为应对不断变化的经济与政治形式有所创新。在这一层面，韦
尔斯和其他深入研究英国粮食斗争的学者所提出的解释证实了强抗争
剧目的出现。他们同样证实了关键性的转变发生于18世纪90年代。

　　相比1766年所发生的一系列事关生死存亡的危机，1795年至
1801年间战时的抗争揭示了两种转向：相比对农民、磨坊主、面包师或
粮贩，人们转而对政府当局提出了更高的要求，并提出了结合价格、公
司与公共救济的多重诉求。"18世纪90年代，"韦尔斯评价道，"所见证
的并非简单地诉诸粮食骚乱这一传统模式；粮食价格、收入，以及最重
要的济贫水平问题，越来越成为同粮食骚乱行动相提并论的要求"
（Wells 1990：157）。

　　这并不意味着过去那些为获得粮食供应的抗争形式就那么消失

了。1794 年至 1796 年间,因为粮食歉收和工业经济衰退,加之军方大规模地征调粮食,英格兰爆发了或许是有史以来最大的一波粮食斗争。相关斗争涉及韦尔斯笔下所有五类行动:发起收取"人民税"、阻止粮食装运、巡视农场并强征粮食、张贴恐吓信,以及展示象征短缺的标志(Bohstedt 1983,Booth 1977,Charlesworth 1983,Wells 1988)。但抗议行动、公开集会,以及军方对地方市场的接管也成倍增长。实际上,"大英研究项目"收录的 1795 年总共 19 起与粮食有关的抗争行动中,有 11 起发生了参与者寻求解决饥荒问题或对此施以援手的集会。余下的 8 起则包括:

- 三起发生在奇切斯特(Chichester)、布拉奇囡顿(Blatching-ton),以及韦尔斯(Wells)市场的袭击民兵事件——这毕竟是在战时,起因都是他们要求低价收购粮食。
- 威斯敏斯特(伦敦)一起针对有欺诈行为的面包师住宅的袭击事件。
- 布赖特赫尔姆斯通(Brighthelmstone)一次有 200 名妇女和女童参与的游行,棍棒尖上钉着面包和牛肉。
- 在韦尔斯发生的阻止将面粉装船运往伦敦的行动。
- 圣詹姆斯广场上的一群人团团围住了准备去往议会的贵族和国王,拿着裹在黑色绉布里的小面包,以表达他们对面包与和平的诉求。
- 与上述行动相似,两个月后又有一群人对威廉·皮特(Wil-liam Pitt)首相提出了同样的主张。

因此,在英国"大英研究项目"文献论及的 19 起同粮食有关的事件中,最多有三起事件属于罗杰·韦尔斯归类的"粮食骚乱"五种经典类型之一。粮食短缺的状况和物价高昂在 20 世纪仍会引发大众抗争。但控价、阻止装运、巡视农场、进行恐吓,以及游行都很快因为人们对公开集会、请愿与抗议行动的偏好改变而消失了。

到 1812 年,兰开夏郡(Lancashire)没收并贱卖粮食的行动则杂糅了打砸机器(的暴力行动)和改革议会的强烈要求(Bohstedt 1983: 157—164,Charlesworth,Gilbert,Randall,Southall,and Wrigley 1996:42—46)。大批未能获得选举权,但在 1812 年布里斯托尔(Bristol)递补选举中支持激进派分子亨利·亨特(Henry Hunt)的工人"进行了大规模示威行动,在一根放了一条面包和一项自由之帽的柱子后面大喊'亨特与和平'的口号"(Prothero 1979:82)。粮食短缺与物价高昂日益被视为政治犯罪行为而非农民、磨坊主和面包师不法行为的证据。

汤普森在评价 1816 年东安格利亚(East Anglia)的粮食斗争时注意到,这些行动与其 18 世纪的前身在一些属性上存在相似之处,但"在其他要素上则不尽相同——人们提出了对最低工资的诉求、时有提出社会和政治方面的要求、开始出现组织化发展——他们期待到 19 世纪 30 年代实现'劳动者最后的起义'。甚至在后续的贸易工会主义和贸易激进主义行动中,东安格利亚都充当了重要的角色"(Thompson 1965:10)。

在这一转向背后有一个大致的标志性事件。我们将数据库中 8 088 起抗争集会事件中的 117 起编码为"粮食价格"或"困苦"。(按韦尔斯对 1795—1801 年间 400 个事件片段的分类看,我们所列的 1758 1834 年间发生 117 起同粮食与价格相关的抗争集会的频率要低得多。)其中 85 起为正式公开集会,32 起为其他各种集会,后者中有 16 起发生了暴力事件。图 3.1 显示了相关事件的变化趋势。其中非正式集聚具体区分了"非暴力"与"暴力"两类。

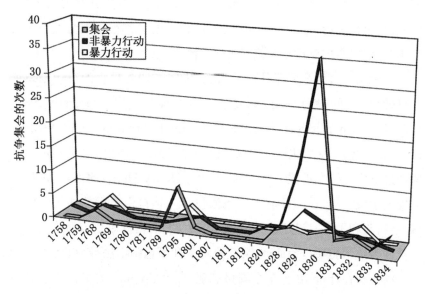

图 3.1　与食物相关的抗争集会，英国，1758—1834 年

1820 年之后抗争集会次数的戏剧性增长主要反映了这样一个事实：我们 1820 年之前的数据仅来自伦敦地区，而 1828—1834 年的数据则包括了整个英国的数据。但这一数字仍然揭示一个明确的转向，即从非正式集聚（暴力或非暴力的）转向以公开集会作为讨论（粮食）匮乏问题的常规场合。后一类集会在 1758 年至 1820 年间抗争集会中占到总数的 52%，在 1828 年至 1834 年间的占比则高达 79%。所谓"粮食骚乱"逐渐退出历史舞台。

然而在其存在期间，被韦尔斯称为"大众税"的表演成了强抗争剧目的重要组成部分。该剧目联结了本地消费者与本地农民、粮贩、磨坊主、店主和政府当局。数十年间,深受匮乏与高粮价打击的普通大众通常会在(1)控价,(2)阻止粮食装运,(3)巡视农场、磨坊和粮贩的仓库,(4)张贴恐吓信,以及(5)拿着象征自己诉求的标志物游行中选择行动。他们有时会在同一场合结合两类或两类以上的行动。当然,涉及具体个案这些表演都因地制宜、因时而异。而且它们也未经历模块化:它们从未超越粮食短缺、囤积居奇、粮价争议而拓展到其他领域,也没涉及本地市场之外的参与者。然而,作为一个整体,这一抗争剧目又在整个英国范围内出奇的一致。

从这个意义上来说,英国的粮食斗争遵循了 17 世纪以降直至 18 世纪 90 年代末的强抗争剧目模式。从那时起,我们注意到一个惊人的事实:个体的表演变化很小,但以粮食为中心的抗争剧目的构成发生了重要的转向。短期,被军方征用的市场份额(有时)也会参与到剧目中来。长期来看,则明显发生了向公开集会和街头抗议的转向。没收粮食的零星个案到 19 世纪 30 年代在各地仍有发生,但作为整体的剧目已经湮没在国内众多伸张政治诉求的常规行动中了。

示威游行

如果 E.P.汤普森将大众的粮食抗争同都铎时期白给自足的政策立场联系起来,那么我们看到 18 世纪盛行的那些基本表演如没收粮食和侮辱囤粮者之类早在 1758 年的一个半世纪之前就已盛行。我们的证

据并不涉及那些表演的起源,但的确记载了它们的衰落。与此相反,
"大英研究项目"收录的众多片段为我们清晰地展示了新表演的形成:
街头示威游行。在 1758 年至 1834 年间,示威游行行动在英国一系列
毫无关联的表演中逐渐成形。让我们随着示威游行抗争剧目的演进,
完整地追溯社会运动抗争剧目的形成。

在英国,我们称之为社会运动的表演合集自 18 世纪后期开始逐渐
聚合凝结,并于 1850 年之前完成了巩固的过程。(后续第五章会对社
会运动作详细讨论。)不同于早期大众抗争剧目,社会运动高效地结合
了三个方面的要素:(1)持续地向当权者伸张诉求,从而推进诸如议会
改革和废除奴隶制等项目;(2)WUNC——集体价值、统一、规模与奉
献——的反复展示,不仅包括纪律严明的示威游行形式本身,也包括统
一着装颜色、拉歌、喊口号,以及展示共同的符号等;以及(3)采用独具
特色的抗争剧目。社会运动的抗争剧目不仅包括示威游行,也包括公
开集会、请愿行动、在报章上发表声明、全面展示自己所属组织的标志,
以及形成致力于追求某项事业的专门协会等。约翰·威尔克斯(John
Wilkes)的很多支持者是 18 世纪 60 年代此类表演的先驱,例如,他们
从威尔克斯的朋友转变为保卫《权利法案》者协会(the Society of Sup-
porters of the Bill of Rights)的成员。

正如我们所看到的那样,社会运动抗争剧目中的诸多表演都有其
18 世纪渊源。但社会运动在西欧和美国的成型要到 19 世纪。从那时
起,社会运动渐渐传播到全世界各民主和半民主国家(Tilly 2004b)。

示威游行很快就从促成某一单独目标或政治立场的工具转变为涉
及多重目标的工具。示威游行的历史与英国的议会改革诉求纵横交
错。不过其轨迹并不能反映议会改革的进程,后者于 18 世纪 60 年代

缓慢起步,在18世纪后期的发展断断续续,继而在经历了拿破仑战争后迅猛发展的基础上,最终经协商形成并通过了《1832年改革法》。不同于改革,街头抗争之类的行动没有名分、没有项目,也没有组织化的支持者。不过到19世纪30年代,英国的激进分子——包括议会改革的支持者——已经学会了如何将所有三类变量嵌入如今仍为我们所熟悉的街头示威游行:游行队伍守序地通过公共街道、有组织地占领公共空间,以及在公开集会的行进中结合上述两点的行动。

在18世纪50年代之前,英国许多广为人知的群体都拥有在特定情况下经政府当局同意,进行游行或在公共空间集结的权利与实践经验。经常参与游行的人包括武装部队、各宗教会信众、葬礼聚会、手工业者协会和兄弟会成员。(在这一点上,"demonstrate"[演示]一词主要是指展示自身的武装力量和纪律性。)此外,当局也容许甚至鼓励公众参与官方仪式、节庆、惩戒和选举活动。

最后,来自合法的组织化群体如教区,或本属于权力机构、守序的代表人物如市长、议会、国王,或是集会行动负责人等,通常有权在提交请愿书、决议或恭敬的请求之前隆重地游行通过街道。而在政治性冲突和劳资纠纷激烈的情况下,当局所掌控的治安官、军队、秘密警察和《暴动法》都是用来控制可能威胁政治秩序的游行队伍和人群的工具。不过在不存在威胁的时候,只要他们事先告知负责官员,英国的权力机构也部分地享有集会与游行权。

18世纪50年代至19世纪30年代之间发生了什么?发生了四项重要的变化。第一,集会与游行自由的权利从权力机构行为体拓展到特定的公民群体。第二,派出的代表团已从穿着盛装的几个代表变成大众游行队伍,通常还会高举他们的诉求标志物或是穿戴所属团体的标志。第三,选举运动与选举本身成为未获得选举权的各派表达支持或反对态度的契机。第四,游行和集会形成标准化的套路;参与者、观察者、政府当局、诉求的对象都已各就各位。新的表演模式业已产生。

示威游行的兴起标志着英国政治发生了深刻的转变。及至 19 世纪,尽管国家在选举权问题上限制颇多,但英国统治者坚称议会代表权已是提供表达公众意见的唯一合法渠道。没有任何选民,更不用说任何公众集会,有权指点议员履行其具体职责。有效代表论取代直接代表论成为主流立场。然而,从 18 世纪下半叶开始,英国激进派提出了人民有权与统治者直接对话乃至指点其行动的诉求。激进派甚至形成了有关召集大众议会商讨大众福利的计划,因为当时议会拒绝这么做(Parssinen 1973)。并未获得权威的调解或许可而兴起的街头示威游行,扮演了为大众发声赋权的角色。

示威游行赢得了一种非凡的能力,能够昭示重要政治人物的存在。示威游行彰显了他们的 WUNC(Tilly 2006)。游行示威含蓄地散布了对大众主权的诉求——即普通人表达自身偏好,进而塑造统治体系的权利。在有能力的政治运作者手里,示威游行成为一种颇为重要的大众权力。那些由能力强的运作者组织的大型动员行动由此造就了英国示威游行的历史。

例如,在威尔克斯朋友们的推动下,狂欢式的街头游行逐渐确立了其作为宣传自身政治纲领途径之一的地位。那些游行通常和着"威尔克斯与自由"的口号,如同呼吁实行民主的接力一般,响彻大西洋两岸。同样他们还援引了数字"四十五",以此致敬威尔克斯主办的《北不列颠人报》(*The North Briton*)第 45 期。这期报纸上刊登了威尔克斯批评1763 年国王为政府的美洲殖民地政策辩护的演讲的著名时评。坐牢期间,威尔克斯赢得了(伦敦)市郊布伦特福德(Brentford)议会议席选举。在一场胜利游行之后,威尔克斯的支持者控制了街道,要求(政府)承认他们的英雄,并打碎了房屋的窗户,只因为里面的住户没有开灯致敬他们的胜利。

我们从一份选举日的报告转写而来的材料描述了这一场面:"多到令人震惊的人聚集在布伦特福德,他们要忍受身边没车,也没有第45期(《北不列颠人》)、更没有'威尔克斯与自由支持者'条幅的状况。零星扬起的几幅旗帜上写着'肉务必多,厨子务必少'(more meat and fewer cook)*的标语。"

而在伦敦市中心,更为暴力的一幕已然展开:

> 群氓沿着舰队街前行,穿过圣保罗教堂墓地(St. Paul's Churchyard)、齐普赛街(Cheapside)和普特雷,沿街居民随即点亮了屋内的灯光。群氓捣毁了布特勋爵、埃格蒙特(Egmont)勋爵、萨摩森·吉迪恩(Samoson Gideon)爵士、威廉·梅恩(William Mayne)以及住在伦敦和威斯敏斯特主干道沿线的其他众多士绅和生意人家的窗户。(在)查令十字街诺森伯兰公爵(Duke of Northumberland)家,群氓也打碎了几扇玻璃窗,但因为女仆喊话点亮屋里的灯光,并让船酒馆(Ship Ale-house)开张营业,所以很快赶走了那些人,摆脱了他们。

---

* 这句话应该是出自"God sends meat and the Devil sends cooks",相应译文有"上帝赠食,恶魔赠厨","鲜肉由天赐,劣厨乃鬼遣"等。不过在英国北美殖民地问题的语境中理解这句话和转写而成的游行标语,其重点应该是表达大西洋两岸英国与北美殖民地农业、社会、经济状况的差异,从而强调北美殖民地独立的合理性。——译者注

但当他们来到市长官邸的时候,那里没有合适的人有权让那些人停止行动,于是那些人开始实施暴行,把窗户玻璃砸得粉碎的做法遍及他们所到之处;在面朝夏洛特街(Charlott-Street)的大厅里,他们砸烂了价值高达 100 英镑的大型水晶灯,又在另一个房间里砸碎了一面价值 50 英镑的穿衣镜。随后才有两批从伦敦塔派米的士兵敲着鼓、用最大的力气吹着横笛,包围了市长官邸。

不过有个知名的市议员让他们离开到康希尔去,在那里背朝市长官邸坐下,等他的命令,于是发生了下面的情况。他随即从市长官邸正门走了出来,一手托着一支蜡烛,把它们放在扶手上,摘下帽子,喊口号道,"永远支持威尔克斯",然后正告群氓他们为威尔克斯胜选而表达热情的不当之处,并安排哪些蜡烛可以在出发时候带上。他随后向那些人指出,他们的所作所为并不是为威尔克斯先生服务,而是会引发他政敌的模仿行为,导致他们对其事业的偏见。

简而言之,他的审慎、果断、明智且平易近人的行为,有效地劝退了群氓。做完这些之后他便一边喊着"威尔克斯与自由"的口号一边退出了站位。群氓呼应了他的呼号,对他有关威尔克斯先生竞选成功的回应颇为满意,随后在呼号中加入了他俩(市长和该市议员)*的名字,并一再鼓掌表示赞许。(当然,在我们可机读的转写录文中,每新出现一个动词就会另起一行;这里我则把它们合并在一起以便阅读。)

---

* 此处为译者根据上下文阐释补充。——译者注

1768 年与 1769 年伦敦城里有关威克尔斯相关的示威游行包含了相对古早的、针对重大事件的大众狂欢活动，这些重大事件包括加冕礼、战争胜利、非选民在竞争性选举中的参与形式，以及工人因自身权利受到威胁而上街游行等。但若将它们同大众权利计划联系起来，并由此认识到这是一股令人生畏的大众力量，便可以将这些行动区分识别为一类新的表演了。

议会否决了威尔克斯 1768 年的选举结果。他继续待在监狱里，同时也继续竞选布伦特福德的议会议位。1769 年 4 月威尔克斯第三次赢得选举时仍在刑期中，按照《米德尔塞克斯报》（*Middlesex Journal*）的报道：

> 10 点过后不久，威尔克斯先生的 200 名朋友和着音乐、举着一面写有"自由。自由！"字样的旗帜来到布伦特福德。站在队伍末尾的是约翰·斯旺（John Swan）先生，他拿着一支白色的手杖。五分钟后来了一辆白色的马车和六匹马，它们身上装饰着豪华的蓝色饰带；人们站在马车顶上，所带的旗帜上题写有"《权利法案》《大宪章》"的字样。十点半，300 名自由之子骑着马来到布伦特福德，开路的是六把法国号和四面丝质旗帜，题签是金色字符……许多女士（产权人）站在自由之子们中间，这从她们蓝银两色交织的胸结中可以区分出来，上面也印着上述标语（Brewer 1976:181）。

1769 年布伦特福德的示威游行始于对选举结果的庆祝，但大量借用了六个月前为庆祝七年战争胜利而举行盛大仪式的形式。由此催生了新的结合模式。

选举成了游行示威偏爱的根据地。1812 年时，伟大的激进分子亨利·亨特在参选布里斯托尔选区议会席位时发起了一场引人注目的运动。他的做法吸引了一大批没有选举权的党羽。亨特的布里斯托尔议席之旅从登上一节竖着一根长杆的车厢开始,长杆上面挂着花束和一条大面包,面包上面题写有"亨特与和平"几个字(Belchem 1985:37)。《布里斯托尔报》(*Bristol Gazette*)记载了这一幕:

> 亨利·亨特先生在星期六3点钟左右进入了这座城市(同先前布告上宣称的那样)。他乘着一辆敞篷马车,同他的朋友约翰·艾伦(John Allen)先生等人一道从巴斯(Bath)前来。同行的还有他的委员会成员,他们或乘另一辆马车或自己骑着马,由两面绣着金色亨特名字的紫色丝质大纛开道,长杆支起的拱门上缀满了月桂叶,顶上缀有雕刻的鸽子,附件上题有"能带来丰裕与和平的人败选了,只得了235票"等。到了交易所对面,亨特先生顺着摩肩接踵群众的方向走下马车,走向一根铜柱,向挤挤挨挨的人群发表了长达2小时15分钟的演讲(Harrison 1988:216)。

随着选举投票的进行,亨利的支持者在布里斯托尔的大街上打砸了托利党人的财产,打伤了他的对手,包括雇来支持亨特对手的手持棍棒的金斯伍德(Kingswood)矿工(Belchem 1985:37—38)。然而,当长达两周的投票活动以亨特的得票数远低于他的托利党对手的结果结束之后,托利党人也开始上演他们的胜利游行。

英国示威游行的节庆氛围一直保持到19世纪,但其范围已远远扩大到选举之外。亨利·亨特在1819年8月16日那次所谓彼得卢大屠杀(Peterloo Massacre)中塑造了自己的形象。在那次游行示威集会上,大约六万人(他们中的很多人一路以游行的形式前往集会现场)聚集在曼彻斯特的圣彼得广场(St. Peter's Field),聆听亨利·亨特和其他激进分子有关议会改革的演讲。当地治安官先是派出了秘密警察,又派出了骑兵逮捕亨特和其他政治煽动者。在这场混战中共有 11 人丧生,超过五百人受伤。尽管当局成功地逮捕了亨特及其同僚,并将他们投入了监狱,但这一事件给地方当局和英国政府都出了难题。跳弹横飞的事件反而突出了面对议会改革这类争议性话题,公民和平游行与集会的权利问题。示威游行已被各类公开的诉求伸张活动所接受。

1820 年为支持与新国王分居的妻子、不伦瑞克的卡罗琳(Caroline of Brunswick)而举行的大型大众动员行动,使把游行示威作为政治工具的做法呈现出井喷式增长。(第五章又更为详细地讨论了卡罗琳王后的故事。)在卡罗琳王后一事上,来自全伦敦的队伍日复一日地前往王后住所游行。1820 年 10 月,伦敦的造船工和船缝填塞工借此场合与共济会游行,共同创造了 6 个人并排而行,佩戴着带叶小橡树枝、月桂叶或是白色饰物的盛况。后面还有四个乐队随之伴奏。以下为他们游行队伍的序列:

> 两个骑白马的人
>
> 一面绣有"造船工对王后的演说"标语的蓝色旗帜
>
> 一艘诺亚方舟的模型,顶在一根柱子上
>
> 一面绣有银色花边的蓝色旗帜,上面的标语是"橡树之心"
>
> 绣有王后肖像的旗帜,上书"上帝保佑无辜的卡罗琳王后(C.R.)"
>
> 船头模型,上书:
>
> 愿我们的木墙永远保卫我们的祖国

愿清白与事实打破暴君的队伍！

蓝色的旗帜，上面的标语是"赞美啊！赞美！不伦瑞克之星"

一等战船的模型

白色旗帜，装饰得很漂亮，上书"我们支持和保护清白无辜之人"

英国国旗，上书，"我们捍卫我们拥有的"

白色旗帜，上有四手相握的图案

蓝色旗帜，上有船只龙骨的侧视图，上书"让正义掌舵"

蓝色旗帜，上书"老英格兰的木墙"

蓝色旗帜，上书"船只填缝工向被侮辱的陛下致敬"

蓝色旗帜，上书"伦敦港船只填缝工"

两面标准百叶窗大小的蓝色小旗帜，上书"为美德而欢呼"

上有诺亚方舟图案的大旗，上书"以西结书，第28章，第4节"

英国国旗

上有船只填缝工手臂图案的旗帜，上书"自由与公平之子"

（Prothero 1979:141—142）

以卡罗琳之名发起的动员随着时间的流逝而平息。但当被冤枉的王后于1821年8月去世的时候，她的葬礼队伍之长，游行示威活动之激烈，在伦敦城内前所未有。尽管王室当局尽其所能阻止公众参与到示威游行中去，但他们既不能将路面清场，也不能以法律为借口动用《取缔闹事法》（Prothero 1979:147—151）。街头示威游行因此既统一了形式，又得到了法律标准的勉强承认。

而在像国王要休了卡罗琳王后这一明确的政治问题之外，示威游行主要涉及劳资纠纷问题。所以到1830年，当曼彻斯特附近的斯泰利布里奇(Stalybridge)的棉纺大亨们降低计件工资率的时候,劳工组织者便于某个周六在工作地附近的草甸召集了一场集会。按照马克·斯坦伯格的描述:

> 星期六中午,从工厂里涌出的体力劳工把道路挤得水泄不通。一支队伍在斯泰利布里奇逐渐形成,走在队伍最前端的是几百个男孩。几步之遥跟随其后的是一支挥舞着三色旗的乐队和一条语气嘲讽的条幅,上面写着"自由贸易"。很多男性劳动者都公开武装,10 至 12 人排成一列,殿后的是另一面三色旗……成百上千的妇女儿童中有很多人都穿戴着三色饰物,进一步壮大了游行队伍……据说在高峰时期,队伍绵延一英里多长(Steinberg 1999a:215)。

在此之前不久发生的 1830 年法国革命使法国三色旗成为大众抵抗运动明确的标志物。共有两万多人参加了此次草甸集会,他们聆听了多场激烈的演说,并通过了一个谴责棉纺大亨的决议。

截至 1830 年,街头示威游行已在英国抗争剧目中占据了重要的位置。在 1828 年和 1829 年,示威游行与公开集会成为以寻求权利为目标,并在一定程度上获得成功的社会运动的核心形式。先是新教异议分子的抗议,接着是天主教徒的抗议行动。1830 年,一场史无前例且取得部分成功、旨在寻求议会改革的社会运动席卷了英国,并于 1832 年以《改革法案》获得通过而达到了顶峰。(我把这场社会运动认定为"取得部分成功"是因为该法案赋予有产资产阶级投票权,但未将人规模参与运动的大多数工人包括在内。1838 年至 1848 年间兴起,以工人为基础的宪章运动[Chartist movement]便是抓住了 1832 年投票权的扩大未将他们包含其中这一主要矛盾。）

然而，正如我们此前所见，工人运动同样将示威游行作为展示工人力量和决心的一种方式。示威游行由此实现了双重模式化：不仅对各种各样的社会运动起作用，而且也对相对独立的劳工运动抗争剧目如罢工、怠工和袭击雇主等起作用。由此所形成的两类强抗争剧目中，街头示威游行都是颇有价值的要素。

粮食定价及其他表演等粮食控制权抗争剧目则从未受到街头示威游行模式化的影响。这一抗争剧目同粮食短缺、粮价高昂、囤货居奇紧密相关。其中个体的表演在我们有实证依据支持的案例周期中并未发生明显的演进。而是由新的抗争剧目取代了旧有抗争剧目：公开集会、游行，申诉国家权力机构获利过多导致本地农民和商人利益受损的情况。实际上，粮价问题并未消失，但已被模式化的社会运动抗争剧目所吸收，这导致旧有抗争剧目销声匿迹。到 19 世纪 30 年代，反对《谷物法》的焦虑以集会、决议，以及向媒体发表声明的形式表现出来。从这点上来说，其所依靠的抗争剧目与议会改革相同。

表演与抗争剧目在两组相互影响但互有区别的动因推动下演进。在个体片段层面，诉求伸张中的创新、成功和失败会影响后续类似问题的诉求伸张行动。威尔克斯派不仅代表选举候选人本人，而且也代表新兴政治计划的街头占领行动，代表卡罗琳王后的公众游行与集会行动，以及 1828 年和 1829 年相对成功的宗教宽容运动等，它们都成功塑造并确定了社会运动的抗争剧目。到 19 世纪 20 年代，社会运动抗争剧目已广泛适用于群体性的诉求伸张行动。议会改革派与其他激进分子则在 1830 年至 1832 年间以空前的热情和效率接纳了上述抗争剧目。

然而在国家政治经济层面，不断变化的机会结构强势影响了不同抗争表演与抗争剧目的活力。随着粮食市场的国有化，以及地方当局越来越配合将粮食运往伦敦和其他主要人口聚居城市等政策的实行，原先那些粮食定价、封堵粮仓、督粮巡游、威胁相关人士，以及游行展示等抗争剧目很快让位于集会、游行示威，以及向国家权力机构提出申诉等新剧目。反之，随着地方与全国政治联结的加强，集会、游行示威、请愿，以及建立特定的协会等抗争剧目都增加了在地方和国家层面伸张诉求的有效性。

法国与英国的示威游行

对英吉利海峡对岸的一瞥则将进一步明晰各国政治经济的变化与变动如何导致了抗争剧目的变化。鉴于法国形成游行示威传统的时间明显晚于英国，我将具体讨论从 19 世纪开始到不久之前的法国案例。在法国，除了早年法国大革命期间的游行与占领行动，示威游行或作为一个整体的社会运动抗争剧目直至 19 世纪下半叶之前都不曾有稳定的政治基础。然而 19 世纪法国在革命与复辟之间不断交替的历届政权从 19 世纪 30 年代起时不时为示威游行提供了机会。

就想想里昂吧。1848 年 2 月 24 日，巴黎的革命派推翻了王室统治，宣布建立共和。这一消息在 25 日传到了里昂。几百名织工从丝织品制造业集中的红十字区（Croix-Rousse）游行前往市中心。他们唱着《马赛曲》（Marseillaise）沿着罗纳河（Rhône River）行进，然后穿过城市中心岛，抵达沃土广场（Place des Terreaux）和里昂市政厅。在人群的压力下，当地军队要求代理市长在市政厅的一个阳台上宣布新共和国的诞生。而在他这样做了之后，人群中的一些人便进入市政厅，选出了一个包括织工和少数几个资产阶级共和派的执行委员会。

在七月王朝执政时期（1830—1848 年），业已组织化的丝织工人还是错过了几次在葬礼和当局指定的节假日上通过游行展示他们力量的机会。在 1831 年和 1834 年发生的几次暴动中，他们也参与了游行。但在危机与合法公开集会之外，他们直到那时通常还是会避免像 1848 年 2 月那样自发的游行活动，只是因为王室官员可能以他们组织集会的事实为证据，认为他们明显违反了禁止工人建立联盟的法规。

而在革命政权站稳脚跟之后，过去隐藏在里昂政治阴影下的工人与革命组织纷纷建立了大众民兵组织。政治性结社同样数量大增；其中一些人建立了全新的组织，另一些则不过是公开了原本秘密的支部或是从非正式酒吧转型为合法实体。它们常常在包括种植自由之树在内的各种爱国仪式上登台亮相。尽管在 1848 年的二月革命至 1851 年 12 月的路易·拿破仑军事政变期间，日渐保守的中央政府一再试图约束里昂的激进分子、民兵与俱乐部的集会和沿着城市街道游行。

以 1848 年 3 月 14 日发生的事情为例，里昂当地的左翼报纸《人民论坛报》（*Tribun du peuple*）曾报道

> 　　数不清人数的公民队伍于 12 日穿城而过，其中有四个人拿着自由帽（liberty cap）＊。紧随这一拯救我们的神圣象征，队伍排成

＊ 一种软帽，古罗马时期曾是授予获得自由的奴隶的帽子，法国大革命时期人们以这种帽子作为自由的标志。——译者注

两列以纵队行进游行。在中间,一个同样重要的标志引起了极大的关注。四方围合的公民抬着一个被粗糙绳索绑着的人。那人手里拿着一面挂着黑纱、惨淡褪色的旗帜;那是一面白旗,几乎平挂在那,勉强附着在柱子上,他的出场就像惨烈凶杀案后的入殓仪式,让大家很是满意(Robert 1996:86)。

红帽意指革命,白旗意指它的合法性,他们的诉求则是让旧制度的波旁家族(在拿破仑战败后曾经成功复辟、重获权力,但在1830年革命时又被赶下台)来统治法国。在巴黎发生革命的两个星期里,里昂的市民颇有规律地时而组织开展时而观望街头游行示威活动。此外,示威者运用那些广为人知的国族象征符号,进一步展示了他们事业的价值、统一、规模与奉献——即 WUNC。

那么截至1848年3月,里昂和全法国是否已经把社会运动视为大众政治的常规渠道了呢? 这个问题既有趣又争议颇多。我们必须深入考察1848年发生的事情再来断定社会运动、抗争剧目,以及 WUNC 是否已为各类诉求伸张者所齐备。最佳答案是:的确如此,但仅仅是暂时的。

具体到示威游行而非社会运动整体的组织运作方式,皮埃尔·法弗(Pierre Faver)提出,"最早明确的例子可以追溯至19世纪30年代,但直到1848年游行示威才成为一项特定且自主的、区别于暴动的行动路径"(Faver 1990:16)。

里昂历史学家樊尚·罗贝尔(Vincent Robert)对此表示了异议。他认为尽管在第二共和国时期(1848—1851年)已经出现了一大批相关行动,但直至19世纪90年代壮观五一国际劳动节动员使其崭露头角

之前,游行示威都未真正成为发表集体诉求的现成抗争剧目。(注意:
法弗和罗伯特所用的"示威运动"[*manifestation*],而我将之译为"示
威游行"[demonstration]的这一词汇,并未真正取代诸如"队伍"
[*cortège*]、"游行"[*défilé*]、"示威"[*démonstration*]等词,而"聚集"
[*rassemblement*]成为法语中的日常词汇是第二次世界大战之后的事;
Pigenet and Tartakowsky 2003:84。)在罗贝尔看来,当局直至第一次
世界大战前都未将示威游行视为有效的政治行动方式。当时里昂警方
的做法是派出警力保护并引导示威游行,而非将之视为非法集聚并按
常规冲散队伍。

但罗贝尔将示威游行的雏形追溯到了 1831 年。当年 1 月 19 日,
大约 1 400 名工人在里昂市中心集聚,他们游行穿过索恩河(Saône
River),口中喊着"工作或面包"的口号;当局最终逮捕了其中 15 名参
与者(Rude 1969:198—202)。后续示威游行发生在 2 月 12 日(这次
是携带了一面黑色的、象征暴动的旗帜);10 月 25 日(此行参与者约有
6 000 人之多),在发起全面暴动前发生了一场大规模示威游行活动,并
于 11 月 21 日至 24 日接管了整个城市(Rude 1969:208,316,357—
396)。里昂的丝织工人 1834 年又掀起了一场重要的暴动,其中部分原
因是为了呼应巴黎的反抗者。至少在里昂丝织工人中间,示威游行早
在 1848 年革命之前便在政治史中写下了重大的一笔。从那时起,示威
游行的发生便更为频繁,尤其是在压制不太严酷的年头和民主时期,不
过一旦官方压制更加严厉,示威游行的频率便会降低。

在 1848 年革命发生的第一个月里,整个里昂大区至少发生了 8 场
游行示威活动。3 月至 4 月间,中央民主俱乐部(Centeral Democratic
Club)代表激进民主派组织了主要的示威游行行动(Robert 1996:94—

100)。而很快妇女组织、政治俱乐部、拿破仑军队中的退伍老兵、校园学童、国立工厂工人等都组织了起来反对失业,实际上有工作的罢工者也参与了里昂的游行示威活动。他们参与示威行动大多是为了表达同新政权的团结,外加对其提出特定的要求。

然而很快,大众街头游行与集会便在政府的重压之下偃旗息鼓;在大约 15 年的时间里,示威游行便消失了。在路易·拿破仑第二帝国统治后期,法国的工业化进行得如火如荼,统治者开始放松对工人组织及其行动的管控。1864 年,帝国政府赋予了公民颇为有限的罢工权利。1868 年,工人获得了无需事先得到政府授权就可以组织公开集会的权利。同年晚些时候,一封圣旨开始允许组织工会,规定只要他们的规章得到当局批准、保存他们同当局的会议记录,并允许警探参会就可以。

因此,借着部分合法性的支持,第二帝国危机之年,即 1870 年涌现了一大批里昂工人示威游行活动。正如负责植物园(Jardin des Planets)站的警察机构 4 月 30 日报告的那样:

> 昨天晚上,一支大约 200 人的队伍从红十字区来到我所管辖的地区,领头的临时司仪拿着一根棍棒,前面有四个火炬手和一个举着红色旗帜的 16 岁年轻人……他们看上去年龄在 14 岁至 25 岁之间,其中三分之二的人都拿着棍棒。他们唱着《马赛曲》和吉伦特派(Girondins)的歌,随后又转成了路灯曲(melody of the Lampions)"打倒皇帝! 共和万岁!"在人行道的两边,人群后面大约各站着三十个 30 岁至 45 岁工人模样的人,像是在执行护卫任务。(Robert 1996:168—169;Lampion,字面意思是火炬,出自早年革命时期一首每三拍都是同一个音调的歌的名字。)

从那时候起到 1870 年 9 月 4 日法国又一次发生社会革命期间,里昂政府当局同示威者之间的关系更像是猫和老鼠的关系。

红色的旗帜在里昂市政厅楼顶上从 9 月飘扬到了次年春天。这座城市建立了里昂版的激进自治公社,但在 1871 年 4 月遭到了政府残忍的镇压(Aminzade 1993,Gaillard 1971,Greenberg 1971)。

在新革命兴起前的间歇期,再次出现了示威游行行动,虽然其进展节奏要比 1848 年时更慢。尽管如此,一旦第三共和国自上而下完成秩序重构,里昂二十多年间的游行示威的抗争剧目便主要改编自其他诸如反对教会干涉的葬礼、当地庆祝攻克巴士底狱日(Bastille Day)、官方典礼、宗教游行,以及工人代表对话里昂或国家当局的表演剧目。工会的合法化(1884 年)并未从根本上改变状态。直到 19 世纪 80 年代后期,随着志愿组织的拓展,游行示威活动才再次占据了里昂公共生活的主流。

正如法国其他地方发生的那样(Tilly 1986:313—319),1890 年五一国际劳动节揭开了里昂一年一度工人示威游行的大幕;大约 15 000 名工人涌上街头,参与了这一首次展示世界工人大团结的活动(Robert 1996:270)。在接下来的二十年间,里昂的起义者不再仅限于工人:天主教徒、反天主教者、反犹等都纷纷加入进来,同全国社会运动的节奏越来越协调。在罗贝尔看来,截至"一战",

游行示威已成为城市政治生活的常规形式,亦是广义政治生活的重要因素;即使组织游行需要获得官方批准,但当时当局已经明白禁止游行比允许游行风险更大,毕竟如果没有意外事件发生,游行将是和平进行的(Robert 1996:373)。

1848年革命期间,许多传统的公开伸张诉求形式在全国范围内急剧衰落,因而在一年左右的时间里,坐拥特权的示威游行成为法国表达对某项计划的支持、突出身份、提出政治立场的标准路径。

丹妮尔·塔塔科夫斯基(Danielle Tartakowsky)有关法国示威游行的历史研究时间上限恰好是罗贝尔研究的下限,即第一次世界大战。她指出由政治因素引发的游行示威活动同具有政治色彩的五月劳动节、攻占巴士底狱纪念日,以及"一战"休战纪念日(Armistice Day)等大游行之间的界限颇为模糊,但她最终未将后者归入案例目录。同时她还将示威游行和基于身份认同的行动,例如天主教的圣女贞德日(Joan of Arc Day)区分开来——第三共和国早期的持不同政见者经常顺带传播自身政见与道德诉求。

塔塔科夫斯基总结了19世纪的背景:

> 绝大多数此类已经成为日常事件的示威游行都属于在20世纪初议会民主制语境下逐渐巩固的行动抗争剧目,它们日渐将自己同旧制度下的行动模式区分开来。粮食暴动、农村叛乱、革命性的"纪念日"、叛乱集会、暴乱和革命都一个接一个地消失了,让位于各类全新的抗争与意见表达方式:请愿、罢工、示威游行。它们起初被新兴的议会体系视为非法行动,但逐渐作为扩大自身选择影响力的途径,在这一体系内获得了立锥之地,这有时反而维护了受到威胁的民主制度,而且也不会再从正面进攻该体系(Tarta-kowsky 2004:7—8)。

秉持这一观念,塔塔科夫斯基将法国1919年至1968年间的示威游行视为一个整体。此外,奥利维耶·费利厄勒(Olivier Fiellieule)则整理了南特(Nantes)1975 年到 1990 年间,以及马赛 1980 年至 1993 年间示威游行事件的名录,扬-威廉·德伊文达克(Jan-Willem Duyvendak)则整理了法国 1975 年至 1990 年间所有相关事件(但他仅对一份周报中涉及的事件做了整理)。

塔塔科夫斯基还根据历年各警署辖区(Police Prefecture)报告单独统计了发生在巴黎的示威游行,同时提醒说警方的统计包括了"很多超小型动员行动和节庆集会,这些行动给秩序与交通部门带来的问题与更直接的政治动员相同"(Tartakowsky 2004:14)。图 3.2 将上述所有作者的结论做了分类并整理到同一张图里。

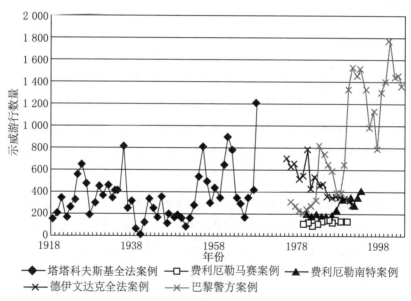

图 3.2 全法及部分城市示威游行的数量,1919—2002 年

塔塔科夫斯基对 15 000 起事件的分类,加之费利厄勒和德伊文达克相对较小的事件集的整理都证实了"一战"之后示威游行已成为法国宣扬政治认同与政治计划的主要途径。巴黎警方的统计描述了此类活动在 20 世纪 90 年代骤增的事实。历次重要的政治论争无不掀起巨大的示威游行风暴——反示威游行行动通常同样如此。

右翼(例如火十字团[Croix de Feu])和左翼(例如共产主义者)群体都掀起了反对不公平分配的示威游行;而且通常那些处于左—右翼光谱中心位置的政治群体就是那些一再宣称自身观点意义重大的行为体,以及致力于将被禁止的议题放上地方或全国议事日程的群体。法国的示威游行同时以这两点为目标。正如我们可以预计到的,"二战"的爆发和德国的占领是导致上述数据库记载的游行示威活动陷入低谷的原因。在那个特殊时期,妇女向当局控诉粮食短缺和粮价高昂之苦成了少数几次游行示威活动最常见的引爆点。

尽管上述事件数据库编码方法和地理范围的差异使我们无法进行严格的比较研究,但数据仍然揭示了第二次世界大战之后示威游行相比过去任何时候都要常见的事实。即使如塔塔科夫斯基所列举的,1936 年伟大的人民阵线(Popular Front)动员期间曾发生过 814 起之多的示威游行,也比不上 1961 年发生的 899 起(围绕着阿尔及利亚战争所发生的大规模冲突),抑或 1968 年发生的 1 213 起(这些不计其数的社会运动大多是反对戴高乐政府的)。这些行动在 1968 年达到了顶峰,新社会运动的研究者对此并不奇怪。

尽管费利厄勒、德伊文达克和巴黎警方数据集的关注点各有不同,但将他们放在一起考察可以说明,1968 年之后示威游行继续在法国繁荣发展。仅在 2002 年和 2003 年,法国就发生了多次大型示威活动:

- 2002 年 5 月 1 日（巴黎及其他城市），约 170 万至 260 万人（按照哪个数据计取决于你相信警方还是相信组织者）参与了反对右翼总统候选人让-玛丽·勒庞（Jean-Marie Le Pen）的游行活动。

- 2003 年 2 月 15 日（在巴黎），约 10 万至 25 万人参加了反对美国计划入侵伊拉克的游行。

- 2003 年 5 月 25 日（在巴黎），约 15 万至 60 万人游行示威抗议计划中的退休制度改革。

- 2003 年 6 月 10 日（全法），约 44 万至 150 万人再次举行游行示威活动，抗议上述改革（Tartakowsky 2004：15）。

就绝对数量而言，21 世纪见证了街头示威游行的盛行。

至 2003 年，法国的示威游行出现了两方面的创新；这意味着法国社会运动抗争剧目所发生的急速变化比 19 世纪晚期以来任何时候都要迅猛。第一，组织者和参与者在组织与协调街头占领行动时，都用上了电子通信设备、光盘等各种新技术。第二，反战和反全球化激进分子开始在全世界不同场合多点同步进行大规模游行示威活动，并同期组织举行持相反立场的峰会，同金融和政治精英在高级别安保护卫下举行的达沃斯峰会和迪拜峰会针锋相对（Agrikoliansky，Fillieule，and Mayor，2005）。对于法国的游行示威活动脱离了一个世纪以来为其提供支持的本土化和组织化基础，塔塔科夫斯基表达了自己的担忧。（Tartakowsky 2004，2007）。而在我们看来，这些创新点为示威游行以其可观的灵活性当作表达政见的途径提供了证据。

与英国的游行示威一样，法国游行示威活动的演进也是为了回应两方面相互作用的因素：诉求伸张自身的内在创新和国家政治经济状况的转变。例如在诉求伸张体系内，组织化的激进分子和工人阶级在1890年采用五月劳动节游行这一形式时，是展现工人阶级WUNC的一种方式——不仅是对价值，而且是对统一、规模与奉献的强调——由此催生了八小时工作制运动。五月一日成了实质性的假日，亦成为在全国各地举行示威游行活动的主要契机。从20世纪20年代开始，五月劳动节还为各主要工会提供了展示自身实力、相互竞争吸引公众关注的机会。

　　同样，法国国家政治经济状况的全面转向明确改变了示威游行和社会运动的抗争剧目。尽管国民议会（National Assembly）——即法国议会——在1789年革命期间产生了巨大的影响，但19世纪的历任君主又将之削弱；直至1870年真正建立共和国之后，国民议会才获得了英国同侪早在18世纪下半叶便获得的政治中心地位。而同英国的诉求伸张者日益通过议会和议员渠道伸张诉求，以应对（政治经济议题）议会化趋势的做法一样，一旦国民议会在法国政治制度中占据了支配地位，法国的诉求伸张者便将诉求集中于议员与议会本身了。在巴黎，无论是左翼还是右翼分子，针对国民议会的游行已成为所有激进诉求的标准属性（Tilly 1986，Chapter 10）。

　　经济变迁同样是塑造法国抗争政治的力量。随着一战后法国实现了工业化，工人成为典型的市民群体。他们对政府产生了实质性影响，并威胁到了资产阶级，天主教徒和民族主义者所扮演的政治组织者的角色。例如以劳动者为基础的左翼与以当权者为主体的右翼的分野在20世纪30年代越发明显，导致游行示威活动大幅飙升。一开始，左翼与（尤其是）右翼激进分子争相展示自身力量。但到了1936年，一时间兴起的"人民阵线"及其右翼对手争相推进游行示威与反游行示威行动的做法，一而再再而三地导致了街头武斗的结果。

唉，可惜没有研究者详细分类整理过英国 20 世纪的游行示威活动，并与法国研究者致力于此所形成的成果进行对照研究。尽管如此，现有的证据已经清楚地说明了一点：法国与英国在议会化和工业化路径的区别，已转化为抗争剧目变迁时间表之间的巨大差异。英国激进分子从 19 世纪 30 年代开始便基本上完全适应了包括示威游行在内的社会运动抗争剧目。尽管法国的游行示威与其他社会运动表演在革命时期时不时会繁荣一阵，但直至 19 世纪 90 年代之前，法国都未曾流行过新的抗争剧目。即便如此，一旦条件成熟，强抗争剧目便会成为两国公众共同的诉求伸张模式。新的抗争剧目取代了公众政治。当下的情况同样如此（Reiss 2007a and b）。

第四章　从运动到运动

塞尔希奥·塔马约(Sergio Tamayo)在其对1968年至20世纪90年代墨西哥大众集体行动的概述性研究中揭示了一轮全国性运动是如何引发下一轮行动的。论及大众抗争的转变,他总结道:

> (大众抗争)这一公民行动渐进积累的过程,20世纪90年代的头五年,民众参与度相当广泛,他们动用各种资源,运用非正式的、暴力方式的次数,同运用合法的、正式方式的次数不相上下……在墨西哥城,民众爆发出巨大的力量,这是该城作为墨西哥首都和市中心的城市特质决定的,而与其作为全国政治论争汇聚发源地的地位无关(Tamayo 1999:353)。

塔马约告诉读者,是"持续的进程"推进了此间的变动;从1968年的骚乱中学生和工人煽动各种形式的社会主义思想,到20世纪90年代各式各样关于公民权力的诉求皆是如此。从 ·定程度上来说,阶级斗争的暴力形式为民主之争指明了方向。

塔马约梳理出五项改变了墨西哥大众政治的事件:(1)1994年萨

帕塔（Zapatista）运动兴起，自此开启了国家层面社会运动的新阶段，(2)游行示威、罢工，以及工会将延长罢工时间上升到公开提出权利主张的高度，(3)1988年与1994年两次竞争激烈的选举也削弱了独大的墨西哥革命制度党，(4)公民社会日益壮大、发声更广为人知，但也更加碎片化，以及（5）1988年当地各类公民委员会曾使用过的旧参与形式——按照本书的说法，"表演"　让位于萨帕塔运动开创的全国乃至国际性运动。"我们恰好能在它（1988年选举）结束之际加入其中，这样可以为墨西哥上一波公民参与和社会运动发展画上句号，并同萨帕塔运动一道展开新一轮运动"（Tamayo 1999：355）。

1988年（或因弄虚作假）导致民粹主义总统候选人库奥特莫克·卡德纳斯（Cuauthemoc Cárdenas）败于卡洛斯·萨利纳斯·德戈塔里（Carlos Salinas de Gortari）的结果最初激起了无数抗议活动。但在塔马约看来，那场社会运动的失败为墨西哥历史悠久的民粹政治敲响了丧钟。一种新的政治运动形式开始成型。

塔马约对墨西哥公众论争的详尽记录由此提出了一个对抗争政治研究而言颇具普遍性的问题：那些提出诉求的社会运动在什么情况下和什么程度上，以怎样的形式改变了论争本身的属性？把问题范围缩小一点，一场社会运动如何对下一场社会运动所发生的事情产生影响？如果对上述影响无法形成清晰的认识，那么任何对抗争剧目变迁的解释都缺失了极为重要的一环。因此本章致力于澄清我们对上述提出诉求的社会运动如何影响后续社会运动的认识。

社会运动是对相近或相同对象持相似主张的一系列持续且协调一致的场面片段。1968年，左翼学生为追求民主权利，在墨西哥城奥运会前夕发起了一场社会运动，但受到了古斯塔沃·迪亚斯·奥尔达斯

(Gustavo Diaz Ordaz)政府的残酷镇压。按照塔马约的论述,成立于1994年、旨在维护原住民权利的萨帕塔运动选择了一条截然不同的路径:他们在恰帕斯州(Chiapas)偏僻山区发起游击战争动员,对表面上已获得解放的地区实施控制、通过国内和国际广播提出批判,最终在和平的大型游行中从丛林进发到一国之都。

就塔马约使用了以上几个术语组织的分析框架,我们可以用图4.1来表示他的论点。一场社会运动在这里演变成了政治机会结构(political opportunity structure,POS),改变了现成抗争表演模式的阵列,从而动摇了潜在行为体之间的关系。在其他路径中,一场社会运动有时会因为将新的行为体引入政治制度、改变该政治制度的压制性政策,抑或在挑战者与坐拥权力的守成者之间建立起联盟而改变旧有政治机会结构;上述三种情况在1968年之后的墨西哥都有发生。这些政治机会结构领域的变动几乎不可避免地改变了后续运动的抗争剧目。

图4.1　社会运动变化图示

一场社会运动有时会改变现成的表演模式,像萨帕塔运动1994年和之后所做的那样,创新是最直接的方式。旧有的模式通常占据主导地位且可以预见结果,但至少偶尔会因为有创新精神的社会运动改变剧目。而一旦形成创新并在创新者身上起作用,其他行为体就会频繁尝试这一方式。塔马约告诉我们,萨帕塔运动的国内和国际表现恰恰导致了这样的变动。

最后,一场运动有时会改变潜在行为体之间的联结。塔马约描述了为应对 1968 年危机而在公民社会内部产生新联盟的情况。这种情况在 1988 年尤为常见。新联盟有可能形成更广泛地代表民主发声的公民阵线。通常一场相对成功的社会运动所产生的最具持久性的影响在政治机会结构和抗争剧目中较少出现,它们更多地改变了行为体在后续社会运动中的合作关系。

可以确定的是,社会运动的政治机会结构、模式和联结三者之间存在相互作用。政治机会结构的变动影响了不同表演的生命力,新的模式则能巩固潜在的共同主张方之间新近建立的联结,越发复杂的联结有时出自政治机会结构本身的变化。墨西哥这一个案中,考虑到外国激进分子同墨西哥国内的激进分子联合起来共同支持萨帕塔运动,升级了它们提出权利主张的模式,从而作为前所未有的力量介入了墨西哥的权力结构,萨帕塔运动的兴起实际上同步引发了所有三种效应。

上述三种变动也随之塑造了下一场运动。三条因果路径,即政治机会结构、模式和联结之间的相对权重随政权与时间的不同而各不相同。这一方案也无法穷尽所有可能的原因。最清楚的一点是,外生于联结的变动如国际影响和政治经济状况的转变等,通常会导致政治机会结构的改变。我们在此紧跟塔马约的思路,集中讨论墨西哥本国的社会运动影响该国后续运动的结果。

让我们更进一步,分别考察以上三条变化路径:政治机会结构、抗争剧目和联结。提出政治机会结构是为了回应来自知识渊博的抗争政治研究者(尤其是 Goodwin and Jasper 1999)的猛烈攻击。对这一概念最常见的批评主要有三类:认为分析者使用这一概念时前后不一,这一概念否认人是施动者,以及这一概念仍然无法被证实,因为它仅适用于已发生的事实。其中,对前后不一的批评是正确的,可惜的是这也适用于抗争政治研究领域的大多数概念;而在这样一个迅速发展的领域里,概念的规范编制尚需时日。后两项批评则完全错误。政治机会结构仅能通过人这一施动者形成抗争。而且完全有可能单独将政治机会结构在抗争行动造成的变化中单列出来。

图 4.2 说明了"怎样"和"为什么"是这样的。图 4.2 指出任何关于政治机会结构的完整概念应同时包括"危"与"机"。图 4.2 还表明,政治机会结构的基础理论提出了一系列从政治环境六个方面的特征出发,预估变化所导致效果:政权的开放性、精英的一致性、政治联盟的稳定性、潜在的行为者获得盟友的可能性、压制或促进,上述因素的变化速度。某个方向上的变化会制造契机,另一个方向上的变化则可能造成危机。总之,机会的增多意味着抗争行动将取得更大的进展、成效更佳,而威胁的上升则预示着抗争行动效果有限且不断收缩。

诚然,深究契机与危机可以发现它们并不对等,甚或颇为微妙。例如,至少在短期内,事关各方存亡越来越大的威胁可能会刺激消息灵通组织(well-connected groups)的集体行动(Davenport 2007,Goldstone and Tilly 2001)。但在那种情况下,最大的影响其实是社会运动往往会影响政治机会结构所有六个方面的特征:政权的开放性、精英的一致性、政治联盟的稳定性、潜在的行为者结盟的可能性、压制或促进,以及机会的变动＝政治行为者所处环境发生的各种变化(在这个案例中是一个理想化的单个挑战者)，这些信号预示着同其他行为者以不同的形式互动将导致不同结果

特征类型

特征类型	机会增多	威胁上升
政权的开放性	政权更加开放	政权闭关锁国
精英的一致性	精英分化程度越来越高	精英日益团结一致
政治联盟的稳定性	不稳定性增强	稳定性增强
获得盟友的可能性	挑战者能在政权内找到新盟友	潜在的盟友或消失或失势
压制/促进	促进增加、压制减少	促进减少、压制越发严厉
上述因素的变化速度	上述任何趋势的加速	上述任何趋势的减速

上述变动同样适用于案例间的比较分析：如果政权 A 更具开放性，那么该政权内的精英分化程度就更高，通常也更不稳定、存在更多潜在的盟友、相比政权 B 受到压制的可能性更小，政权 A 的挑战者能够更广泛、更有效地提出本方的主张

图 4.2　政治机会、政治威胁及其对抗争的影响

上述因素的变化速度。在 1968 年至 20 世纪 90 年代的墨西哥案例中，塔马约提出了一系列证据证明 20 世纪七八十年代的激进运动和民粹主义运动增加了发起新挑战的机会。它们通过加剧精英分裂、造成不稳定，以及协助挑战者建立新的联盟为发起新挑战创造机会。

旧有表演模式又是如何改变的呢？塔马约从成效出发提供了丰富的证据。萨帕塔运动的例子最具戏剧性。他们的游击行动实际上全面效仿了 20 世纪 60 年代至 80 年代墨西哥其他农村地区的游击战模式（Turbiville 1997）。但自从首次同墨西哥军队发生血腥冲突之后，他们就将战斗重点从针对政府军的秘密袭击转向精心宣传自身诉求、在墨西哥国内和世界上广泛拓展潜在的结盟对象，并通过集会和游行展示

自身的"价值、统一、规模和奉献"（worthiness，unity，numbers，and commitment，WUNC）（Olsen 2005）。克利福德·鲍勃（Clifford Bob）曾对一场萨帕塔运动的表演描述如下：

> 2001年3月11日，墨西哥萨帕塔民族解放军（Zapatista Army of National Liberation，EZLN）的24位领导人已经进军到墨西哥城市中心巨大的宪法广场（Zócalo）。在发起武装起义七年之后，萨帕塔民族解放军在政府的批准下抵达宪法广场，运动发言人，副司令马科斯（Subcomandante Marcos）面对十万以上群众* 宣布"我们来了"。几天后该运动的司令员埃瑟（Comandanta Esther）对墨西哥议会发表讲话，呼吁议会通过一部法律、将重要的新权利赋予本国原住民。在萨帕塔民族解放军逗留首都的数周，以及此前开着巴士从遥远的南方恰帕斯州大本营向首都胜利进军期间，外国支持者一直陪伴着这些反叛者。其中最引人注目的是意大利的激进分子，他们身穿白色工装裤，不合时宜地充当保安，像一群白猴子那样大步前行，强调自身反全球化抗议的欧洲立场。站在宪法广场迎接萨帕塔民族解放军的则是一众左翼名人：法国前第一夫人丹妮尔·密特朗（Danielle Mitterrand）、电影导演奥利佛·斯通（Oliver Stone），还有拆毁麦当劳店面的何塞·博韦（José Bové）。在全世界，数以千计的萨帕塔运动支持者在互联网上监督了原住民尊严进军（March for Indigenous Dignity），即"萨帕塔之旅"（Zapatour）（Bob 2005：171）。

---

* 亦有数据记载当时广场上有25万群众听取了这次演讲。——译者注

显然，萨帕塔运动已远远超越20世纪60年代切·格瓦拉式的关照。

同样显而易见的是，我们提到的第三个要素——潜在行为体之间联结的变化——在墨西哥发生了，而且对新一轮社会运动产生了极大的影响。托马斯·奥尔森（Thomas Olsen）将萨帕塔运动的动员分为三个层次上的组织：萨帕塔运动自身的组织（即萨帕塔民族解放军）本身，在对萨帕塔运动的支持中即时兴起的团结网络，以及同各类包括萨帕塔运动本身在内左翼因素相关的"跨国正义与团结网络"。在奥尔森看来，第三个层次

> 仅在萨帕塔民族解放军兴起的1994年短暂存在过，当时冷战方才结束，左翼人士还在寻找自身的立锥之地。这一网络在20世纪90年代后期逐渐成型，并于1999年11月首次在西雅图给世界留下了深刻的印象。*萨帕塔民族解放军，尤其是1996年在恰帕斯州的洲际聚会在此轮发展中起到了重要的作用。左翼运动的前景也因此在20世纪90年代经历了明显的转变，而萨帕塔民族解放军也见证了许多他们的政治想法和远见在跨国正义与团结运动的行动中有所回响（Olsen 2005：209）。

奥尔森推测，萨帕塔民族解放军或将从国际视野中消失，但他们在激进分子中建立的至关重要的跨国联结会继续保留。那些联结从20世纪90年代后期开始塑造了反全球化的跨国政治运动。

---

* 指1999年11月30日，反全球化人士在美国西雅图举行大规模游行，导致原定举行的世界贸易组织会议开幕式被迫取消。史称"西雅图风暴"。——译者注

墨西哥国内政治亦与之平行发展。塔马约重点讨论了墨西哥女权
主义者是如何同其他激进分子在女性权利之外的议题上结为盟友的。

> 女性主义激进分子也是政党政治激进分子的事实为两次竞选
> 运动期间的党内权力互动增加了一项重要的变量。其影响可能颇
> 为惊人，事实清楚地表明 1988 年 6 月选举之后，出现了一场众多
> 女性一起积极参与的反对选举舞弊的新社会运动……因而在过渡
> 时期落下帷幕之际，各种各样的女性组织要求墨西哥国民大会同
> 业已制度化的选举舞弊作斗争，并联合工人阶级俱乐部、政党、激
> 进分子与非政府组织创办了贝妮塔·加莱亚纳妇女联盟（the
> Benita Galeana Women's Alliance）（Tamayo 1999：320）。

当时墨西哥大众政治领域正在发生一场重要的双重转变：激进分
子从民粹主义领导人的代理人转向自我驱动，从为了单一议题而动员
转向以民主改革为目标的广泛联合阵线。提出诉求的运动本身在上述
两项转变中充当了主要角色。他们通过改变政治机会结构、可行的模
式，以及潜在行为体之间的联结达到了目的。

墨西哥并非独一无二的例子。相反，墨西哥从 1968 年到 20 世纪
90 年代的变迁恰恰突出了两种抗争政治中极为常见的范式。第一，无
论前次运动成功与否，大多数其他地方在某项运动影响下发生的表演
与抗争剧目变动也都对后续运动产生了影响。第二，上述影响通过三
个渠道改变行为体之间的相互作用：政治机会结构、可行的模式，以及
潜在行为体之间的联结。

我们由此得以看清这一路径在解析问题上的优势，即将伸张诉求

的集体行动视为一系列各群体习得并运用在抗争剧目中的表演。三个要素——政治机会结构、可行的模式,以及潜在行为体之间的联结——为意欲提出诉求的各方揭示了其所要面对局面的三方面因素。政治机会结构揭示了参与集体行动提出诉求的行为体或将共同承担的一系列政治后果。可行的模式揭示了可供诉求提出者从中选择的已知路径。而联结则预示了谁最有可能、并以怎样的形式加入进来。三者组成了一个面向潜在抗争参与者的抉择矩阵。但它们同时也为我们这些抗争政治的观察者提供了一个解释矩阵。

与此相关的解释在基层和全国两个不同的层面起作用。在基层,我们从那些诉求提出者参与基层政治机会结构、行动模式和人际联系分析他们的处境。这有助于我们预测他们集体提出诉求的形式与强度——以及在很多案例中,不作为的行为。("基层"显然是一个相对的概念,因为潜在的诉求提出者通常会跨越村庄甚或都会区的边界建立联结。)

在全国层面,我们会考察一个政权中各大行为体对政治机会结构、可行的模式,以及联结转型的反应。本章的后续内容和后续章节将有力地证明,鉴于各国中央政府在监督、沟通,以及压制抗争政治行动中发挥了特殊的作用,整个政权内抗争政治的表演与抗争剧目日渐趋同,这与我们出于本土文化的多样性所做出的推测截然不同。此外,当议会之类全国性的政治机构的作用越来越重要、权力越来越大,它们不断扩大的影响力也推动了抗争表演与抗争剧目在全国范围内渐趋一致。就比如18、19世纪之交英国原本特定、狭义、二分的抗争剧目转向模块化、世界化、自发行动的背后,隐藏着一场政治转型。议会日渐成为英国全国性的政治中心,议题也涉及各种细枝末节的问题,两者共同引领了抗争政治的转型。它们通过政治机会结构、可行的模式，以及政治诉求提出者之间的联结对抗争政治起作用。

让我们从英国截然不同于墨西哥案例的细节与证据出发，在对其进行综合分析之前，先逐一考察以上三条变化渠道：首先，考察运动是如何改变了政治机会结构，进而又反过来塑造了后续的运动；其次，以相似的方式考察后续运动下一个转向的内容，即其行为模式；再次，评估从运动到行为体间变动的联结，及其对后续运动中协作的影响三者之间的纽带。我还会比较每一个案例及其后续运动。

政治机会结构

对于政治机会结构，我们可以一组同时发生在伦敦的颇具戏剧性的社会运动为例：一是1768年和1769年大众对约翰·威尔克斯的支持，二是1780年乔治·戈登勋爵（Lord George Gordon）对其新教协会的动员。我们曾在本书的第一章便迅速地同威尔克斯打过一次照面，又在第三章中见识了威尔克斯及其支持者都做了些什么。但我们还没在政治语境中见过他。尽管威尔克斯早在1757年便成了议会议员，但直至1762年之前都未曾在全国范围引起过关注。他随后创办了一份名为《北不列颠人》的反对派报纸。威尔克斯的报纸同那段时间由苏格兰人、小册子作者兼小说家托拜厄斯·斯摩莱特（Tobias Smollett）创办，获得政权背书的报纸《不列颠人》（*The Briton*）打起了擂台。《不列颠人》支持，而《北不列颠人》反对苏格兰的布特勋爵。正如我们在第一章中曾提到过的，他是国王任命的首相，也是苏格兰字谜游戏中同苏格兰无边帽（bonnet）、靴子（boot）、衬裙（petticoat），还有绞刑架（gallows）一起出现的一组词。

1763年，第45期《北不列颠人》刊登了威尔克斯那篇"臭名昭著"的批评英王辩解北美政策的演讲的文章。威尔克斯暗指国王撒了谎。因为这一攻击诽谤行为，一纸通用逮捕令查封了这份报纸，威尔克斯本人也被囚禁于伦敦塔。他在法庭上大胆质疑这一逮捕行为违宪，并最终获得了政府赔偿。他又进一步挑战自己的运气，不仅重新出版了第45期《北不列颠人》，而且还出了一本色情小册子。法院再次起诉了威尔克斯，并责令伦敦的治安官和绞刑史公开销毁那期具有攻击性的报纸。当时，公众从行刑者那里抢下了那期报纸并袭击了他们。不久之后，威尔克斯逃亡去了法国，议会也将其除名，法院则宣布他是个逃犯。与此同时，威尔克斯已成为大西洋两岸反对专制统治的标志性人物，数字"45"也成为代表自由的强势符号。从伦敦到马萨诸塞的波士顿，"威尔克斯与自由"的呼声不断回响。

对威尔克斯的广泛支持在1768年早些时候复兴，当时他潜回了英格兰，请求赦免未成；再次参加议会选举，失败一次又成功了一次，自首入狱一次，又被议会断然拒绝。据《年度纪事》报道，5月10日，

> 大批民众聚集在王座监狱（the king's-bench prison）周围翘首以盼，因为据传威尔克斯先生将从那里出发前往议会大厦，于是聚到一起送其出征。他们在监狱那边就强烈要求见威尔克斯，且场面越来越激烈。于是暴动就此开始，虽然名为暴动，实际上他们也就是扔了石头和砖块而已。当南华克（Southwark）布莱克曼街马

蹄铁旅店和制服店老板艾伦先生的儿子威廉·艾伦（William Allen）冲出来的时候，一个士兵追着他一枪毙命。这之后人群很快越聚越多，政府也把更多的安保派向那边，其中包括一队骑兵；而随着暴动的继续，士兵开始火烧群氓，这导致了其中五六个人因此死亡，大约15人因此受伤（*Annual Register* 1768：108）。

在威尔克斯的传奇中，圣乔治广场屠杀是一系列冲突开始广为人知的起点。在1768年至1769年之间，威尔克斯一再在监牢里参选议会议员，又一再被议会驳回；这又一再引起了大批民众在监狱周围、伦敦街头，以及威尔克斯在代理人帮助下搞定候选人资格的选举投票现场集会活动。1769年，仍然在押的威尔克斯赢得了伦敦市议员选举。而在1770年出狱之后，他又当上了治安官、伦敦市长，并在屡遭驳回之后，再次当选了议会议员（1774年）。他的名声就这样传开了。

与此同时，支持威尔克斯的精英也形成了组织。1769年2月，威尔克斯的拥护者（尤其是约翰·霍恩[John Horne]牧师，后以霍恩·图克[Horne Tooke]闻名）开始以"威尔克斯与宪法之友"（the Friends of Mr. Wilkes and the Constitution）为名在伦敦酒馆（London Tavern）聚会。他们随后重组了保卫权利法案者协会。该协会将支持威尔克斯参加竞选的行动同更具普遍意义的对宪法权利的诉求结合在了一起（Goodwin 1979）。例如，他们通过协助组织向国王请愿要求保留威尔克斯议会席位的活动，公然挑战了伦敦市议会此前垄断请愿权利的规则。他们还通过在宪法允许范围内创办选举人协会，挑战了英国禁止组织在议会范围外公开政治咨询活动的规定。该协会还有众多其他作为：它建立了后来以"反议会"著称的组织，其组织核心最终促成了旨在推动议会改革的、势不可挡的大众运动。

　　大众的复仇以及大规模地表达对大众英雄人物支持的现象在此前的英国历史上也多有发生。但是三个方面的特点使 1768 年至 1769 年间一系列与威尔克斯有关的社会运动实现了影响深远的创新。第一，威尔克斯因被剥夺选举权而赢得的支持使原本颇有容忍度的选举集会升级为群众游行活动——他们在向其他候选人展示实力的同时也挑战了专制统治。第二，威尔克斯及其代理人所进行的依法斗争推翻了通常所谓正当的理由、拓展了公开批评政府的权利，并使威尔克斯本人成为北美权利的英国忠实拥护者之一。第三，一般说来，建立协会并以宪法权利为名义公开展开活动的项目形式，为日后公开的、大众参与度高、以协会为基础提出诉求的行动开了先河（Tilly 1995：150—162）。用政治机会结构的语汇来说，1768 年至 1769 年间与威尔克斯有关的一系列运动撬动了政权，加剧了国内精英的分裂，打破了建立在政治结盟基础上的稳定状态，使挑战者获得了新盟友，而且在一定程度上降低了政权的压制力度。

　　我们还可以从与威尔克斯有关的社会运动中发现，数年后开始的一场争取天主教权利的斗争同样由政治机会结构居间促成。英国在七年战争（1756—1763 年）中战胜法国之后，魁北克庞大的信众人数进一步扩大了英国天主教徒的数量，而在英国国内，苏格兰、英格兰，尤其是爱尔兰，政府早已难以驾驭天主教群体。《1774 年魁北克法》赋予了魁北克殖民地的天主教徒较之英伦三岛的信徒更为广泛的政治权利。而18 世纪 70 年代同魁北克以南 13 个殖民地的战争使英国迫切希望获得天主教徒的支持，因而在天主教徒中招募士兵（此前除非他们放弃对教皇的效忠，否则无法应征入伍）。议会因此在《1778 年天主教救济法》中对天主教徒的权利做了适度的让步。约翰·威尔克斯是那些认为妥协之处都相对次要、因而可以接受的人之一（Rogers 1998：157）。即便如此，政府有关将上述妥协的适用范围扩大到苏格兰的动议激起一场轰轰烈烈的反天主教运动。

反天主教运动吸引了大量的支持者——而天主教徒的政治权利也严重受限——这一切都始于英国在 1688 年至 1689 年的光荣革命期间罢黜了一个信仰天主教的国王。但形成于 1779 年的新教协会（the Protestant Association）弄出了一些新东西。该协会为反天主教运动提供了一个组织化的基础，大批民众随之效仿威尔克斯的支持者行事。不同于各类致力于改革的协会那样从一开始就在全英各地迅速崛起，该协会采用了"激进的形式敦促各方提出申诉、召开月度会员大会、散发传单、主张教导游说下院议员，并着手组织公众请愿活动"（Rogers 1998：158）。所有这些创新都建立在威尔克斯运动先期提供的支持基础上。苏格兰的乔治·戈登勋爵反对《天主教救济法》的演说及其对苏格兰的影响，由此将戈登推上了这一总部设在伦敦的协会主席的位置。第二年，在带领该协会通过社会运动进军议会的过程中，戈登便陷入英国几十年间最为血腥的国内斗争之一。

在同伦敦市议会部分建立合作的基础上，该协会向议会提交了一份请愿书，要求废除《天主教救济法》（Rudé 1971：178—179）。尽管在协会内部遭到了一些反对，戈登还是召集了一大批人于 1780 年 6 月 2 日在圣乔治广场举行集会。当时，英国的请愿者有时会组织公开集会或是在已获批准的合法集会上公开传阅请愿书征求签名。不过之后通常的做法是派出几个代表将请愿书递交给议会或国王。但这次吸引了大约五万名支持者，他们沿着泰晤士河前往议会递交请愿书。其中许多人都带上了写有"拒绝罗马天主教"（No popery）的条幅。有人曾估计过，留在议会外面等候听取请愿结果的人数大约有一万七千人（Roger 1998：159）。其中一些人则进入大厅并骚扰了包括上院议员在内的、对其请愿持反对意见的人。进入大厅的那些人里有人殴打了下院议员，还同被派来保卫立法机关的军队打了起来。而当议会以绝对多数驳回了这一废法请愿之后，该协会的支持者便离开了议会的地界。

但这只是事情的开始。到了晚上，协会的激进分子在街上燃起篝火，并洗劫了撒丁和巴伐利亚大使的小教堂。在接下来的五个晚上，这群人继续打砸抢烧了更多的小教堂和天主教显贵的家，还打砸抢烧了关押了在前次政府镇压时被逮捕同伙的监狱。尽管一开始该协会的支持者还将打砸抢烧的范围基本局限在天主教财产的范围内，但随着 6 月 6 日议会重开，再次重申了议会反对上述请愿之后，激进分子的目标变得复杂起来：

> 先是一帮人在大众的欢呼声中拖着乔治·戈登勋爵的敞篷马车穿过一条条街道，随后抗议者扩大了自身行动所针对的范围，不仅包括天主教徒而且也包括了反对变革的当权派本身。兰贝斯宫（Lambeth Palace）由此收到了威胁信；显然，坎特伯雷大主教和约克大主教宅邸也收到了。大众还将他们的愤怒发泄到政府主要成员和他们所知针锋相对同情上述法律的不同政见者身上，这大大偏离了他们在议会大厦外早先定下的战略（Rogers 1998：161）。

被派去镇压上述袭击的军队最终杀了大约 450 人。政府以叛国罪逮捕了戈登。他在伦敦塔监狱里待了 6 个月，不过最终被宣告无罪。

而在经历了在欧洲和非洲一系列奇特的探险,并于 1787 年同犹太教进行了一场对话之后,戈登于 1793 年死于伦敦的纽盖特监狱,时年 42 岁。当时,他所开创的大型请愿游行与对抗的剧目已成为英国抗争政治的常规实践。其中便包括始于 18 世纪 80 年代的大型反对奴隶制运动。

"大英研究项目"使我们有望通过比较威尔克斯运动与戈登运动的特点。发现政治机会结构变化促成的转向。图 4.3 和 4.4 揭示了对威尔克斯运动中 23 场抗争集会和 131 项对象明确的行动,以及戈登行动中 21 场抗争集会和 232 项对象明确的行动有关基本内容的比较。单场抗争集会的平均行动执行数量从威尔克斯运动时期的 5.7 项上升到 11.1 项的事实便已显示了戈登运动时期已经形成了更强的街头动员,吸引了更多的参与者。图 4.3 则确证了上述印象:在戈登运动时期,诸

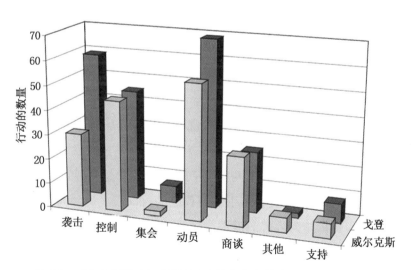

图 4.3 威尔克斯运动与戈登运动中抗争集会的动词,1768—1780 年

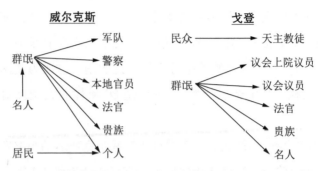

**图 4.4　威尔克斯运动(1768—1769 年)与戈登运动(1780 年)
抗争集会的诉求结构**

如"控制""动员",尤其是"袭击"之类的词汇出现频率相比威尔克斯运动时期具有压倒性的优势。从根本上说,两场运动之间动词的分布情况,以及其中占据绝对数量优势的"袭击""控制"和"动员"等词汇,无不彰显了它们同 18 世纪英国户外露天抗争政治活动之间的联系。但我们注意到戈登运动中的一些细节变化,即"集会"和"支持"两个动词的出现频率更高。1780 年的圣乔治广场集会、前往议会的游行,以及提交公众请愿书的行为都在此前威尔克斯及其支持者同当权者的冲突导致政治机会结构发生变化的情况下成为可能。

　　两场运动中提出诉求的结构隐隐指向同一个方向。在两个案例中,图示指出了所有但凡在某一类行为中出现四次或四次以上的每一对主体—客体。在图 4.4 中,两幅图示颇为相似,都是典型的 18 世纪意象。居中的行为体,是我们所引资料称之为"群氓"之类的人。他们对当权派成员提出颇为挑衅的诉求。在威尔克斯运动中,诉求的对象还大多局限于本地,甚至包括被派来镇压他们的武装力量。而在戈登运动中出现了两条提出诉求的渠道。如我们所预计的那样,"民众"袭击天主教徒。但"群氓"不但(同威尔克斯运动期间那样)向法官和贵族提出诉求,而且还向下议院议员和上议院议员提出自身的诉求。主要依赖后设视角,或许我们可以推论说威尔克斯运动多多少少开拓了国家层面的机会结构。

因此,在第一条渠道的变化中,一场颇具影响力的社会运动通过六大要素中的一项或多项重塑了政治机会结构:政权的开放性、精英的一致性、政治联盟的稳定性、获得盟友的可能性、压制或促进,以及上述因素的变化速度。重构之所以出现是因为此前便存在政权的成员通过做出让步、建立联合阵线、极化或是其他回应社会运动诉求的形式参与了前次争议行动。他们也参与了抗争政治。

行动模式

第二条渠道没有必要那么直接地涉及当权者。诉求提出者的创新,尤其是那些成功的诉求提出者,为其他潜在行为体造就了新的表演形式。这类创新大多程度渐进、规模不大,但却切实地发生着。19 世纪二三十年代,英国发生的这类表演形式创新不计其数。对 19 世纪 20 年代两场互相重叠社会运动的对比可以说明这一点。从议会政治的制高点往下看,废除《宣誓法》与《市政机关法》(Test and Corporation Acts,1828)并通过《天主教徒解放法》(Catholic Emancipation Act,1829)看上去就是一个精英的战略性功劳向民意转变的过程。约翰·斯图尔特·密尔(John Stuart Mill)在 1829 年 3 月写给古斯塔夫·戴希塔尔(Gustave d'Eichthal)的一封信中对此的总结是，"对如此重要又如此古老的一部将天主教徒排斥在政治特权之外的法律进行改动的做法震撼人心，它动摇了一切旧时的偏见，这将给他们带来更多通往新观念的渠道，并激发我们制度体系其他各部分的理性创新"(Hinde 1992：187)。

但若从大众政治的谷地视角向上看，上述在政治参与领域废除宗教限制改革是建立在广泛论争基础上的。而且他们所强化的各类抗争表演模式在未来的几年中震惊了英国的当权者。他们对1830年至1832年间议会大改革运动期间激进主义运动形式的发展产生了深刻的影响。

废除《宣誓法》与《市政机关法》并通过《天主教徒解放法》故事的源头，要追溯到威尔克斯和戈登时期。甚至同17世纪禁止大不列颠及爱尔兰的非圣公会教徒担任公职有关。从18世纪开始，一些特定的立法已经允许个别信奉新教之外其他宗教的人士进入议会或在其他官方机构供职。但法律本身仍然歧视非圣公会教徒，尤其是天主教徒。从乔治·戈登勋爵开始，英国改革派就常常呼吁在公职问题上放松宗教限制。例如在1787年和1789年，伦敦的革命协会(Revolution Society)(协会的创办旨在纪念1688年的光荣革命)曾组织过一场不成功的废除《宣誓法》与《市政机关法》运动。从那时候开始，改革派组织与宗教组织时不时地支持一下结合了废除《宣誓法》与《市政机关法》、实现天主教徒解放的剧目，以期全面消除加在天主教徒身上的政治枷锁。

在法国大革命和拿破仑战争期间，英国的政府、激进派和改革派则围绕着结社权进行斗争。政府指控激进派和改革派的行动是颠覆行为，并认定其违反了议会是唯一拥有代表英国人民权利的组织。例如按照 1799 年《煽动性结社法》(Seditious Societies Act)的规定,政府允许拥有正式组织的地方团体为争取自身利益讨论公共事务,甚至向议会或国王提出请愿,但不允许建立全国性的组织。但在拿破仑战争结束之后,激进派和改革派开始尝试突破他们此前受到的限制寻求正式结社权,即使他们曾通过此前有限的渠道创建了通信联络委员会,并已获得允许就当地政府机构、选举、贸易,以及宗教会众等问题组织合法集会。1815 年至 1830 年成为组织行动的黄金时代。

从 1816 年开始,来自各协会的组织者不断尝试推动通过议会渠道实现天主教徒的解放,但都失败了。尽管英国国内的政治联盟和贸易协会引领了大不列颠内部的行动,最为强有力的组织出现在爱尔兰。爱尔兰律师丹尼尔·奥康奈尔(Daniel O'Connell,他曾经同英国的改革派进行过广泛的合作,但双方合作提出法案并推动其在议会通过未获成功)发起组织了天主教协会(Catholic Association)。凭借地方天主教牧师的合作和每月 1 便士的会费(即"天主教租"),该协会成为英伦三岛诸多目的明确的协会中有史以来最有成效的一个。尽管英国政府有意取缔该协会,该协会又很快以新天主教协会的名义重新活动,并从根本上支持了爱尔兰成为天主教解放运动的代表,同时还赢得了英国天主教徒及改革派非教徒的实质性支持。该协会确确实实地在组织方面赢得了巨大的成功,甚至英国反天主教运动的组织者都以勉励效仿天主教解放运动组织者的实际行动表达自身的敬意。他们以新教徒为基础建立了不伦瑞克俱乐部(Brunswick Club),同天主教解放运动唱对台戏。

1828 年 6 月,奥康奈尔在爱尔兰的克莱尔郡(County Clare)竞选议会议员的决定率先使反天主教运动遭遇了一场重要危机。他成为 17

世纪以来首位赢得议会席位的天主教徒。尽管同参选席位的托利党对手的立场并非针锋相对,他仍然获得了来自其天主教协会会员、主要天主教牧师,以及颇具影响力的当地组织的支持,并以绝对优势赢得了选举。实际上,他战胜的是一个已对天主教解放运动表示支持的托利党人。由此造成的结果是,他还赢得了地主阶级的支持,他们从未见过如此颠覆性的选举。他的胜利也为 1829 年成功的动员创造了条件。"这就是煽动者的力量,"(圣公会的)的爱尔兰总督安格尔西(Anglesey)写道,"我确信他们马上就会带领人民走上反叛的道路……我相信他们的成功不可避免——天下没有什么力量能阻止他们的前进"(O'Farrell 1981:200)。

然而在巨大的阻力下,天主教解放运动只在英国国内取得了胜利。1828 年和 1829 年总共兴起了三波社会运动,历次运动之间互有重叠:一次成功的废除《宣誓法》与《市政机关法》的尝试,这次运动以议案于 1828 年 4 月在议会上院获得通过结尾;一次失败的尝试,《天主教徒解放法》1828 年未获通过;以及 1829 年一次激烈且终获成功的社会运动。

自 1828 年 10 月起,不伦瑞克俱乐部就同其他反天主教激进分子自发组织开展针锋相对的抵制运动。反讽的是,其组织形式明显直接效仿了天主教协会(Jupp 1998:367—368)。1829 年,该俱乐部在英国范围内举行集会和提交请愿书的数量,都超过了天主教解放运动支持者的作为。但当时爱尔兰的大规模动员已接近起义边缘,同时英国国内的改革派也施加压力旨在说服首相威灵顿公爵(Duke of Wellington)与内务大臣罗伯特·皮尔(Robert Peel)跳过犹豫不决的国王和议会上院,通过《天主教徒解放法》。该法案的通过便证明了这一点;而这也导致了天主教协会的解散,并大大提高了爱尔兰投票权的财产要求。

显然，1828 年和 1829 年间很多事情都在同时推进，而不只是一场社会运动对另一场产生影响那么单一。尽管如此，另两组与之前对威尔克斯运动和戈登运动相同的分析也揭示了一些同此前相似，由一场社会作用于另一场运动。特别是社会运动的动态导致了天主教解放运动支持者对议会（即对下院议员个人、议会下院、议会上院，其或整个议会体系）的针对性关注出现了戏剧性的增长。以下院议员或议会本身作为抗争集会对象的比率变化如下：

	废除《宣誓法》与《市政机关法》运动	天主教解放运动，1828	天主教解放运动，1829
议会议员	11.3%	11.1%	10.1%
议　会	66.1%	12.3%	50.5%

废除《宣誓法》与《市政机关法》运动主要由公开集会构成，相关成果则是向议会提交请愿书。不过这种形式在 1828 年旨在寻求天主教解放的抗争集会中较为少见，但到了 1829 年，针对议会的行动又骤然增加：1829 年有报道的天主教解放抗争集会行动中，半数都选择了将议会本身作为斗争对象，另有 10% 的行动直接针对议会议员。

图 4.5 显示了抗争集会形式的转变。第一行戏剧化了废除《宣誓法》与《市政机关法》运动动员集结与公众集会的事实：该方案本身就涉及"集会"。第二行中，1828 年旨在寻求天主教解放的抗争集会的确包含了众多的集会，但他们以游行、商谈、宣誓等形式彰显支持的行动次数仍高于废除《宣誓法》与《市政机关法》运动所组织的集会。而到了 1829 年，天主教解放运动的行动几乎像此前几年的废除《宣誓法》与《市政机关法》运动一样以"集会"为中心。寻求获得权利的一方同他们的

反对者一样都学着将关注点落在本地集会上,从而在针对议会的行动中展示自己在公众中所受到的广泛支持。

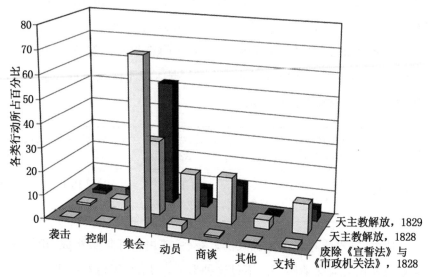

图 4.5　英国宗教运动动词分布情况,1828—1829 年

　　诉求的详细结构进一步证实了上述论断。图 4.6 清晰地显示了废除《宣誓法》与《市政机关法》运动支持者的行动在多大程度上是针对议会和单独的议员的。提出诉求的人总的来说不都是新教教徒,官方也并非有组织地打压公众诉求的群体。1828 年天主教解放运动自然包括了对议会和议员提出的诉求。不过还有很多针对其他事务的诉求引发了这一统计年度的集会。到 1829 年,其他涉及天主教解放运动的抗争集会还在持续发酵。爱尔兰所发生的针对个人的攻击(图中未另行说明)说明存在针对上述解放运动的反向动员行动。不过,总的来说这一诉求体系比起 1828 年的情况火力更为集中地针对议会。在各项集会行动中,市民聚集起来向议会提交请愿书的做法成为天主教解放运动的主流。

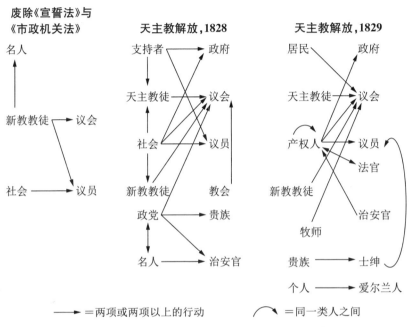

图 4.6　英国宗教运动的诉求结构,1828—1829 年

回想起来,我们当然可以将公众集会转向与议会政治转向解释为长期趋势下不可避免的结果。尽管如此,为巩固政治斗争基础,抗争参与者也会不断地在战术上作出决策。毕竟,拥护天主教解放运动的人在 1829 年取得一定成功之前经历了一次又一次的失败。此外,反天主教运动人士也秉承了斗争到底的精神。他们视政府勉强为之地支持天主教解放运动为背叛。力图说服政府内阁和议会在天主教权利问题上作出妥协以维持和平的做法实际上是冒着在爱尔兰发生起义的风险。

潜在参与者之间的联系

反讽的是,反天主教运动积极分子的失望心理成了他们支持议会改革的理由。他们的想法的确没错:如果 1828 年和 1829 年大大扩大了选举权,那么想要保住席位的议员自然无意积极保障天主教权益;否则选民可能将他们拉下马来。

《天主教徒解放法》产生了极大的影响,其效应引发了改革。该法进一步加剧了托利党的混乱,进而由此削弱并分化了反对改革者的力量。它在乡绅与"内阁利益"之间插入了楔子,从而分化了托利党赖以生存、极为珍视的纽带。由此自然而然地引发了一个有关首相威灵顿和内政大臣皮尔的谣言,即他们或将像"出卖"新教主义那样,对尚未改革的体系"背信弃义"(Brock 1973:55;并参见 Jupp 1998:259—261)。

那些变动主要发生在政治机会结构方面。模仿亦在其中发挥作用:托马斯·阿特伍德(Thomas Attwood)的伯明翰政治联盟(Birmingham Political Union)便是如此,该改革派组织在结构上完全模仿了天主教协会(O'Farrell 1981:271—272)。但与此同时,争取宗教权利的社会运动又在潜在行为体之间形成了新的联系。例如,在爱尔兰内部,为支持天主教解放运动而建立的那些自由派俱乐部很快成为有组织地支持议会改革政治运动的基础(O'Farrell 1981:274—277)。在伦敦,天主教解放运动的成功触动了各类激进分子和改革者,并使他们走到了一起(Prothero 1979:272)。以上关系深刻地影响了 1830 年至 1832 年间围绕着改革问题震惊英国的一系列斗争。

正在寻找选题的 19 世纪英国史专家注意了！理想路径是，寻求宗教权利运动对后续议会改革运动有所影响的证据，可以从追溯那些参与 1832 年改革过程的活动网络在 19 世纪 20 年代的作为开始。这方面的调查使我们注意到，像亨利·亨特（Henry Hunt）和威廉·科贝特（William Cobbett）等人（早在 19 世纪 20 年代）便会偶尔与人合作鼓吹宗教权力，随后在改革动员期间一次又一次地现身于激烈的竞争及偶尔实现的合作中。在不同的联合行动中、在不同的地方，弗朗西斯·伯德特爵士（Sir Francis Burdett）、亨利·布鲁厄姆（Henry Brougham）、丹尼尔·奥康奈尔等人亦曾加入这些网络，还有经常出现的弗朗西斯·普莱斯（Francis Place）。

理论上，有两类证据可以确认新的联结已经形成：行为主体在同一事件中现身且作为积极分子有所交流。而在其他情况下，例如，亨特和科贝特曾于 1828 年 10 月 24 日在肯特郡佩内登西斯（Penenden Heath，Kent）举行的一次不伦瑞克俱乐部大型集会上，共同为支持天主教的少数派发声。但更多的组织化行动发生在这类公开集会之外，因此研究者有必要展开一项全新的研究，从而确认关系网络中联结的变动情况。我在此准备简单地提出一些积极分子间的人际联系作为轶闻性质的证据，其解释力较其他主要从 1828 年至 1832 年抗争集会模式相似性出发的推理稍弱。

1830 年至 1832 年间的历次改革动员大量利用了可以追溯至威尔克斯和戈登时代的先例。从那时起，改革派便寻求在更为广泛的选举权基础上建立一个更有代表性的议会。激进派则建议扩大男性选举权，每年进行议会选举，取消对公职人员的财产要求。在宗教改革之后，议会选举法改革运动成了改革派与激进派的新议程。丹尼尔·奥康奈尔受益于解放运动的恩典成为天主教议员，并成为议会选举法改革运动的主要拥护者。

从1830年至1832年简要的议会选举法改革年表看，其间发生了一系列同政府和议会相关的行动。（其频率）甚至不及与之相关，但在一定程度上推动政府行动的大众抗争政治行动的零头。信息盒4.1揭示了这一混乱的过渡。直接或间接针对改革的斗争在1830年11月到1832年5月期间导致了三任政府的垮台。议会上院抵制改革近两年之久。直至1832年五六月间国王威廉四世（William IV）同意新授贵族名号，从而在需要的时候在议会上院获得必要多数才告终结。

面对这一威胁，议会上院勉强接受了这个掐头去尾的改革方案。《1832年改革法》使城市获得了更多的代表席位，同时取消了相当一批过去长期为庇护人所把持的选区——"口袋选区"（pocket borough）一词便曾由此而来。最终通过的改革法案远远无法满足激进派的诉求，仅实现了全国选民人数的适度扩张。但此番改革产生了两大结果：它实际上扩大了商业资产阶级和工业资产阶级的权力，至少在人口比率维度上推进了代表性原则。

框4.1　有关议会改革的政府行动年表，1830—1832年

1830年

6月	国王乔治五世去世，威廉四世继任国王
7—9月	大选，威灵顿公爵所领导的托利党政府艰难地完成组阁
10—11月	辉格党开始推动有关议会改革的议案，威灵顿宣称反对改革
11月	托利党政府因王室年俸问题受挫而辞职；格雷伯爵组阁建立辉格党政府

1831年

1—3月	辉格党将改革动议先后提交至国王和议会下院；该议案以一票的优势获得通过

4 月	改革的反对者战胜了政府;4—6 月间展开了新一轮大选
6—9 月	辉格党政府对改革议案修正案做了说明,该议案最终在议会下院获得通过
10 月	议会上院否决了改革议案
11 月	政府宣布反对政治联盟拥有军事组织
12 月	政府提交了新的改革议案修正案,并在议会下院获得通过
1832 年	
1 月	国王同意若议会上院再次反对改革法案,就新授贵族称号
3 月	议案在议会下院获得最后通过
4—5 月	议会上院最初通过了议案,但后续通过的修正案导致政府内阁辞职
5 月	托利党未能在威灵顿领导下组成新的内阁;国王召回格雷内阁并给予其提名新授贵族称号的权力
6 月	面对这一威胁,议会上院通过改革议案;国王签字生效
7—8 月	相应的改革法案在苏格兰和爱尔兰生效

抗争集会亦遵从上述改革斗争的时间线,大众行动的高峰分别出现在:

- 1831 年 3 月至 5 月间:议会下院举行辩论并通过改革议案,但该议案被议会上院否决,举行了一次大选

- 1831 年 10 月:议会上院再次否决了改革议案,随后德比郡、诺丁汉、布里斯托等地都爆发了暴力抗议行动

- 1832 年 5 月:辉格党政府在议会上院遭到失败,但托利党亦未能组阁成功,国王同意给支持改革的人士新授贵族称号,格雷内阁再次上台,反对派对此非常愤怒,英国各地纷纷爆发政治活动

在此背景下,改革支持者中形成了各类群体,相关联合阵线的组成也不断变化。其中既有民粹主义激进派领导人亨利·亨特和威廉·科贝特之流,也有立场中庸但办事极有效率的议员,如弗朗西斯·伯德特爵士和约瑟夫·休姆(Joseph Hume)。他们中的很多人早在推动天主教解放期间便建立了合作关系。

一个名为全国政治联盟(the National Political Union,NPU)的组织将改革派同伯明翰、伦敦等地的地方政治联盟网络联系了起来。更倾向无产阶级立场的全国工人阶级联盟(National Union of the Working Class,NUWC)则成为倾向于直接实施行动的激进分子同那些倾向走议会道路的妥协派之间进行长期斗争的舞台。在1831年4月的一次会议上,全国工人阶级联盟通过一份决议,其中包括以下倡议:

> 为国家在英国议会下院争取实现行之有效的改革;这一改革的基础应该是实行年度议会制、将选举权扩大到所有成年男性范围内,实行无记名投票选举制度,尤其是不应对议会议员设定财产资格要求;联盟坚信,除非出自社会中从事生产且是有用阶级的聪慧之人拥有参选议会下院议员的资格,代表工人阶级的利益诉求,否则他们永远无法获得公正的法律待遇(Hollis 1973:130)。

然而,在博洽多闻的D.J.罗(D.J. Rowe)看来,"各方的普遍印象是,全国工人阶级联盟更倾向于反对该法案而不是对其持无所谓的态度。只是当该法案面临无法通过的风险时,该组织才不得不转而勉强表达支持态度"(Rowe 1977:160)。

所有政治运作方都面临着通力合作以实现目标的任务，不仅全国政治联盟和全国工人阶级联盟如此，它们的支持者和拥有自身人际关系网的领导人亦是如此。比如技艺高超的"政治商人"弗朗西斯·普莱斯就是这样的人。自从1817年从裁缝行业退休之后，普莱斯积极煽动公众支持工人权利和政治改革。他在一众由头中选择了支持天主教解放运动。但是他对诸如采取直接行动、建立全国工人联盟之类的倡议颇不信任。1831年10月（当时英国已有好几个城市发生了以推动改革为目的的暴力斗争），工人领袖约翰·多尔蒂（John Doherty）宣称人民自己必须通过暴力行动把握住改革方向。普莱斯对此的回应是：

> 指望在工人大众中建立这样的结合实在荒唐，仿佛这样做就能战胜军队和其他各方不愿顺从地接受此等劫掠行为的力量那样。被中产阶级孤立的工人大众从未实现过任何全国性运动的目标，而且对他来说设想他们能够通过暴力行动改变任何事情实在是非常愚蠢的想法（Wallas 1898：266）。

普莱斯在自己身后留下了一大批有关改革年代的剪报、往来书信，以及（宣传性的）回忆录（Rowe 1970）。其中最吸引人的是大英博物馆藏题为"政治叙事 1830—1850"的那一批档案（British Museum，Additional MS 27789—27797）。相关档案涵盖了一大批其他材料，然而一经普莱斯的手都统统地归结为激进派和改革派有关议会改革的叙事。

"经手"一次使普莱斯的工作看上去比实际情况简单且不太具有强制性。在全国政治联盟内部，普莱斯将自己定位于弗朗西斯·伯德特议员（《改革法案》的局内人）和激进派分子威廉·洛维特（William

Lovett)的中间人。举个例子,他使用一定的策略保证了有可靠的工人阶级激进分子进入全国政治联盟的委员会,但同时也致力于不让强硬派有机会在南华克的圆顶大厅(Southwark's Rotunda)*里散布造反有理的论调(BM Add. MS 27791:71—72)。

不过,他实际上最终充当了中间人而非破冰人的角色。在1830年11月8日写给自己在议会的盟友约翰·卡姆·霍布豪斯(John Cam Hobhouse)的一封信中,普莱斯形容伯明翰政治联盟的创始人托马斯·阿特伍德是"英格兰最有影响力的人",阿特伍德当时正在主张通过拒绝交税的做法让政府下台(BM Add. MS 27789)。普莱斯自己曾协助模仿伯明翰模式建立全国政治联盟,并支持在必要的时候提出拒绝交税的倡议。普莱斯的例子证明了一项社会运动的影响是可以延伸到下一场运动中去的。

然而普莱斯并不能次次充当先知,接下来要发生的事情实属意料之外。鉴于1832年3月议会下院再次通过了经过修改的改革议案,并将其提交给了议会上院,普莱斯认为以下四种剧情都可能发生:

1. 议会上院主动通过该议案。

2. 议会上院抵制议案,但国王新授贵族称号足够多,从而形成了支持改革的多数派。

3. 议会上院否决议案,随即成功引发了工人阶级总罢工行动。

4. 议会上院否决议案,发生了总罢工,但威灵顿公爵联合军队镇压了罢工(BM Add. MS 27792)。

---

* 这里指英国议会下院大厅。——译者注

实际真正发生的并非以上任何一种情况:议会上院通过了议案,但阻止了修正案的通过;格雷政府辞职,但国王和威灵顿公爵未能建立一个托利党政府取而代之;因此国王召回了格雷,剧情 2(见上)的威胁最终使议会上院在 6 月就范。

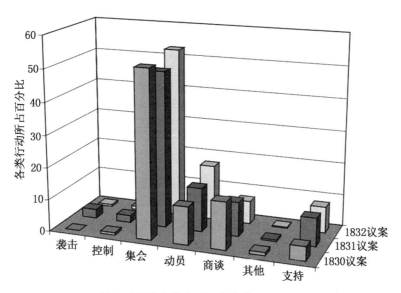

图 4.7　英国改革抗争集会动词分布情况,1830—1832 年

1830—1832 年间抗争集会的证据揭示了此前历次社会运动所锻造的联结至多是间接的(见图 4.7)。不过仍有明显的历史遗留联结关系在其中起作用。对比 1830 年、1831 年和 1832 年改革动员之间与 1828 年和 1829 年宗教权利动员之间的承接关系,我们会发现它们令人惊讶的相似。正如我们所预计的那样,1831 年 10 月的那场暴力抗争增大了"袭击"和"控制"等动词出现的频率,高于它们在 1830 年和 1832 年抗争集会中出现的频率。但除此之外,在废除《宣誓法》与《市政机关法》

运动(1828年)和天主教解放运动(1829年)期间出现频率最高的"集会"一词,同样出现在这次改革运动中。政治机会结构、模仿行为,以及将之前的联结同推广一种通过就地集会致函议会的标准模式联系起来。

在此之后那些年代里的诉求伸张结构不仅证实了上述标准模式,而且显示了这一模式从1830年到1832年间的强化过程。在1830年的抗争集会中,议会与议员自然获得了大部分的关注,但一众地方性行为体也相互提出了诉求:居民对名流、市长对居民、居民对治安官,诸如此类。这在(次年)秋季的暴力事件中有所体现,图4.8中辨析了一些地方层面的互动,包括"群氓"对名流的袭击等。但是1831年的诉求伸张体系更明确地聚焦于居民与包括议会在内国家层面政府之间的关系。到1832年,我们则发现有一系列诉求几乎完全出自公民群体,并且几乎专向国家权力机构提出诉求。

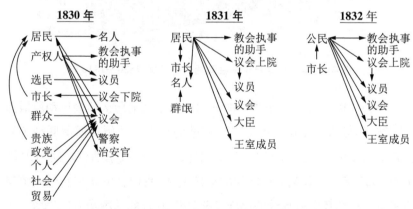

图4.8 英国改革运动的诉求结构,1830—1832年

注:该图示统计信息包括所有累计发生时长在整年度2%以上日子的事件对象。

简而言之,社会运动必然会影响后续社会运动。然而,正如图 4.1 所总结的那样,我最初的设想过于简化了。相比一一甄别并整齐地分割为三条因果渠道——政治机会结构、行动模式和联结——的做法,本章所讨论的证据无疑是强势佐证了三条渠道之间存在横向联结的案例。的确,威尔克斯运动改变了英国的政治机会结构,从而为乔治·戈登勋爵亲自挑战威尔克斯式激进主义(Wilkite radicalism)创造了意料之外的可能性。但它也通过成就新表演形式的适用性,对政治机会结构造成了一定程度的影响,以大规模游行的形式向公权力提出诉求便是显而易见的一例。

随后,19 世纪 20 年代末寻求宗教权利的运动无疑促进了社会运动积极分子之间的新联结,但是这些新联结本身对政治机会结构的影响并不相同。总之,从街头激进分子到亨利·亨特和威廉·科贝特等过去蹲过监狱的人到亨利·布鲁厄姆之类当权派的顶梁柱,协同合作的政治冒险行动的演进并非一朝一夕的事情。(社会运动关注的重点)在从寻求宗教权利向寻求议会改革推进的过程中,可选的表演形式与潜在政治行为体之间的持续联系不断改变着它们之间的联结。无论如何,它们的确将一项抗争运动的影响传递给了下一项运动。

我们遇到了一个极典型的悖论。一方面,一些社会运动的特定属性——各种创新和不同的结果都将各项运动区分开来——同时通过政治机会结构、行动模式、相互之间的联结,以及三者之间的互动,将前次运动同后续运动结合起来。那些特定的因果路径还造就了抗争剧目的整体转型。在 18、19 世纪的英国,社会运动从威尔克斯运动到戈登运动一脉相承,从一次有关宗教权利的动员传递到下一次社会运动,以及在争取议会改革从不成功到成功的经历中都经历了独特的学习过程。

与此同时,这一过程还推动了 19 世纪 30 年代起,英国盛行见多识广、模块化、自主性强的斗争剧目。同样,渐进与特定变化和整体转向趋势的结合也广泛地出现在大众抗争中。下一章将显示其在发明社会运动中的作用。

第五章 社会运动的发明

1765 年 8 月 19 日,针对当时波士顿镇中心的情况,《波士顿公报》(*Boston Gazette*)发布了一则生动的报告。

> 星期三清早,城镇最醒目某处的一棵树上挂着一只人偶,看起来像一位担任不受欢迎的职务的绅士(说的就是某 St 开头的大人)。旁边还有一只长筒靴,有一只 D 某某的小恶魔从里面探出头来。人偶的胸口是彰扬自由的标贴,写着"破坏人偶的人会被告发",下面还有这么一段话:取下此物者就是国家的敌人。虽说才清早 5 点,树的主人发现周围已经聚集了好多人,想把人偶拿下来,但因为被告诫此举等同对抗大众,最起码会让自家窗户破洞,他们也就没这么做。

这棵挂了人偶的树以自由树(the Liberty Tree)著称。它先是成了波士顿爱国者的集会点,后来成了其他殖民地城市效仿的样板,最终变成包括荷兰、法国和英国在内的西欧的革命符号。波士顿清早的舞台混合了对暴力和有纪律的爱国主义的不同观点。

人偶、带着人偶巡游及最后对人偶的破坏，常常出现在波士顿的大众庆祝中。南北角（North and South Ends）抗议群体组织的反对天主教教皇日的庆典里就很明显。[1] 被称为忠诚九人组（Loyal Nine）的一批小商人，组织住南北角的人参与展示活动，并动员现场观众。（忠诚九人组之一的本杰明·埃德斯［Benjamin Edes］，也参与出版了《波士顿公报》）。这次人偶代表的是安德鲁·奥利弗（Andrew Oliver），他的工作是在马萨诸塞地区为不列颠分销印花税票。有人在人偶上的胸口写着："有人见过比这更好的场面吗？ 收印花税的人被挂树上了！"靴子（boot）和英国国王的宠臣布特勋爵（Lord Bute）的名字是双关语，有一个新的"十分恶心"（green vile）的底部，指的是王室大臣乔治·格伦维尔（George Grenville）（Hoerder 1977：90—101）。

副总督托马斯·哈钦森（Thomas Hutchinson）要求治安官取下人偶，但民众不让治安官的人马靠近它。是晚，有民众把人偶从树上取下，放在棺材架上，巡游到了奥利弗新建的仓库，尔后拆毁仓库，用木板焚烧人偶，随后冲去袭击奥利弗的家。前文已经指出，18世纪60年代在英国出现的复仇行动中，经常出现处决人偶和拆毁不名誉的人的房子的情况。马萨诸塞地区和其他美洲殖民地的人实施报复时，所用手段和同一时期他们的不列颠兄弟们用的一样。

奥利弗很快辞去了印花税收税官的工作。波士顿的事件片段掀开了美洲殖民地反抗《印花税法》（the Stamp Act）的序幕。1765年3月英国议会通过该法，意在帮助偿付七年战争（1756—1763年）的花销，以及因战争从法国手中获取加拿大的大片殖民地后，为维持驻军而猛增的开销。自1765年11月起，该法要求对购买公开交易的契约、报纸、手册、历书、纸牌和骰子的情况，均强制征收印花税。实际上，《印花税法》激励了从新汉罕布什尔到佐治亚的南部殖民地的抵抗情绪。殖民地领袖认为,议会无权在未得到殖民地人民的一致同意时征税。活动家们对获许卖印花税票的人穷追猛打,直至他们辞去该职。在除佐治亚以外的所有殖民地,印花税票因为袭击和恐吓几乎无法售出。

　　抵抗从对印花代理人的恐吓开始,很快拓展到各种其他行动:为抗议法案而组织公共集会,协调所有殖民地的抵抗;组织联合会、大会和通信委员会来联络各个殖民地;向省区官员、省区大会和议会请愿;为抵制法案而开展拒贴税票的贸易;抵制来英国的商品。(1765 年普林斯顿大学的毕业典礼上,本科毕业生"自愿穿着自家纺织的粗陋衣衫";Conser 1986:39)。抗议者定期组织常被称为自由之子的政治联合会(Maier 1972:81—87)。王室官员虽竭尽全力,直至 1766 年 3 月《印花税法》被废止前,在殖民地无异于一纸空文。首相威廉·皮特领导了废止的运动。

　　很快,法律被废止的消息在 1766 年 5 月 5 日传到了南卡罗来纳的查尔斯顿。此时,《南卡罗来纳公报》(*the South Carolina Gazette*)发布了一则消息,引用了一封历经数月漂洋过海而来的信件:

　　　　"此信只为告知诸君,《印花税法》已在是日废止。我是在李船长(Captain Lee)之后在唐斯(Downs)寄出此信,深信这会是一则令人愉快的消息。"

　　　　每个对自己国家抱有良好祝愿的人刚获悉这令人愉快又重要的消息,便都露出了喜悦的面容,这也是自由的光荣开端。下午四点,克里斯托弗·加兹登(Christopher Gadsden)先生指挥的炮兵团,和托马斯·萨维奇(Thomas Savage)先生指挥的轻步兵团,以

> 全副武装的面目出现，并开展了操练、射击等活动。至傍晚，城镇
> 被照得很亮。这天伴随着对国王陛下乔治三世……伟大的爱国者
> 皮特先生……和英格兰其他值得尊敬的朋友的真诚祝酒，以忠诚
> 和欢笑告终……昨晚城镇也被照得很亮。

加兹登和萨维奇是查尔斯顿重要的商人。尽管最终萨维奇站在了英国
这边，加兹登最初就是查尔斯顿自由之子中最亮眼的领导人，尔后成为
革命战争的主要军事领导人。

　　1766 年，加兹登、萨维奇和其他反对《印花税法》的人兵行险招，引
致 9 年后与英国的战争，并在 17 年后取胜。他们的做法足以构成社会
运动吗？还不算。本章认为，至 18 世纪 60 年代，社会运动尚未在世界
上任何地方出现，仍在酝酿之中。参与西欧和北美的抗争政治的人，正
在形成制造集体诉求的新方法。他们正在发明社会运动。

什么是社会运动？

　　人们总是用"社会运动"这个术语来指任何大众抗争，尤其是他们
支持的大众抗争。但本书有充分理由更狭义地使用这个术语。在 18 世
纪 60 年代到 19 世纪 30 年代之间，崭新形式的大众政治正在北大西洋
两岸渐渐形成，成为很多不同诉求的载体，让"社会运动"这个术语被广
泛使用（Tilly 2004b：chapter 2）。在 19 和 20 世纪，随着民主化（有时
是民主化的先驱）的觉醒，社会运动在全世界传播。不仅包括诸如街头

示威这类新表演,也有整套新剧目。前几章反复描述了社会运动的不同方面,现在是时候把它们放在一起,追问它们来自何处。

任何研究社会运动的人,都要清楚区分社会运动的基础及其本身(Tilly and Tarrow 2006：chapter 5)。社会运动所推动的集体诉求的潜在参与者之间的联系,影响了每一次社会运动。这些联系包括人际网络、之前共享的经历和正式的组织。某些相关的正式组织专长于准备制造集体诉求,另一些负责很多其他不同的活动,如工人互助社和宗教团体。研究社会运动的学者常称呼专项协会为社会运动组织群(social movement organizations,SMOs)。社会运动极少来自一个单独的社会运动组织。如果是这样的话,我们通常认为这是例外,算不上是羽翼丰满的、基于同盟的运动。

第四章在检视一个运动如何影响下一个时,我们显然已经看到社会运动基础的运作了。比如,19世纪20年代形成的工人和改革家组织构成的庞大网络,在1830年到1832年间英国议会改革的动员中扮演了极为重要的作用。在塑造和融合意在改革的社会运动基础时,弗朗西斯·普莱斯(Francis Place)这样的政治企业家(political entrepreneurs)付出了诸多努力。推而广之,前后相连的运动中,三个关键连接中的两个(即可用的表演模式的变化,以及潜在表演者之间联系连接的变化)在社会运动的基础上运作。仅剩的政治机会结构的变化,或是构成了社会运动基础,或是对其变化施加影响。本章要反复指出的是,作为在18世纪60年代到19世纪30年代之间成形的社会运动,其基础的转变既在美洲殖民地出现,也在英国出现。

在美国革命的准备阶段,诸如自由之子这样的新兴组织专长制造诉求,同时,大量已有组织,如本地的消防队,也加入了革命力量。美国革命不算是成熟的社会运动，即便如此，也要明确区分基础和运动。1765 年到 1783 年在美洲殖民地的抗争的基础，是由专门负责准备制造诉求的组织、其他组织、所有潜在的抗争参与者之间的网络，以及共享过去的经历的人群构成的。

但正如第一章所言，我们要明确本书的解释目标，即精简而非长篇大论。我们寻找的，是对抗争表演的变化和多样性的解释，其中之一就是利用抗争不同的社会基础。本章我们要解释社会运动如何诞生的问题，对此，了解基础上的变化能带来帮助。本章的问题是，被我们称为社会运动的抗争表演复合体是如何形成的。

社会运动组合了三种要素：运动、剧目和 WUNC（价值[worthiness]、统一[unity]、规模[numbers]以及奉献[commitment]的公开表现）的展示。框 5.1 总结了这三种要素。运动包括重复、有序、考虑相同问题、有共同目标的集体诉求。尽管社会运动通常包括多次而非一次请愿、宣告和大众集会，运动则延伸到了任何单独事件之外。运动围绕着身份、立场和行动的诉求（identity, standing and program claims）：承认请愿者存在的诉求，认可他们（如原住民或在册的选民）的立场是特定政治角色（political actors）的诉求，和（或）采纳或放弃公共行动的诉求。

运动总是至少连接了三方：一群自视为请愿者的人，诉求的目标，某种类型的公众。诉求的目标可能是政府官员，但质疑的"权威"可以包括有产者、宗教工作人员，以及其他采取（或无法采取）行动后会对很多人的福祉产生影响的人。公众包括未来的运动的潜在参与者，自身利益会受到运动结果影响的公民，以及从斗争中学到不少有关自己政权的政治的内容的观察家，即便他们并没有参与。构成社会运动的不是请愿者的行动、目标或公众这三者中的一个，而是三者之间的互动。

框 5.1　社会运动的要素

1. 运动：包含针对相似或雷同目标的同样的集体诉求，且持续和有序的事件片段。诉求可分为身份、立场、行动三种。
- 身份：我们存在并要求你认可我们集体的存在
- 立场：我们属于政权内存在且正当的一个政治分类（如政党、联合会、地方社群）
- 行动：我们要求你采取行动，推动特定的（一系列）结果

2. 剧目：参与运动的人通常使用两种或更多的表演形式来实现集体诉求
- 为实现运动的身份、立场和（或）行动诉求，建立有专项协会和同盟
- 公共集会
- 请愿行动、合作完成的书信、寄出签名演说
- 街头示威、值夜、集会
- 口头和书面的对诉求的公开陈述
- 游说

3. WUNC 的展示：价值、统一、规模和奉献的公开表现
- 价值：高尚、合宜，带孩子的母亲、教士、退伍军人等出现
- 统一：相同的旗帜、衣服、条幅或符号，列队行进、演唱、吟诵等
- 规模：占据空间、清点人数、来自选民的信息、在请愿上签字等
- 奉献：直面恶劣天气、显眼的老人与残疾人、抵制压迫和抗议、引人注目的捐躯、捐款和捐赠

第二章开头描述了马克·贝辛格的研究。他分析了包括亚美尼亚、爱沙尼亚、摩尔达维亚等被苏联官方认定的民族，所开展的政治自主或独立的运动。这些团体重复发出三种诉求：认可他们独特性和融合共存的身份诉求、强调他们是真正民族的立场诉求，以及要求政治独立的行动诉求。很多运动失败了，但其中的 15 个成为独立国家。

社会运动剧目和其他政治现象的剧目（如工会运动和选战）重叠。社会运动剧目包括一系列制造诉求的表演，活动家们会将两个或以上下列手段成组使用：组建专门的、制造诉求的联合会和联盟，公开集会，

请愿行动，街头示威，值夜，集会，公开演说和对政治权威进行游说。

第四章以塞尔吉奥·塔马约（Sergio Tamoyo）写作的编年史开篇，记述了1968年到20世纪90年代中期的政治变迁。塔马约指出，在过去恩庇—侍从时代的政治中十分罕见的各种社会运动，至20世纪80年代都变得常见。社会运动之外的运动中也出现了此类表演，如选战。在20世纪，专项协会（尤其是横向的联盟）开始在全世界范围开展政治运动之外的大量政治工作。而且，要把大部分或所有表演融入已有的运动，则是社会运动与其他政治活动的差异所在。

WUNC的展示通常出现在集体表演中。人们行进、唱歌、吟诵、占据公共空间，用行动展现集体价值。WUNC的展示有时会分裂成个体的行动，比如运动家们戴着的徽章或者旗帜，表明了他们所在的机构。例如，约翰·威尔克斯（John Wilkes）的支持者在1769年布伦特福德的选举中，即便没有行进或示威，依然戴着蓝色的缎带。

三个典型的特征让WUNC展示有了力量和灵活性。首先，构成因素不断积累，有效率的组织者尽量最大化有关价值、统一、规模和奉献的征兆。其次，构成因素相互补充的程度有限。如果一个团体规模小，可以通过强调价值、统一和奉献的展示来扩大，而人数众多的团体则不容易实现完全的统一。最后，除规模之外的特征如果到达极低的水平，展示就会丧失影响力。比如，明显没有价值的乌合之众就成了暴民，缺乏统一的庞大人群无异于群氓。反抗者和当局常常根据这三点来贬低WUNC的展示，如否定组织者宣称的参与人数，指出无价值的人的参与，强调不统一的证据，或宣称所谓参与者是不奉献的旁观者。

运动、剧目和WUNC的展示的混合和18世纪很多直接的行动剧目不同，力量来自其显著的非暴力的特点。因此，一大批支持一组特定诉求且密切联系的人,可以采取进一步协调的行动来支持这些诉求。社会运动因此更直接地与目标对象、对手和自己的选民对话,比18世纪常用的做法更进一步。彼时普通人的诉求要通过特定调解人才能和当权者对话。社会运动除了有特定身份、立场和行动诉求,还强调了普通人公开发声的权利,表明团结在一组诉求周围的人,之后有能力一起行动。

社会运动发声是需要付出代价的。诉求目标会被推倒不名誉的人房屋这类的复仇行动破坏。18世纪常见的表演,如惩罚破坏罢工者,攫取和售卖定价过高的食物,向敌人投掷垃圾,或者从刽子手下营救出一个名人,优势在于能快速得到结果,依靠表演者之间原本可用的地方上的联系。兼具运动、剧目和WUNC的展示的表演,则依靠更广泛和更长期的协调。支持社会运动的人从不指望靠一次单独的行动实现他们共同的目标,必须依靠政治企业家,因为他们知道如何组织集会、发起支持者、起草公开演讲。社会运动家为了能在更多听众面前演讲,并确保在公共场合持续出现,所以牺牲了直接行动的优势,因此社会运动中身份和立场诉求的重要性增加了。

先有了独立的运动和WUNC的展示,制造诉求的人才能合并运动、剧目和展示,形成特定且有效的整体,从而发明新剧目。我们有理由认为,1768年到1769年间支持约翰·威尔克斯的动员构成了协作的运动,但还不算成熟的社会运动。社会运动剧目中的单个表演有很多前例。例如,宗教团体、军队、兄弟会和政治候选人的支持者们,都提供了街头示威的某种形式和前身(Tilly 2003:120—127)。在1765年和1766年的《印花税法》运动中,波士顿、查尔斯顿等地的活动家尚未把运动、表演和WUNC的展示合并成社会运动。他们焚烧人偶、组建爱国社团，都激起了社会运动的激进主义的火花，但还没形成火焰。殖民地对英国专制统治的反抗时间越长，就越接近社会运动的形成。

为何社会运动的出现和表现都采取了更早的制造诉求的形式？这是因为民众日益直接地卷入了国家政治。18 世纪晚期出现的商业扩张、通信的扩展和议会化（parliamentarization）这三项重大变革，让民众参与全国化。商业扩张意味着市场让民众和地区与国家资本的关系更加紧密，由于越发依赖工资，工人对国家经济的变动开始敏感。骤增的收费高速、运河、报纸和其他印刷媒体，让信息的传播更为快捷广泛。所以，有可能共享认同、立场和行动的人群之间的联系显著增强了。

议会化的过程相对更加分散。由于战争规模日益扩大，耗费日增，统治者为了增收税款频繁召集无论多么不具有代表性的全国大会。参会成员与君主讨价还价，并要求权力。他们也通常代表了诸如郡和省这样的地域性单元，无论这些地区的居民是否能有效控制自己的行动。因此，议会化建立在地方和中央政府之间既有的一套联系上。尽管英国有最著名的议会化的例子，但自 1760 年起，美洲人也开始了这项进程。他们将自己的省区大会变成大众权力的基础，同时将省级政治网络连成全国性的体系，以代替之前由总督和他们的委员会行使的王权。

该过程有两个重大后果，一是让部分世袭统治者离开国家权力的中央，二是增加了议会在大量政府事务中的参与。对此，普通民众联络了来自更远处的想法相似的人，引导他们的要求更多地出现在国家权力的中心（包括议会）。他们最终甚至要求获得议会中的代表资格。商业化、扩展的通信和议会化共同推动了国家层面大众诉求的协作。这些巨大变革的副产品就是社会运动。

商业化、通信和议会化的汇合表明，政治权利切实出现后，才有了社会运动的完全发展。集体性结社、集会和表达的权利，强化了运动的运作、社会运动剧目的使用和展现 WUNC 的展示。克里斯蒂安·科勒（Christian Koller）对 1830 年到 1940 年之间苏黎世的集会和街头示威的犀利且充实的评论中，指出公开列队行进和行会行进都是社会运动的集会的前例，但要到 19 世纪 30 年代到 40 年代瑞士部分民主化的过程中，才形成了制造集体诉求的社会运动（Koller 2007：196—198；亦可见 Tilly 2007：66—72）。运动刚开始时资产阶级获得的公开集会的权利，为有组织的工人在五月劳动节等其他无产阶级的纪念日占领街头铺平道路。

> 资产阶级的列队和无产阶级的行进显然都表明，有很多民众支持不同的运动的诉求。但工人运动的游行还隐晦表现出他们想显示工人不是反叛的暴民，而是有组织的阶层，以和平手段争取自身权利（Koller 2007：201）。

用本书的话来说，就是展现了价值、统一、规模和奉献（WUNC）的行进。到了 19 世纪 90 年代，民主权利和社会运动都在瑞士出现。

我们几时才能合理认定特定政权里出现了社会运动？把关键问题一分为四，能帮助找到最重要的诉求，并追溯其后社会运动的蔓延。观察任何特定政权里的大众集体行动，可以分别关注相似性、结合、可用性和蔓延四点。

1. 相似性：特定的运动、表演或 WUNC 的展示和通常在成熟的社会运动中出现的那些相似吗？

2. 结合：特定的运动是否结合了表演和 WUNC 的展示，且这种联合的方式与其他地区的社会运动的联合方式是否明显相似？

3. 可用性：在这组设定里，运动、表演和 WUNC 的展示的结合表现的特点，对其他议题、诉求者和诉求目的来说是否都可以获得？

4. 蔓延：这种政权可用的运动、表演和 WUNC 的展示的结合，是否为政权之外的社会运动的活动提供了有影响且即时的模型？

如果只看相似性，我们一定可以在 18 世纪 60 年代之前的数个世纪里找到社会运动。毕竟，诸如行进和公开集会这样有社会运动特点的表演，有着极为漫长的谱系，像是宗教改革这样的事件片段里，无疑一直都包括了运动。要达到结合的标准则难很多，我们的选项只剩美洲殖民地、英国、荷兰、法国，或许还有北欧几个国家。

加入了可用性和蔓延的标准后，结果偏向了英国。从拿破仑战争晚期反对奴隶制的运动开始，运动、剧目和 WUNC 的展示的结合，不仅一直是英国大众政治的特点，也是其他地方社会运动活动重要的典范。甚至在新建立的美国，要到 19 世纪早期，社会运动的复合体才成为一个可用且可模仿的大众政治的模型。源自英国的反抗奴隶制的运动，提供了推动美国政治改革的重要契机。

革命和社会运动

社会运动大半的形式和理据，来自 18 世纪革命动员。革命的出现远早于社会运动,也出现在没有社会运动的地区(Tilly 1993)。尽管革命与社会运动有时重合并相互促进,但仍不相同。完全的革命包含两个要素,即革命的形势和结果。革命的形势包括至少两个权力中心,每个都掌控着强大的强制力量,都要求获得对国家的唯一控制权。革命的结果是指国家的权力转移,多半是新的团体开始统治。当为了实现运动的动员足够充分,将政权撕裂成至少两股军事力量,且双方都要求唯一的统治权利时,革命的形势和社会运动就重合了。这种情况很常见,如欧洲1848年的革命动员(Tilly, Tilly, and Tilly 1975)。

尽管18世纪晚期尚未出现完全成熟的社会运动,我们可以看到,成功和失败的革命里都有相似的、重合的且相互促进的大众动员与革命性分立。美国革命就是一例。在18世纪60年代,英属美洲殖民地对抗王权的大众动员,开始走向了革命性分立。

1766年12月,波士顿的爱国领导人塞缪尔·亚当斯(Samuel Adams)写信给查尔斯顿的克里斯托弗·加兹登,想在各殖民地的爱国商人间建立定期联系(Alexander 2002:45)。亚当斯为了回应1767年广泛征收殖民地税款的《汤曾德法》(Townshend Acts),起草了抗议传单,并希望获得马萨诸塞地区和其他殖民地的背书。同年晚些时候,日益扩大的爱国者联合会的网络所组织的波士顿居民的集会,决定鼓励美国制造业发展,减少对英国进口货的依赖。

1768年1月,马萨诸塞地区的立法机关向国王请愿,各省区以安静和礼貌的方式拒绝缴税。最初的反抗过后,同一家立法机关在2月对另一份传单表示支持,传单的内容比亚当斯致其他殖民地的传单更强硬。此时,马萨诸塞地区的爱国者强调,议会无权通过向殖民地征收税款的法案。

《年度纪事》(*Annual Register*)报道时,让自己和当地人的诉求之间保持了谨慎的距离,说"这些决议",

> 被大陆上的所有旧殖民地采纳,或接受了相似的内容。一段时间后,马萨诸塞湾的大会发出了一份由议长签署的抗议书,致所有北美的殖民地大会。这封信意在展现议会近期法案的邪恶倾向,是非宪政的(unconstitutional),建议在殖民地之间建立共同的联盟,试图采取所有法律途径阻止法案生效,在向政府申请废止法案时协调一致。这封信对当地民众作为人的自然权利、作为英国臣民的宪法权利着墨不少。这些法律侵害了所有信中认为应有的权利(*AR* 1768:68)。

除了来自英王乔治的明确要求,马萨诸塞地区的立法机构以 92 比 17 的结果,决定保持对抗议书的认可。多数人认为,废止抗议书会"让我们徒留表面的自由"(Alexander 2002:55)。

当领头的商人通过深思熟虑的法律行动来实施行动时,波士顿的水手和手工艺人也常常插手法律事务。他们有力抵制了报界流氓,阻挡了士兵的驻军,袭击了关税代理人,在自由树上悬挂了英国官员或他们同伙的人偶。他们经常以直接行动,同时抵制商界和政界。

当总督(马萨诸塞地区的王室代表)与英国政府之间的协商越发僵持之时,波士顿的大众加入了。1768 年 5 月,英国关税官以没有缴税为由,扣押了富有的波士顿商人(和走私者)约翰·汉考克(John Hancock)的船"自由号"。波士顿人登上了另外一艘船,松开缆绳并将船拖走:

此时,大众聚集在了一起,用石头击打收税官,折断了他们的一把剑,用尽办法来侮辱他们;他们随后袭击了收税官的住宅,打破了窗户,把收税官的船只拖到了大众面前,并且烧成了灰烬(*AR* 1768:71)。

收税官逃上了一艘王室战船,直奔波士顿湾的威廉城堡。在整个波士顿地区,出现了未经官方许可的城镇抗议集会。当9月12日波士顿得到消息,说来自爱尔兰和另一地的军事力量组成的两支军团即将在新斯科舍地区的哈利法克斯集结,以维持波士顿的秩序后,马萨诸塞湾大会的成员开始在整个殖民地组织抵抗委员会。

马萨诸塞地区的爱国者很快与所有其他殖民地结盟。多数联盟最初采用了成熟的精英公共政治(public politics)的形式,如决议、请愿和庄严的集会。而且,美洲其他地区创新的抗争集会形式,通常采用了已有的容忍集会(tolerated assemblies)的形式。

比如,1768年秋天南卡罗来纳殖民地大会的选举中,"技术工人和其他查尔斯顿的居民"在自由集会点(Liberty Point)集合,选择候选人:

此事在毫无仇恨和违例的情况下处置妥当,众人参与了某些人提供的简单而发自内心的娱乐活动,此次大会将反映出持久的荣耀。大约5点,他们全体前往位于马齐克先生(Mr. Mazyck)的牧场的最著名的、被公认为代表自由的活橡树下。人们在树下祝酒,为忠诚、爱国和宪政举杯,开头是为马萨诸塞湾保住了抗议书的92位光荣人士敬酒,最后是为让抗议书得以保留的大会中的所有成员敬酒,每次敬酒之后都有三声喝彩。傍晚,45盏灯点亮了自由树,燃放了 45 支烟火。约 8 点,45 个人提着同样数量的灯,带领所有参与者按固定路线行进到镇中心,也就是沿着国王街和布罗德街(Broad Street),一直走到了罗伯特·狄龙先生(Mr. Robert Dillon)的酒馆。人们把 45 盏灯放到桌子上,旁边还有 45 碗潘趣酒,45 瓶葡萄酒,92 只杯子,并且在这里开始了长达数小时的新一轮敬酒,其中也包括绝大多数著名的英国和北美殖民地的爱国者。此时的活动和白天人们所看到的一样有序和规律,直到 10 点散场(*South Carolina Gazette*, 3 October 1768:2)。

查尔斯顿选举委员会成员除了有让人印象深刻的酒量,也引入了政治因素。查尔斯顿的自由树直接效仿了波士顿的典范。向 92 位在马萨诸塞地区大会上保住了塞缪尔·亚当斯的传单的人敬酒,意味着将南卡罗来纳人与马萨诸塞地区的爱国者相提并论。数字 45 明显指向了与约翰·威尔克斯的联系。点亮灯火(此处是在行进中而不是居民家里)类似公开宣誓效忠和团结。

到了 1768 年,伦敦、波士顿和查尔斯顿都没有出现为了对抗专制统治而发明的社会运动。但对抗专制的人的创新,让公共政治朝社会运动的形式发展,让手工艺人和水手这样的平民,加入了对抗王室政策的长期运动中。(查尔斯顿的自由之子从主要由手工艺人组建的志愿救火队发展而来,波士顿的自由之子则从小商人发展而来;Maier 1972:85)。他们把专项协会、公开集会、行进、请愿、发布小册子和公共媒体广泛报道的演讲结合在了一起。他们甚至在某种程度上采用了WUNC 的展示,即价值、统一、规模和奉献。《南卡罗来纳公报》强调了"此时的活动和白天人们所看到的一样有序和规律"。

尽管查尔斯顿的"技术工人和其他居民"有足够能力袭击王室官员、抵制收税官、摧毁他们指定的敌人的住宅,但他们至少在仪式性场合中放弃了直接行动,以实现行动、认同和立场诉求,即表明自己是正直的人,应发出自己的声音,并坚决反对专制统治。事实上,查尔斯顿的手工艺人"领头"支持城市的反进口协定时,和爱国商人克里斯托弗·加兹登建立了联盟(Maier 1972:116)。大众的力量加入精英的反抗运动后,会分裂统治阶层,而这也是创造特殊形式的公共政治(即社会运动)的重要步骤。

其他革命

其他西方革命也累积了发展社会运动所需要的基础,即商业化、通信发展和议会化。虽然美国革命首先发生,但西欧国家的革命也紧随其后。比如,在荷兰历史学者所谓第四次英格兰战争(the Fourth English War,1780—1784)中,荷兰的军力间接参与了美国革命的战争,并遭受强大的英国海军的重创。随着这种灾难性的海上战斗的延续,荷兰境内爆发了某种小册子战争。奥兰治亲王的支持者袭击了阿姆斯特丹的领导人及其所在的荷兰省(Holland),反抗的爱国者(主要在荷兰省)以牙还牙,双方都责备对方让国家陷入险境。

美国的例子清楚表明,爱国者要求的是(尽量和平的)革命。低地国家稍早时候制造的诉求,与我们已经在英格兰和美洲看到的、更古老的剧目的地方变体一致(Dekker 1982,1987,van Honacker 1994,

169

2000）。但18世纪80年代的请愿运动刚开始时就迫切变现，首先要求认可约翰·亚当斯作为竞争实体（即美利坚合众国）的合法代表，然后对所有国内政治问题提供药方。

公民大会很快开始建立，可能效仿了美洲的通信委员会。民兵队穿过了荷兰省的城镇。在一个高度分裂的政治体系中，新建的大会确实能对地方和地区当局持续施压。1784年到1787年间，爱国派别得以在荷兰不少城市，甚至整个上艾塞尔省（Overijssel），建立新的由更少的贵族参与的宪政。但奥兰治亲王和他的追随者还是浪费了两项重要的优势，即来自英国的财政支持，以及来自亲王妻兄、普鲁士的弗里德里希·威廉国王的军事支持。1787年下半年，普鲁士的入侵破坏了荷兰的爱国者革命（te Brake 1989，1990，Poell 2007，Schama 1977）。

由于此时法国大革命才开始不久，尚未流亡的荷兰爱国者希望并密谋政变，并在1794年下半年开展了一次缺乏协作的政变。1795年1月，又一支军队入侵荷兰，此时，获得恢复力量的爱国者的积极支持后，法国的革命力量在荷兰建立了巴达维亚共和国。（"自由之树"在莱顿和阿姆斯特丹都出现了；Schama 1977：194）。新的共和国虽然统治上转向了法国模式，但很快就在法国式的中央集权改革和荷兰惯有的联邦主义之间陷入僵局。1798年到1805年之间，四次不同派系组织的政变引发了重大政治变革，但没有广泛出现大众动员。共和国成了法国的卫星国，即1806年出现的荷兰王国，1810年至1813年间成为法国的一部分。

后拿破仑时代的处置缔造了一个分裂的王国，到了1839年，名义上包括了荷兰和后来的比利时。荷兰自从被法国占领后，设想建立比各省要求自治的顶峰时期所使用的更加中央集权化的行政结构。1795

年建立了巴达维亚共和国之后，委员会、民兵和爱国者快速融入新形式的政体，并暂时获得了权力，不过依然受到法国的监管。在拿破仑倒台之前，荷兰还没有广泛出现真正的社会运动。要到1848年革命之后，新独立的比利时的社会运动才开始进入全盛期(Tilly 2004b：chapter 3)。

　　要到1780年之后，法国才出现了类似的社会运动。1789年革命的过程中，法国活动家急切地建立了有政治导向的联合会，并通过联合会协力发出诉求、举行公开集会、沿着街道行进、使用标语和徽记、出版小册子，还在国家的多数地方开展了地方革命(Hunt 1978，1984，Jones 2003，Markoff 1996a，1996b，McPhee 1988，Woloch 1970，1994)。要是这类动员延续到了1795年之后，要是未来大量的诉求也采用了这种形式，我们可能会高呼法国人发明了社会运动。但事实是，全套以社会运动制造诉求的做法，并未在法国获得持久的政治地位，真正出现要到1848年革命前后，差不多又过了半个世纪(Tilly 1986：chapter 3)。即便那时，路易·波拿巴第二帝国的压迫，导致全国大部分地区又过了20年才出现成熟的社会运动政治。

　　尽管英国只是间接经历了18世纪的革命，但受到的冲击巨大。正如上文所言，英国激进派借用了18世纪60年代美洲的运动作为源头。托马斯·潘恩这样的领导人直接参与了美国和法国革命。在18世纪90年代早期，法国革命成了英国改革家的模板，而王室试图把他们归类为颠覆分子。伦敦革命社(the London Revolution Society)宣称自己从1688年光荣革命后每年都召开会议，也接纳了来自大西洋另一端和英吉利海峡另一端的新的革命原则。

　　1789年，受尊敬的理查德·普赖斯(Richard Price)在伦敦革命社的热情演讲，促使埃德蒙·伯克(Edmund Burke)写作了他反对革命的作品《法国大革命反思录》(*Reflections of the Revolution in France*，1986)。革命社也推动组建了美国模式的通信社，这种形式既能规避对国内社团的法律限制，又代表民众与议会对抗。而在美洲，对抗王室专制权力的动员，几乎整合了社会运动的全部三要素，即运动、剧目和WUNC 的展示。商业化、通信发展和议会化的结合，推动了英国大众政治朝生成社会运动的方向发展。

宗教活动家也支持了英国的诉求，促成了社会运动的形成。圣公会和(尤其是)贵格派的团体引导了世界上首个成熟的国际社会运动，即反对大西洋奴隶贸易的运动(Hochschild 2005)。反对奴隶制的力量与反对帝国的力量结合，也包括了反对英国在北美的霸权(Brown 2006)。18 世纪 70 年代到 80 年代，英国和北美的法学家都开始在判决中体现对奴隶制合理性的质疑。1777 年的《佛蒙特宪法》(the Vermont constitution)禁止了奴隶贸易。1780 年到 1784 年间，宾夕法尼亚、马萨诸塞、罗德岛和康涅狄格都以法律手段全面废奴。在 18 世纪 70 年代，在英国和美洲殖民地的有组织的贵格会成员，建立了反对奴隶贸易的联合会。实际上，大西洋两岸的公谊会(Friends congregations)之后都驱逐了拒绝释放自家奴隶的会员。

1783 年，英格兰贵格会成员向议会发出了第一封(但也是最后一封)废止奴隶贸易的请愿。1787 年，英国全国范围反抗奴隶贸易的运动开始，与大量请愿和组建废止奴隶贸易的社团同步。彼时，反对奴隶贸易的组织者主要在贵格会与福音派大会中活动，教会礼拜活动因此就和发表请愿的集会活动重合(Davis 1987，Drescher 1982，1986，1994，Temperley 1981，Walvin 1980，1981)。

活动最早从北方工业区(尤其曼彻斯特)，而不是伦敦开始。1787

年 12 月曼彻斯特递交的请愿信上有 11 000 个签名,代表当时城市里所有有资格签名的人总数的大约三分之二(Drescher 1986:70)。反抗奴隶贸易的活动家也引入了很重要的创新,呼应了美洲殖民地反抗不列颠的运动中签署反进口协议这种有效手段,整体抵制使用奴隶劳动力制造的蔗糖。1791 年和 1792 年间,有大约 30 万家庭参与其中(Drescher 1986:79)。

在和法国开战的几年里,英国政府的镇压固化了社会运动剧目中的所有表演,即建立联合会、集会、请愿等。但 1791 年在法国的殖民地圣多明戈(今天的海地)的奴隶反抗,令人意外地最终推动了反抗奴隶制动员的再生。至 1804 年海地独立,法国军队发现自己无法镇压圣多明戈黑人的坚定反抗,英国的军队发现他们既无法赶走法国人,又不能征服殖民地,英国糖业的主要对手也倒台了。支持奴隶制的论调认为,解放糖业种植园里的奴隶会让法国占据该行业的控制权,削弱自己的力量。

1807 年,英国(确切说是 1801 年之后建立的联合王国,包括英格兰、威尔士、苏格兰和爱尔兰)废止了奴隶贸易。1808 年,美国也效仿此举。在遭遇多次动员后,英国议会最终在 1833 年通过了适用于所有殖民地的废奴法案。美国国内在这个问题上依然有巨大分歧,最终要通过内战来解决。到了 19 世纪 30 年代,废奴已经成了大量美国社会运动的核心。

当政治上可以利用社会运动时

废奴动员的巨大成功,让社会运动成为实现各类诉求的模板。

1789 年至 1795 年间，刚刚涌现的废奴行动，是和围绕其他议题（如议会改革）的社团活动相辅相成的。战争时期的压制，终结了英国多数大范围的公开诉求活动。革命密谋与工人组织转入地下，议会选举成为仅存的表达集体异议的重要场合。1795 年的《叛国行径法》（the Treasonable Practices Act）和《煽动性集会法》（the Seditious Meetings Act），1797 年《反非法宣誓法》（the Act against Unlawful Oaths）、1798 年的《领土防御法》（the Act for the Defence of the Realm）、1799 年的《联合法》（Combination Laws）和 1800 年的《非法结社法》（the Unlawful Societies Act），都让从事颠覆活动的组织受到更严厉的惩戒。18 世纪 80 年代晚期和 1830 年到 1833 年的大众动员，均未出现在 1807 年成功的反对奴隶制的运动中。

拿破仑战争结束后，英国的官方压制开始松弛。由此，有组织的工人和支持议会改革的人重新恢复了 18 世纪 90 年代晚期的压制出现前的情况。框 5.2 的年表由很多不同的资料汇总而成，包括 1819 年和 1820 年的各种抗争集会，体现了这种情况。1816 年到 1827 年的抗争，揭示了社会运动的时代已在英国到来。

由于频繁出现的无地劳工对农民的袭击、产业工人对机器的破坏，也包括暴动的复苏，让社会运动没有快速席卷全国。但全国工人联合会和联盟的活跃涌现，以及改革运动的复苏，都让社会运动式的动员到达了未曾料想过的强度。政府想竭尽全力遏制上述情况，所以在 1817 年颁布《强制法》（the Coercion Acts）和新的《煽动性集会法》，1819 年颁布六部有关强制的法律，1820 年颁布《非法操练法》（the Unlawful Drilling Act）。但那时几乎每个月都有运动、制造诉求的表演和 WUNC 的展示了。

框 5.2　1816 年到 1827 年不列颠主要的抗争集会的内容

1816 年　农场工人对农民、地主和圈地发起攻击；工厂工人破坏机器；为食物供应斗争；改革集会

1817 年　工人罢工、召开大会、游行、行进、暴动；改革集会

1818 年　改革集会和示威；大罢工、游行、工人集会；袭击农业和工业机器

1819 年　改革集会和示威，包括回应义勇骑兵队对曼彻斯特（彼得卢）参与集会的平民的屠杀，反对在集会时逮捕激进派的亨利·亨特（Henry Hunt）；选举集会和冲突

1820 年　选举集会；集会、游行、派遣代表团、强制照明（forced illumination），支持卡罗琳王后（Queen Caroline）的集会；改革集会、游行和示威；意图暴动；大罢工

1821 年　支持王后的游行和示威（包括一次大规模丧礼）；改革集会；加冕庆典

1822 年　工人集会，袭击农业和工业机器

1823 年　工人集会、罢工，包括反对废止《保护法》（the Protective Act）的斯皮塔菲尔兹（Spitalfields）的织工骚乱

1824 年　工人集会、罢工

1825 年　罢工，袭击工业机器；组织工人集会

1826 年　工人集会、罢工、袭击工业机器；反《谷物法》（the Corn Law）集会；改革集会；有斗争的选举大会

1827 年　工人集会

　　1819 年的彼得卢大屠杀（Peterloo Massacre）极为关键。此事确实是从和平的社会运动发展而来。在过去的两年里，英国工业区的工人一直都在进行军事训练，偶尔也尝试暴动，所以地方官员对大规模集会十分警惕，因为这些集会可能变成对雇主或者公众人物的袭击。改革家宣布要于 1819 年 8 月 16 日在曼彻斯特的圣彼得广场集会后，地方官员和军队指挥官从不同的分队召集了大约 300 到 400 名成员，其中也包括曼彻斯特义勇骑兵队（Manchester Yeomanry）。（但中央政府怀疑集会是否会在没有受到教唆的情况下演变成暴力冲突；Palmer

1988:187)。

当天,大约 6 万名参与者行进到了圣彼得广场,其中多数按照等级列队。有些戴着当时代表革命的自由帽。地方官员派出了骑兵逮捕主要的演讲人,也就是激进的改革家亨利·亨特。他们抓住亨特后,还杀死了 11 名参与者,打伤数百人。没有参加集会的另一位改革家弗朗西斯·伯德特爵士(Sir Francis Burdett)写信给报纸,呼吁全国的绅士都来召集抗议集会。因他出言不逊,被政府以煽动毁谤的罪名逮捕。1820 年,伯德特和亨特都被判刑。

激进改革家和法律不停玩着猫捉老鼠的游戏。由于他们常常用自己的权利,在现有法律的边界组织活动。随着具有压制性质的法律的变化,他们也转变了战术,逐步成功推进了法律的边界。例如,在一系列激进改革失败之后,《黑矮人报》(*Black Dwarf*)的编辑 T.J.伍勒(T.J. Woller)在 1820 年为政治囚犯建立基金会。

> 1817 年时,伍勒的目标很明确,即建立基金会名目之下的组织和通信系统,从而对抗六部《强制法》对公共集会、报刊和政治联合会的冲击。未来会建立管理委员会,每月举行会员会议,还要加紧建立省级社团和通信委员会。他的想法很快就传开了。3 月,就有激进分子尝试建立斑点狗(Spotted Dog)基金会,并很有可能和伍勒的基金会合并。其他省份也已有了类似动作,如曼彻斯特、伯明翰、格拉斯哥和诺丁汉都建立了永久的爱国基金会。重新建立激进组织的做法取得了一定的成功。这年秋天,北方已经有了流动代表团,并在曼彻斯特召开了会议(Prothero 1979:132—133)。

伍勒和他的同盟努力的方向是进行一场革命，并采用了社会运动的方法来推进。

如此和法律的协商会对社会运动的生存状态产生两个重大影响。首先，从长期来看，社会运动一直依靠的是微弱的集会、言论和组织的权利。这种依靠关系有些来自社会运动和民主化的广泛联系，所以在法西斯的意大利或者纳粹德国这样的专制政体掌权后就会消失。其次，从短期来看，当局和社会运动家经常对于可以接受的诉求的边界进行协商。政治机会结构中的细小波动，会影响社会运动组织者如何行动，但社会运动组织或策略中的创新，也影响了政府对它们的回应。

卡罗琳王后的时代

1820 年可谓英国的剧目转变成社会运动的关键年。彼得卢屠杀发生一年后，工人和改革家无畏国家日益提升的压迫，继续组织活动。这一年围绕卡罗琳王后的大规模运动占据了抗争的大部分。总共 274 次抗争集会中，我们认为其中 144 次以"王权"为主题。历史学家所说的卡罗琳王后事件，其动员过程既有被看成是社会运动活动的核心，也有 18 世纪式表演的重要外观，即强制照明、袭击公众人物、泛滥的公共仪式等。由此出现了激进派和改革者在对抗政府时引人注目但暂时的结合。动员多数时候是粗暴的，但未实际损害人和财物。

1795 年，时年 32 岁的放荡的威尔士亲王（后来的乔治四世）娶了自

己的表妹,26岁的不伦瑞克公主卡罗琳。尽管他很早就已秘密和天主
教徒玛利亚·菲茨赫伯特(Maria Fitzherbert)结婚,但在以圣公会为
国教的英国,这段婚姻是没有法律效力的。他随后变成了臭名昭著的
酒色之徒。但他的债务以及王室家族对公序的偏好促成他离异再娶。
卡罗琳在结婚整整九个月后生下了女儿夏洛特。夏洛特公主出生后不
久,乔治和卡罗琳就永远分床而后分居了。两人身边一直都不缺异性,
尽管乔治的通奸对象的数量看起来总比卡罗琳的要多。

　　1806年,政府开展了一项针对卡罗琳的"重要调查"(Delicate In-
vestigation),其中对卡罗琳丑闻式的指控给她的余生留下阴影。辉格
派领导人亨利·布鲁厄姆(Henry Brougham)原本也不是卡罗琳的支
持者,调查开始后成为此案的主要辩护人,并反复借此敲打政府。乔治
三世精神失常之后,卡罗琳的丈夫在1811年成为摄政王,她在英格兰
的生活就更难熬了。1814年,卡罗琳逃到欧洲大陆开始流亡。当夏洛
特公主在1817年因为难产去世之后,乔治和卡罗琳之间最后的重要纽
带断了,卡罗琳因此无法成为未来女王的母亲。之后三年,卡罗琳主要
待在意大利,关于她生活不检点的消息再次甚嚣尘上。

　　框5.3解说了未来的进展。1820年1月,统治了52年乔治三世去
世。摄政王成了王位继承人,卡罗琳成了合法的王后人选。新的君主
人选竭尽所能不让卡罗琳成为王后。为了夺回后位,卡罗琳在6月回
到了英格兰,并引发了两个重大事件。一是乔治正式启动对卡罗琳的
不信任动议,欲与卡罗琳离婚,引发了议会大量质询。二是根据布鲁厄
姆和伦敦高级市政官马修·伍德(Matthew Wood)的先期指导,支持卡
罗琳的大规模运动开始了。

框 5.3　支持卡罗琳王后的运动的简单年表，1820—1821 年

1820 年

1 月　乔治三世去世，新国王长期分居的妻子不伦瑞克的卡罗琳，成为王后人选

6 月　卡罗琳从加莱出发到达多佛，一行人浩浩荡荡抵达了伦敦；国王发起了与王后离婚的动议；议会开始辩论，组建了秘密的议会委员会调查此事（马修·伍德和亨利·布鲁厄姆为卡罗琳建言）

6—8 月　王后在伦敦频繁公开亮相，引来欢呼的大众；威廉·科贝特、威廉·霍恩（William Hone）和其他激进人士在公开政治运动中代表王后

8—11 月　上院颁布议案要求卡罗琳接受"审判"，卡罗琳和其他人到达和离开议会时，都有大量民众围观

9 月　在议会休会的 3 周里，大量集会、行进、派遣代表团和演说出现，绝大多数支持卡罗琳

11 月　上院以非常微弱且递减的多数通过了议案；政府放弃了诉讼；同时，整个英国出现了大量庆祝，以及针对支持政府的人士和报纸的袭击

1821 年

1—2 月　议会拒绝恢复卡罗琳在圣公会礼拜中的名位的动议

7 月　尽管卡罗琳有大量的支持者，依然无法参加乔治四世的加冕礼

8 月　卡罗琳去世；在从伦敦回到不伦瑞克的丧礼游行中，支持王后的人群组织了队伍，破坏了队列，开展了最后一次以卡罗琳王后之名的示威活动；为两名在示威中丧生的工人举行了大规模丧礼

运动很快吸引了议会内外的大量激进派和改革家的支持。共和派的弗朗西斯·普赖斯（自然对王室也缺乏好感）将他无与伦比的运作技术带到了运动中。在所有著名的激进派中，威廉·科贝特和威廉·霍恩组织了广泛的出版运动，科贝特为王后起草了对所有来自全国各地的支持者演说的回复。

1820 年 6 月到 8 月，王后每次在公开场合出现都吸引了大批欢呼的民众。互助社和有组织的行会以她的名义组织集会和行进，通常以

在她的住地发表支持演说为结尾,上面有成千上万的手工艺人的签名。
8月15日,大批手工艺人照着脚本游行:

> 秩序良好,显示出贸易社团偏好展现自己和华丽的场面。他
> 们11点在伦敦城的圣克莱蒙特教堂集结,手持白色棍棒的人将他
> 们分成了组。两个发表演说的人穿着精致的丧服,戴着白色的丝
> 质花饰。白色的缎带代表清白和纯洁,戴这个是(激进派的手工艺
> 人)约翰·加斯特(John Gast)的主意。演讲者身后有大约100人,
> 两人并列一排,打扮和演说者类似,后面又跟着大约100人,穿着
> 彩色的衣服,有些穿着围裙,戴着丝质的彩色手帕。这些人也和其
> 他参加游行的人一样,戴着月桂树的树枝或树叶。这些几乎都是
> 整洁的"和熟练技工中的上等人"。行进过程中,人数在增加。在
> 骑士桥的时候,来自米德尔塞克斯的马队加入了队伍,后来还接上
> 了在哈默史密斯(Hammersmith)和肖迪奇(Shoreditch)的队伍,
> 所以整个队伍从海德公园绵延到了哈默史密斯。只有50人前往
> 加斯特身后的客厅,他在那里宣读讲话之前发表了长篇的演讲,这
> 些人都亲吻了卡罗琳的手。她还出现在窗口,向所有外面的人致
> 意(Prothero 1979:139—140)。

上院在8月17日发出了针对卡罗琳的指控后,动员反而扩大了。
包括卡罗琳在内的所有主要人物前往或者离开议会时,伦敦街道两边
大量的人群就会欢呼或者起哄,由军队和警员维持秩序。

1820年9月议会休会的三个星期中,运动到达了高潮。英国各地
的致辞到达伦敦,上面还有数千个来自布里斯托尔、诺丁汉、泰恩河畔

纽卡斯尔、伯明翰、爱丁堡、佩斯利、曼彻斯特、格拉斯哥、蒙茅斯、朴次茅斯、华威和贝里圣埃德蒙兹的签名,其中很多签名是王后的女性支持者签署的(Robins 2006:237)。11 月,因为上院投票的结果只得到了微弱且不断递减的多数支持,并且可以预计到会在下院失败,所以政府放弃了对卡罗琳的诉讼。此时,新一轮支持王后的行动爆发:

> 1820 年 11 月 10 日,全国不再关注会发生什么,而是王后会胜利的现实。那晚,和威灵顿将军从滑铁卢凯旋时一样,整个伦敦被灯火点亮。加农炮和火枪响起,偏爱夸大其词的威廉·科贝特说有 5 万响。民众"因对王后的狂热而发疯",到处都陷入"抢劫和各种暴行"之中。利文伯爵夫人(Countess Lieven)告诉自己的仆人,他们尽可以摘下自己的帽子向王后示意,"要是被击中了,我会服从武力法则"。在没有军队护送的情况下,她说"大众是我的主人"。有些街道能看到对卡罗琳的反对,尤其是马约基(Majocchi)和德蒙特(Demont),那里烧毁了她的人偶(Robins 2006:289,引用了科贝特的《政治记录》[*Political Register*]和利文的通信)。

此后,除了最后充满情绪的爆发之外,运动开始衰退。政府加固了针对王后的防线。1821 年初,议会拒绝恢复卡罗琳在圣公会教会中作为王室祈祷人的名位。7 月,尽管卡罗琳试图进入威斯敏斯特大教堂参加乔治四世的加冕礼,并得到围观人群的欢呼支持,议会代理人还是阻止了她进入。8 月,沮丧的卡罗琳去世。去世前,她曾要求把自己的遗体送回老家不伦瑞克。政府此时面临两难。如果他们顺着泰晤士河把遗体送回海峡对岸,就要面对伦敦城的活动家的威胁,例如封锁河道、抢走灵柩,并让她的遗体先在市政厅(Guildhall)向全国陈列,再送上归程。

8月14日当天,当局决定将他们选定的会穿过北伦敦的线路隐瞒到最后一刻,但计谋失败。死去王后的支持者不仅在王后居住的地方大规模聚集,还在民众聚集前,放弃了穿过伦敦中心的游行计划。在海德公园靠近康巴伦门(Cumberland Gate)处,军队遭遇了行进的队伍:

> 少将罗伯特·威尔逊爵士(Sir Robert Wilson)是参加过埃及和半岛战役与1798年爱尔兰叛乱的老兵,他在自己的办公室观察着康巴伦门那里丧礼队伍的行进。43岁的威尔逊看到了近卫军(Life Guards)向没有武装、没有秩序的英格兰人群开火。这位之前被怀疑卷入肯辛顿花园阻挠事件的人,为了避免更多的流血而开始调停。威尔逊走向了指挥官奥克斯(Captain Oakes),公开指责他在没有获得长官命令的情况下开枪。然后,威尔逊谴责了几个士兵,其中一个一等兵托马斯·韦特(Thomas Waite)表示抗议,认为自己只是履行了职责。威尔逊咆哮道:"你这该死的流氓。我真想把你从马背上踹下来"(Palmer 1988:176)。

确实,后来来了一个长官要求指挥官奥克斯撤回人马。但那时伤害已经造成,两名示威者在交锋中遇害。8月26日,成千上万名伦敦的工人参加了两位死去的手工艺人的丧礼游行,秩序井然,标志着卡罗琳王后事件最后的重要时刻。

图5.1表明1820年出现在伦敦的274次抗争集会中的社会运动和更古老的表演。图中区分了针对和无关王室的议题的抗争集会。袭击

这个词在卡罗琳王后的事件中出现得极少,但在其他的抗争集会中广泛出现。与之对应的是控制这个动词在两种情况里出现的都相对少。集会、动员、商谈和支持这几个动词出现的比例,在两个分类里面都显著超过了其他的行动。支持、商谈和动员更多地出现在有关王室议题的集会中。英国的活动家依然参与了带有18世纪色彩的街头政治,不同于大约10年之后的围绕宗教权利和议会改革的动员,这些动员以请愿集会为主(见第四章)。

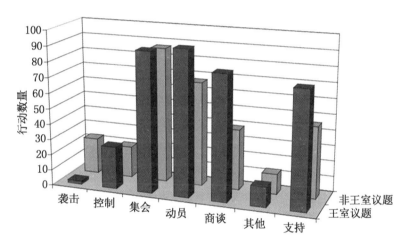

图 5.1　1820 年伦敦地区抗争集会的动词

　　图 5.2 更清楚地表明了两种各自独立的剧目都在运作。商谈和(尤其是)集会这两个动作围绕在居民大会周围,向广泛的、不同的当局(其中包括中央政府)释放信息。相反,支持这个动作与各类针对议会和王室(尤其是卡罗琳王后本人)的诉求者的动作一致。某种程度上来说,街头上的人群对当天出现的重要公众人物欢呼或者起哄的做法,让他们代替了居民的集会。

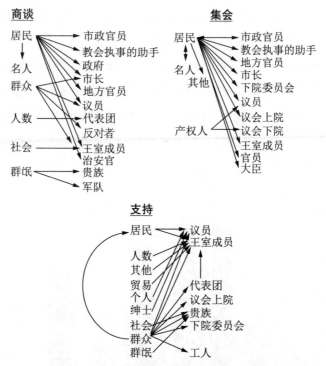

图 5.2　1820 年伦敦地区抗争集会的诉求结构

英国政治抗争的参与者确实在 1820 年发明了社会运动。但新的剧目还没有完全扫荡全国。激进派、改革家和有组织的工人都发起了公共集会、行进、请愿和公开演讲，以自己偏好的方式对公共当局表达诉求。街上的普通人还是会打破窗户，强制照明，利用获得许可的公开仪式之便，表达自己的偏好。尤其是在伦敦之外，革命家和激进的工人仍然在策划暴动并以群体的方式夺取权力。但在北美和西欧其他地方，此时社会运动才从一种理论上的可能，发展为一种可见且可用的集体暴力的新选项。

社会运动在绝大多数的民主化的世界里继续繁荣。经历了 19 世纪之后,社会运动成了在更民主的西方国家制造诉求的标准工具。20世纪,社会运动的范围扩展到了亚洲和非洲的部分地区。在 21 世纪,全球范围的社会运动开始形成(Tilly 2004b：chapter 5)。我们已看到,18 世纪 60 年代时,制造诉求的试验性开端已在波士顿、查尔斯顿和伦敦出现,成为一股全球的力量。社会运动的传播靠的是极为微小的结社、集会和表达的权利。一旦社会运动在某个政权里开始形成,就推动了世界范围内民主实践的扩展(Tilly 2004b：chapter 6)。

社会运动极好地解释了强剧目(strong repertoires)的本质。让我们来回顾一下判定为强剧目的标准：

- 在特定的时间和地点,表演可以被归类为有限数量的、反复出现的、定义充分的类型里。社会运动显然将自己的表演标准化,并使自己成为参与者与表演之间的桥梁。

- 在一组特定的角色进行的所有抗争行动所定义的范围内,存在着大量的空白;明显位于参与者技术能力范围内的行动组合从未出现。因此,表演的类型有可见的边界,而不是连续分布在技术上可能的表演空间中。社会运动为了体现有纪律的 WUNC 的呈现,很早就剔除了诸如袭击罪犯的居所,或是公开羞辱叛徒的行动。

- 对于特定的一组角色和议题,其表演类型在一轮一轮的表演中极少变动。而且,能看出在一轮表演中出现的情况,会限制后一轮的表演。英国提供的证据充分表明延续性和限制性都存在。

- 抗争的参与者通过以下方式表明他们意识到了这些表演：给表演命名；提及过去的同类行动；相互指导；进行分工，而这些分工需要事先协商或过往经验；预料彼此的行动；几乎同时终止行动。组织者、参与者、当局和观察家在社会运动中的互动，充分表现出他们已经意识到了相关表演。

- 在一组相互关联的角色中，每一对重要的角色都有自己的剧目。在一对角色中，提出诉求伸张的角色在现有的剧目中选择。特别是英国的公民—议会互动，快速采纳了高度标准化的集会和请愿的剧目。

- 抗争之外的角色的历史联系越紧密、他们的剧目就越相似。因此，联系越多，表演就越同质化，即让表演更加模块化。我们见证了 1820 年之后英国极为同质化的斗争表演，除了斯温叛乱这个典型的例外。

- 新的表演主要通过对既有表演的创新产生，一旦产生，就会将自己明确化、稳定化，并建立可见的边界。英国的证据充分记录了在现有表演中的创新，以及如何把诸如请愿行进、街头示威和公共集会套路化。

　　如果剧目整体趋于发展成强剧目，那么社会运动剧目就是超强剧目。在 200 年的时间里，社会运动的剧目在正在民主化和已经民主化的政权里主导了公开的制造诉求的活动。尽管由无线电话组织和沟通导致的创新（如互联网）依然在细小地调整社会运动，但社会运动剧目整体从约翰·威尔克斯和塞缪尔·亚当斯的年代刚刚零星出现的时候，就已经表现了惊人的延续性。

注　释

1. 教皇日是指 11 月 5 日，是为了纪念 1605 年由天主教徒引起的火药桶阴谋事件。事件的主角盖伊·福克斯(Guy Fawkes)在议会大楼的地道里被捕，身边挂着、扯着、放着火药桶。在英国的语境里，一个"人"(亦是盖伊)就是指火焰里的人偶。

第六章　剧目和政权

阿历克西·德·托克维尔（Alexis de Tocqueville）和他的朋友古斯塔夫·德·博蒙（Gustave de Beaumont）在 1835 年 7 月 7 日至 8 月 8 日游历了整个爱尔兰，此时距离他从美国回来已有三年，同年，他的《论美国的民主》（*Democracy in America*）也出版了。这两位充满活力的游客从都柏林出发，先后到了沃特福德（Waterford）、基拉尼（Killarney）、戈尔韦（Galway）、卡斯尔巴（Castlebar），最后回到都柏林，把整个爱尔兰岛逛了一圈。由于托克维尔对无所事事的贵族和旷日持久的冲突有敏锐的嗅觉，所以询问了爱尔兰的新教徒和天主教徒对两派在和谐相处的前景上的看法。7 月 11 日，托克维尔与爱尔兰新成立的（圣公会）国立学校的督察托马斯·凯利（Thomas Kelly）会谈。由于当时包括丹尼尔·奥康奈尔（Daniel O'Connell）在内的爱尔兰民族主义者开始要求恢复爱尔兰议会，并且天主教徒必然占据其中多数，所以托克维尔问凯利，恢复爱尔兰的议会是否会改变均势。凯利答曰："这会是一场彻底的革命，会和过去的革命一样严重，变成反向的暴政"（Tocqueville 1991：523）。他的意思是天主教徒会报复新教徒多年来的不当统治。

托克维尔在爱尔兰访问的其他人多数和凯利看法相似,认为过去的几个世纪里,新教贵族在爱尔兰统治失当,新教徒和天主教徒几乎不可能共同掌管国家,造就和平未来。自从 1829 年《天主教徒解放法》(Catholic Emancipation)生效后,实际上新教地主一直在驱逐他们的小天主教租客,因为在给予相对富有的天主教徒占据更多公职的协议中他们失去了选票。贫富差距日益显著,不同信仰的人之间更加壁垒分明。

托克维尔在旅行快要结束时,回顾了圣公会贵族自亨利八世时代开始想要占据爱尔兰土地的历史,写下了这些反思:

> 这些不相似和不平等的人的不同信仰,让贵族对他们既轻蔑又憎恨,穷人也憎恨和诅咒贵族。由此,贵族有非常充分的理由与民众划清界限,而非相互团结,以确保自己和与生俱来的民族保持一致,那个民族让自己获得力量并感到骄傲。圣公会贵族不想与爱尔兰民众和解,而是压迫他们,因为对自己能得到的海外支持很有信心,无惧施行暴政。贵族得到了唯一的统治权力并不断加强,不让民众成为精英,或者为晋升设定不被接受的条件,确保民众无法进入上流阶层,激化民众的敌意,也无心改变这种情况。民众因此选择放弃,逐渐满足于通过在土地上耕作的方式竭力谋生。贵族躺在无知的自我中心上,不做任何可能让自己变得伟大和慷慨的事(Tocqueville 1991:556)。

在托克维尔对爱尔兰的苦涩反思中,我们可以听到他对法国旧制度的贵族(即他的先人)的著名分析的回响。他分析了这些人如何懒散剥削,最后促成了革命(Tocqueville 1952)。又过了90年,爱尔兰最终在第一次世界大战后脱离了英国。

当托克维尔和博蒙访问爱尔兰时,它和英国在官方上同属一个政权。18世纪90年代,爱尔兰得到了英国的敌人法国的资助,开始革命。为此,英国在1801年建立了(虚弱的)联合王国,英格兰、威尔士、苏格兰和爱尔兰自此归属同一个国王统治。爱尔兰由此失去了自己独立的议会,100名爱尔兰新教议员加入了英国议会。但名义上的平等遮掩了双方之间的殖民关系。总督在爱尔兰以国王的名义执政,确保新教的权势。

故此,爱尔兰海两边的抗争政治的性质迥异。塞缪尔·克拉克(Samuel Clark)和小詹姆斯·S.唐纳利(James S.Donnelly Jr.)如此表述:

在18世纪晚期到19世纪早期,爱尔兰几乎成了叛乱的同义词。1760年到1840年之间,每隔10年都要出现至少一次大规模的乡村起义。尽管这些起义通常缺少区域性的组织,但因为全国大部分地区的参与者追求大致相似的目标,所以依然是区域性起义。由于起义通常采取秘密的集体行动,所以政府无法实现有效压制。有些区域性运动持续时间很短,常常只有几个月,比如1763年的橡树男孩(the Oakboys)起义,1778年到1779年的割腱人(the Houghers)运动,以及1819年到1820年的绿带人(the Ribbonmen)运动。还有一些运动持续了数年,如1785年到1788年的正义团(the Rightboys)运动,1821年到1824年的洛基派(the Rockites)运动。18世纪90年代,爱尔兰乡村爆发了一系列交错的大众抗议,目标不仅是农业的或者经济的,而是汇聚成一股旨在建立独立共和国的庞大革命力量(Clark and Donnelly 1983:25)。

根据前文所述,托克维尔和博蒙访问爱尔兰时,恰逢英国社会运动的政治即将席卷全国之时。19世纪30年代,爱尔兰发生大饥荒,不断有人抢夺食物,无地劳工反对(圣公会的)什一税,农民中的秘密社团限制地主权力的扩张,各自有武装的新教和天主教徒在公开场合对抗,地方武装杀得你死我活,奥康奈尔和他的同盟煽动人们不承认联合王国,而爱尔兰天主教民族主义者和奥兰治团(Orangemen,也就是支持联合王国和反对解放天主教徒的新教徒)袭击了由英国支持的军队力量。面对所有上述情况,议会再度采取强制法,也就是人所共知的《治安维持法》(the Peace Preservation Act),允许总督在宣布"混乱状态"的地区取消公民自由,施行军事法(Broeker 1970:214)。

本章通过比较爱尔兰和英国的抗争表演,来提出一个更加广义的问题:政治抗争的形式在什么范围、如何以及为何在不同国家政权中表现出不同? 不同政权出现了极为不同的抗争,政权特性变化时抗争也随之出现深层转变。

政权定位图

政权是指在政府及其管辖范围内的主要政治角色间的一组关系。政治角色之间、政治角色和政府之间都有常态的互动。比如,英国在

1750 年到 1840 年之间的政权显然包括议会和国王,也包括有组织的工人、贵族、地主、按选区划分的地方社区和政党,也日渐包括好战的新教徒与天主教徒,以及鼓吹议会改革的人。我们在讨论到政治机会结构(POS)时已经提及了政权。从潜在的诉求制造者的角度来看,POS 就是政权结构。

由于政权内的剧目会变得统一,由此可以辨析不同政权。一方面,一个政权特有的政治机构推动了适应这些机构并在同一政权内广泛可用的剧目出现。另一方面,同样的特有的政治机构区分了不同政权及其剧目。即便是加拿大和美国这两个极为相似的政权,依然培育了自己特有的表演,比如包围渥太华议会的示威,不同于走向华盛顿特区广场(the Mall)的行进队伍,又或是以原住民鼓声领头的加拿大集会和示威。两种互动的影响引发了政权内的一致性和政权间的差异:(1)中央政府的行动限制了政权内集体性的诉求制造;(2)(真实或潜在)诉求者通过沟通和合作了解了哪种制造诉求的方式具有可行性,再来整合信息、信念和实践。

每个政府都按照图式来区分指令型(如确保忠诚)、容忍型(如请愿)和禁止型(如谋杀官员)的制造诉求的表演。由于统治者和被统治者之间不停地讨价还价,导致上述三类表演的确切形态依据政权有所不同。我们已多次看到英国政权如何与臣民就公开集会的权利和获得供给伦敦市场的谷物之类的议题讨价还价。一旦指令型、容忍型和禁止型表演的图示出现,诸如警察、军队、官员和学校教师这样的政府代理人,就会加强图式的边界。

诉求者与政府代理人在同一边界内协商。比如,示威者和警察就在和平集会与失序行为之间斗争,饥荒时期夺取了食物的村民,会和市长与警员讨论公开售卖这批食物的价格。在 18 世纪和 19 世纪的英国的范围之外，别处诉求者和政府代理人的协议，会涉及可被接受的抵制缴税的形式、集体获得携带武器的权利，杀死贱民的特权等。不同政权认定的指令型、容忍型和禁止型的诉求表演截然不同。

我们的基本政权图式依然非常简单。维度的一端是政府权能（governmental capacity）这个变量，大致指在政府领土范围内，统治者的有意行动能影响的人口、活动和资源的分配。维度的另外一端是政权的民主和非民主程度，指臣服政府权威的个体的范围，影响政府事务和避免被专制政府行动影响的平等权利。有了权能—民主定位图，我们就能比较出现在高权能民主和低权能非民主的政权内不同形式的政治。我们也就能追溯政权变化的路径。比如从中可以看出英国国家政权在 1750 年到 1840 年之间部分民主化了，政府权能广泛增加。

图 6.1 把整个定位图简化成四种原初形态的政权类型：低权能非民主、高权能非民主、高权能民主和低权能民主。在两个维度的"0"这一端表示同列政权中的最低值，"1"这一端是最高值。据此，我们来为 21 世纪早期存在的所有政权中对应每个分类的情况举例：

　　高权能非民主：朝鲜、摩洛哥

　　低权能非民主：阿尔巴尼亚、民主刚果

　　高权能民主：印度、阿根廷

　　低权能民主：摩纳哥、巴巴多斯

人类历史上的政权在四个类型中的分布非常不均。历史上的政权绝大部分属于低权能非民主的区块。许多极为庞大且有权力的政权，

则属于高权能低民主的区块。高权能民主的政权极为罕见且大多很
新。低权能民主的政权的数量可能更少。

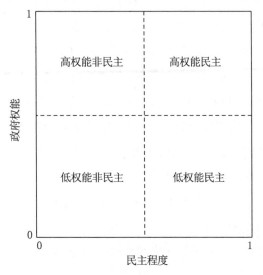

图 6.1　原初形态的政权类型

　　有了政权定位图,就可以系统思考政权整体运作与其抗争表演的
特点之间的关系。比如,自发的武装团体(如私人武装)之间的斗争,集
中在低权能低民主的区域。处于左上方高权能低民主的区域的政权
中,内部任何公开、集体的诉求制造,或是出现在政府施加了严格限制
的范围内,或是位于某种程度上逃离政府监视和控制的狭小范围内。
马克·贝辛格对 1987 年到 1992 年间苏联解体中的抗争的研究,发现
政权快速地从稳定的高权能低民主的区域,转入有限民主化的区域,极
为重要的政府权能不断减少(Beissinger 2002)。造成这两种转变的,是
米哈伊尔·戈尔巴乔夫(Mikhail Gorbachev)。

　　20 世纪 90 年代，俄罗斯（继承苏联的最大国家）在鲍里斯·叶利钦（Boris Yeltsin）任期内丧失的权能更多，但开始了民主化。1999 年，弗拉基米尔·普京（Vladimir Putin）成为总统，以严厉的手段和能源方面的收入造就巨变，重建政府权能，骤减过去十年的民主成就（Tilly 2007：133—137）。同时，由于米哈伊尔·戈尔巴乔夫改革而爆发的民众抗争减弱。同一时期，伊朗这样保持高权能低民主型政权，广泛控制了大量的制造诉求的活动，能脱离政府监视和干涉的区域极少。

　　低权能高民主的区域包括混乱且多半暴力的公共政治，造成的威胁足以摧毁政府控制。以牙买加为例，当地沿用英国殖民政权遗留的民主的中央政府，但对管理犯罪暴力、主要政治家的武装支持者和以自发暴力闻名的警察力量无能为力。纽约民主观察机构"自由之家"（Freedom House）2006 年的报告认为，牙买加的官方政治保持了民主的路径，但也警告其广泛出现的警察暴力、司法案件积压、失控的恐同和犯罪，都会威胁公共生活：

　　　　从哥伦比亚运输出来的可卡因要通过加勒比地区输入美国，牙买加是主要的中转站，哥伦比亚有组织的犯罪团伙现在大量控制了毒品贸易。牙买加人死亡的首要原因是暴力，该国是世界上谋杀率比例最高的地区之一。两派被称为"武装队"（posses）的毒枭火拼是多数暴力的源头。其他主要源头包括在牙买加出生并被美国驱逐的人，以及日益增加的非法武器交易。这些暴民应当对大量犯罪嫌疑人的自卫性谋杀负责（Freedom House 2006b）。

这与俄罗斯之间的反差不能再明显了。

而低民主低权能的区块指对制造集体诉求相对限制较少,并给予权力的自治中心较多空间的政权,有着私人武装、黑市交易,连接紧密的宗教和亲属网络和大量的恩庇—侍从链条。世界上发生内战的政权主要集中在低权能非民主的区块(Tilly 2005b:chapter 6)。由于政府控制力弱且粗暴,导致该区域所在政权充满暴力对抗,让政权内一个或多个自发武装的团体获得了毁火对手的巨大优势。让人绝望的索马里则代表了这个区块中极端碎片化的权力斗争。近几十年来,民主刚果、塞拉利昂、象牙海岸和利比亚也都加入这个类型,有着同类型的抗争政治。欧洲在非洲的撒哈拉以南地区的去殖民化运动,显然留下了很多低权能的国家。

我们发现,高民主高权能的区块包括了社会运动的抗争政治和相似类型的抗争。世界上人口最多的民主国家印度,自 1947 年独立后,尽管在中央政府无法控制的地区有大量武装冲突,但明显保持了中央政府权能和民主的特有结合(Tilly 2007:chapter 3)。2007 年,"自由之家"给予印度很高评分,认为:"诸多政党自由运作,对于和平的政治活动没有限制。但印度除了有活力的政治系统,政治内讧、政治中无处不在的犯罪、孱弱的国家机构和广泛出现的腐败一直破坏着有效和可靠的统治"(Freedom House 2007c)。所以这种定位还是相对的,世界上还没有任何一个政权是完全权能或完全民主的。

政权定位图内部还存在进一步的政治差异。在高权能的这一半中,政府代理人在集体诉求伸张中的角色非常重要,通常要暴力压制低民主的部分,小心遏制高民主的部分。在低权能的这一半,自主运作的武装扮演了主要角色,多数抗争政治出现在没有有效政府干涉的情况下(Tilly 2005b)。

　　从暴力的角度来看,政权定位图还有一些有力的衍生。暂不考虑政府引发的国家间战争,无论低权能政权是否民主,其整体暴力水平较高。在内政中,民主压制暴力,尽管政府间关系中不必然如此。政权内集体暴力水平的整体衍生大致如此:

　　　　高暴力水平:低权能非民主政权
　　　　中暴力水平:高权能非民主政权和低权能民主政权
　　　　低暴力水平:高权能民主政权

　　如果世界上的政权种类会真正改变,那我们预期这种改变会影响所有等级的集体暴力。如果像1985年后苏联解体过程中广泛出现的情况,即高权能非民主政体丧失了权能,那么我们预期暴力水平会提升(Beissinger 1998,2002)。如果很多政体在民主化的过程中没有丢失权能,我们预计短期内集体暴力会增加,为控制权而斗争的情况增多,之后是暴力对抗的长期衰退。

　　POS是剧目和政权之间联系中枢。任何促进或压制了各种可用的诉求伸张的方式的政府,都会把表演分成指令型、容忍型和禁止型。表演被实际使用时,高权能政府会实施广泛控制,而民主政体采用的控制方式通常不太粗暴。整体来说,容忍型表演的区域是随着民主化而扩大的,指令型表演同时会缩小,禁止型表演的范围会缩小到直接威胁政权存亡的表演。由于低权能的国家比高权能的国家更少促进或压制本国内指令型、容忍型和禁止型的表演,所以低权能的国家在不同的时间和地点,有更多不同的诉求伸张的形式。

　　POS变化的速度也极大地影响了抗争的水平和形式。快速变化的威胁和机会,通常让掌权者转向更死板的剧目,挑战者则转向更灵活的剧目。掌权者偏好使用被证明(有效)的剧目,包括压制挑战者。与此同时,挑战者寻找新的手段来瞒骗当局和对手。(难点:正如 POS 的论点所言,掌权者之间的斗争通常导致其中一些与挑战者结盟,由此限制掌权者选择更死板的剧目,也限制挑战者选择更灵活的剧目。)由于有些剧目建立了挑战者和掌权者之间的联系,快速变化的威胁和机会导致诉求者和他们的诉求目标之间的关系更不确定。行动、立场和政治立场的转变相对较快。

所以,政治机会快速变化时,我们发现抗争时(尤其是大众向掌权者挑战时)各方会有新发明和屡见不鲜的误解。抗争所点燃的青烟,好比新一轮的诉求伸张活动,开始威胁到了之前不活跃的政治角色的利益,或是为他们带来新的机会。我们可以看到如此青烟在苏联(1977—1992 年)和墨西哥(1968—1988 年)袅袅升起。革命形势的到来表明情况到了最极端的程度,即对强制手段的控制出现了深层分裂。在革命形势中,每个角色的利益都受到威胁,他们也因此被动员起来,开始活动。

一旦多数角色被民主化(尤其是发出挑战并失败的角色),这种循环通常就结束了。彼时,由于表演中创新的速度放缓,剧目开始明确。循环过程中,有些创新维持在剧目内,也有些陈旧的表演或者表演的特点消失。尽管每天的形势变化,以及作为抗争结果的角色内部组织的变化,也影响了不同表演的生存能力,但每个角色的政治优势的得失,严重影响了创新能否生存。

长期来看,剧目中渐增的变化不算剧烈,但更具有决定性。三个主要的因素导致了变化的增加:

1. 由于快速变化的 POS 出现在更小范围内、更少的危机和冲突中，所以与之对应的同一种创新的累积方式与 POS 相似。

2. 当权力分散、政治机构的开放性、政治安排的不稳定性、获得盟友或支持者的可能性，出现增加的变化时，政权的压制（即POS）也以类似方式出现。

3. 由于潜在角色的组织、共同理解和利益的变化也在增加。

总之，三个因素表明了抗争剧目中变化的各个因素相互缠绕，源自（1）抗争自身的历史，（2）政权的变革，（3）政府之外的社会结构和文化的变化，（4）因素间的互动。

政权定位图里的英国和爱尔兰

我们可以看到，三个因素在 1750 年至 1840 年的英国和爱尔兰的政权中都起作用了。为此，我们必须否认 1801 年到 1840 年间联合王国事实上是统一的。英格兰、威尔士和苏格兰的运作相对同步，但爱尔兰有独特的统治。实际上，《联合法》（Act of Union）在 1800 年通过后，爱尔兰依然处于一种分离的、半殖民的地位。1829 年的《天主教徒解放法》减少了政治上对天主教徒的惩罚，但绝没有在英国或爱尔兰杜绝惩罚。1750 年到 1840 年间，爱尔兰政权的民主程度和政府权能都要比英国低。图 6.2 描绘了这种差别。

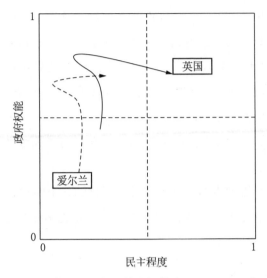

图 6.2　英国和爱尔兰的政权轨迹,1750—1840 年

根据此图,1750 年后,两个政权的权能都急剧增加,与法国开战的几年压制增多,某种程度上经历了去民主化,1815 年战争结束后权能减少,民主化程度少量恢复。但在各个时期,英国的权能和民主化程度都高于爱尔兰。自下而上地看,英国同时开展了商业化并发展了通讯,提升了国家的权能,也推动了民主化。自上而下地看,议会化的进程也在持续。议会从国王手中夺权,在涉及扩大战争和增加债务来增加中央政府实力等涉及国家开支的事项上,有了更强的控制。由于议会化建立了地方上的大众和中央政府的联系,所以也提供了民主化的开端。

回想前文对抗争剧目和政权定位图的关系的概括的衍生,我们也许会有如下预期:英国和爱尔兰出现的国家权能的急剧增加,让国家代理人更多地参与了抗争政治,扩大了指令型和禁止型诉求伸张表演的范围,国家也会更多地真正执行此类限制。但在部分民主化的阶段,我们预期会出现进一步的转变,即国家对诉求伸张表演的监视和限制增加,既定范围里指令型和禁止型的表演消失,容忍型表演的范围扩大。

此外,我们还会预计到,部分民主化会带来权能的增加,由此首先会降低集体暴力的程度,更多的国家代理人会参与所有的集体暴力活动,最终从总体上缓和暴力活动。尽管爱尔兰比英国具有更高的集体暴力水平表明,事实发生的情况要比这些概括复杂得多,但 1750 年到 1840 年间爱尔兰和英国全部的抗争历史,是与上述预期符合的。

政治机会结构本质上发生了巨大转变。回想第四章总结的 POS 的因素:政权的开放性、精英的一致性、政治联盟的稳定性、潜在的挑战者获得盟友的可能性、压制和促进、在上述任何或者所有因素的变化速度。大体上,1750 年到 18 世纪 90 年代间,通过威尔克斯派的动员和激进的反奴隶贸易的兴起这类创新,对英国多数挑战者来说,POS 得到适度发展。尽管战争后几年里机会减少、威胁增加,国家变得越发压制性,对挑战者来说潜在的同盟者越发谨慎。战争结束后,POS 还是进入了新篇章,即便政府当局多次尝试打击大众的诉求伸张活动。诉求伸张的水准在战后急剧提升,抗争诉求也日益采取了社会运动的形式。

在英国,重大的变革发生在中央政府的运作中。这种变革能帮助解释英国在权能—民主定位图中的轨迹。图 6.3 强调了 1750 年到 1840 年间英国国家经济扩张的增量(Brewer 1989,Daunton 2001,Mann 1988,Stone 1994;我增加了 1800 年的数据来校正经济年度上出现的变化)。在岁入方面,出现了高度商业化的经济,以及对于大量关税和消费税收入的严重依赖。比起这个时期其他欧洲国家,英国税在国民收入中占据极高比重。最高峰出现在战争时期的 1810 年,当时政

府开支几乎等于英国国民生产总值的 23%（Daunton 2001:23）。由于战争导致的税收增加，

> 王室放弃了用自己的资源生存的能力，转而依靠议会的拨款，议会则一直觊觎王室的权力和独立性。税项的增加涉及复杂的协商过程，让议会了解了地方民众的考虑。和其他很多欧洲国家不同，英国税收的急剧增加是在 18 世纪，并且没有遇到很多欧洲大陆国家在 17 世纪土地战争时期收税的时候遇到的问题，即卖官、大量任用收税官和保障财政特权。收税建立在有地方权力和权威的财政系统上，建立了纳税人和中央政府之间的信任。岁入也让高度安全和市场化的借贷得以运作（Daunton 2001:41）。

图 6.3 再次体现了战争的影响。首先，整体开支的曲线（最上一条）清楚反映了七年战争（1756—1763 年）、美国独立战争（1775—1783 年）和影响极大的大革命和拿破仑时期法国的一系列战争（1793—1815 年）。图 6.3 也体现出战争如何造成了负债。在与法国的大量战争结束后，三大类政府开支中债务占据了绝大部分。除了负债的增加，开支的整体水平在 1815 年之后骤跌，税收亦然。但那时，战争导致的议会化已经完成自己的政治使命。议会已经成为英国政权的中心。

图 6.3 也清楚表明，直接的军费开支比债务和政府开支波动得更为显著。原因是在战争期间，英国陆军和海军开支庞大，只有在和平年代才会明显减少。和平时期的军队只有 3.5 万人，七年战争时期，军队人数在 1760 年扩大到 20.3 万人，而在战争结束的时候缩减到 3.3 万人。（爱尔兰的纳税人出钱养了占领爱尔兰的军队，在 18 世纪 70 年代的时

候人数大约是 1.2 万人,1800 年骤增到 6 万人,这个数字还不包括大型民兵组织;Foster 1988:244)。

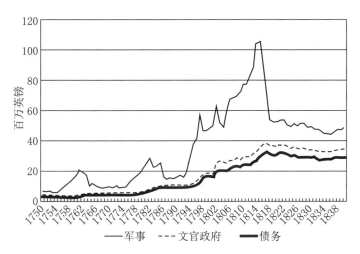

图 6.3　英国政府开支,1750—1840 年

资料来源:Mitchell and Deane 1971:389—397。

　　在美国独立战争期间,军队的力量再度扩大,陆军增加到约 10.8 万人,海军 8.2 万人。与法国开战后又用尽全国之力。到战争结束前,陆军的最大规模是 23.7 万人(Barnett 1974)。军队的开支也随战事增减,可以从表 6.1 中看到。从中也能看出,除了 1770 年之外,英国陆军的开支一直超过海军,但海军士兵的人均开支大于陆军士兵。

　　英国国家军队的扩张,显然让服役的人及其家庭与国家政治的关联更加紧密了。政权的轨迹也对大众政治参与产生整体影响(Tilly 1995)。更大规模且更有权能的国家,更积极地介入了地方生活,课税更重,更多地控制了食物供给,更严密地规范工人的组织。议会化将权力从国王、贵族和他们的恩庇—侍从网络手中夺走，也增加了立法者对地方事务行动的影响。这些变化逐渐破坏了18世纪运作的诉求伸张表演模式——即特殊性、教区化和分叉——的有效性。在立法者那里，世界性、模块化和自发的表演逐渐获得影响。社会运动开始形成。

表 6.1　英国政府在陆军和海军的开支，1750—1840 年

年份	陆军	海军
1750	1 566	1 385
1760	8 931	4 539
1770	1 781	2 082
1780	8 540	6 329
1790	2 742	2 482
1800	16 615	13 161
1810	28 900	19 400
1820	10 300	4 400
1830	9 300	4 000
1840	5 300	3 800

注：单位是 1 000 英镑。1800 年的数据是增加的，陆军开销包括军火。
资料来源：Mitchell and Deane 1971：389—396。

前几章非常详细地记录了英国剧目变化的情况。图 6.4 归纳了1758 年到 1834 年的相似变化，包括三种序列，即所有集会中抗争集会的比例、所有行动中将议会（包括下院、上院、议员或将议会作为一个整体）作为目标的比率，以及所有出现在公共集会中、涉及地方会议（包括选举人、产权人、居民或者教区居民）针对议会的诉求的行动比率。18世纪 50 年代所有的公开集会中，抗争集会的比率远不到 20%，至 1801 年骤增到了超过 50%。实际上，只有 1830 年的斯温叛乱让抗争集会的比例低于总数的五分之三。除了 1801 年的危机，议会作为诉求目标的曲

线一直都在不受阻碍地上升，从 1780 年前的微小比率，至 19 世纪 30
年代已上升到超过一半。地方会议集会中针对议会的行动比率增加很
慢，即便在 1832 年议会改革的斗争最为激烈的时候，也只占所有行动
的 10%。

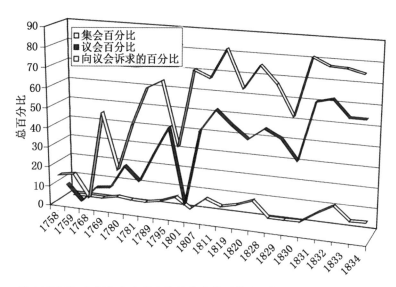

集会百分比：全年集会中所有抗争集会的百分比
议会百分比：全年集会中所有针对议会（包括上院、下院、议会和议员）的活动
的百分比
向议会诉求的百分比：全年的公开集会，由选举人、产权人、居民或者教区居民
组成的群体，向议会发出诉求（包括上院、下院、议会和议员）

图 6.4　伦敦地区的抗争集会(GS)的集会和议会的情况，1758—1834 年

本章到现在为止讨论的剧目和政权之间清晰地呼应，在斯温叛乱
中表现得淋漓尽致。尽管剧目确实整体倾向于散布在整个政权内，但
每个政权中还是会有些部分引领、滞后或偏离最通用的诉求伸张的方

式。斯温叛乱展现了偏离的情况是如何运作的。

1830 年,伦敦偏僻地区的无地劳工组织了最后一次大规模起义,之后就陷入绝望的消退。1830 年 8 月底开始,在大农场里赚取工资的劳工参与了大量恐吓行动。他们常常唤起斯温指挥官,这是传说中农业工人权利的复仇者。他们写恐吓信、焚烧农舍和干草堆、损毁脱粒机、赶走穷人的监工、集体要求加薪、拜访教区长和行政官员的住宅和济贫院,要求增加穷人救济金或减少什一税。

从小范围来看,地方上的无地劳工群体做的一切都是为了保障自己过去的收入和工作。这些诉求伸张表演都能在 18 世纪工人、农民和地方权威交替提供的剧目中找到。从某些角度看,斯温叛乱表现出了 18 世纪的道德经济对 19 世纪政治经济的报复。但没有一次 18 世纪的劳工动员可以和 1830 年 8 月到 12 月的事件片段匹敌。研究斯温叛乱的著名学者埃里克·霍布斯鲍姆(Eric Hobsbawm)和乔治·吕德(George Rudé)用下述文字总结了背景:

> 南方工人的情况已经极坏,所以只需某些特定的刺激就可以导致非常广泛的运动。或许对克服工人的消沉被动来说,承认这一点会带来不同寻常的力量。1828 年到 1830 年的经济情况造就的形势,让工人已经很糟糕的处境更加恶劣,农村的失业率无疑会增加,更多人想尽办法减少济贫税给纳税人带来的负担,减少农民和所有依靠农业的人的不满。欧洲大陆的革命和英国政治危机结合所产生的效应导致了充满期待、紧张、希望和即将行动的气氛(Hobsbawm and Rudé 1968:91)。

起义从肯特郡开始爆发，很快波及了伯克郡、苏塞克斯郡、白金汉郡、多塞特郡、威尔特郡还有特别严重的汉普郡。霍布斯鲍姆和吕德展示的斗争地理分布不符合原先设定的情况，即不会波及遥远和落后的地区（Hobsbawm and Rudé 1968；亦可见 Armstrong 1988，Charlesworth 1978，Cirket 1978，Richards 1974，Singleton 1964）。相反，他们记录了：

> 伦敦市场地区的事件所在方位
>
> 关注有极大非农业劳工人口数量的教区，以及此前和地方济贫税相关的固定工资的情况
>
> 沿着主要道路的分布
>
> 通过引用早已有的权利和当前的国家政策让收入要求正当化

国家政策某种程度上是重要的，原因是威灵顿将军运转不畅的政府更多地关注改革者引发的挑战，而不是农村起义。当11月新的辉格派政府上台时，很快就对无地劳工采取了有力措施。威灵顿执政的最后阶段涌现出公开对抗（即11月8日之后），在辉格派执政两周后就开始迅速消解。秘密的纵火袭击以不同的方式表现出来，与11月之前出现的对抗密切相连，虽然在冲突骤增的期间增加缓慢，但在整个12月还是持续频繁出现。依据霍布斯鲍姆和吕德的事件分类，图6.5展现了两种冲突。

图6.5清晰说明了有一根很长的导火线引起了（叛乱的）爆发。8月底到10月底，袭击、对抗和纵火出现的不多，并集中在肯特郡。之后，地理范围和事件数量都急剧扩张。最终，斯温的袭击、对抗和纵火蔓延到了超过20个郡，主要集中在英格兰的东南部，即伦敦的农业供应区。

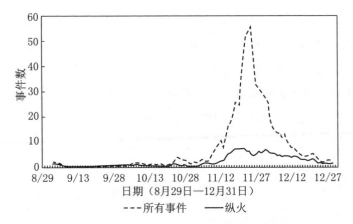

**图 6.5　1830 年斯温叛乱:纵火事件和所有事件,
以 5 天作为移动平均线(moving average)**

资料来源:Hobsbawm and Rudé 1968。

叛乱结束后的十年,当失业和低收入的情况再次广泛出现时,秘密袭击就会再度复活。但此后,任何有联系的、采用斯温叛乱模式的农村起义都没有再在英国出现(Archer 1990)。我们很快就会看到,在爱尔兰,整个 19 世纪的乡村出现了类似的压力和报复。由于爱尔兰和英国有截然不同的政体,所以产生了极为不同的抗争政治。

两个政权里无地劳工的案例,表明不是所有英国的抗争参与者,都能从 19 世纪早期出现的大量剧目变化中获益。无地劳工一直生活得不安稳,但只要地方上的庇护和控制网络依然有优势,他们就可以通过旧剧目中标准的施压、抵抗和报复的表演,来产生集体影响力。一旦地方上的掌权者失去了修复地方问题的能力,中央政府会增加自己的压迫手段,让议会成为国家决策的主要机构。如此一来,激进者中潜在的同盟放弃了农业工人,转而去影响议会决策。纵火、挑断牛脚筋和地方起义此后失去了效果。19世纪30年代,破坏工厂机器的人为挽救生计最后一次集体努力以失败告终。和他们一样,随着新的剧目占领统治地位,无地农业劳工失去了影响力。

爱尔兰政权

　　爱尔兰遭遇和英国相似的剧目转型要晚很多。爱尔兰政权的年表可以解释其中的原因。当11世纪诺曼人占领英格兰的时候,盎格鲁—诺曼士兵征服了爱尔兰部分地区。又过了一个世纪,英王亨利二世残暴入侵爱尔兰岛。从13世纪到15世纪,英格兰的国王反复尝试让爱尔兰归顺,但都柏林(也就是英国人统治的著名的佩尔[the Pale]地区)之外的地区,都未长期成功占据。新教和天主教徒之间的对抗又持续了几个世纪。框6.1提供了爱尔兰新教徒和天主教徒之间纷乱关系的年表:

框6.1　爱尔兰新教徒和天主教徒之间关系的重要事件年表	
1520—1602年	都铎入侵;建造种植园;叛乱;内战;建立爱尔兰新教教会
1610—1640年	斯图亚特大驱逐;英格兰人和苏格兰人在爱尔兰(尤其是厄尔斯特)定居
1641—1650年	英格兰和爱尔兰的叛乱和内战,以克伦威尔对爱尔兰的残暴征服告终
1689—1691年	英格兰光荣革命;爱尔兰内战;爱尔兰被威廉三世再度征服;天主教徒的政治权力被严重剥夺;大量攫取天主教徒财产的情况延续到了1703年
1782—1783年	爱尔兰部分恢复了政治自主;天主教徒获得了占有土地和教书的权利(但爱尔兰议会基本上还是新教徒控制)

1791—1795 年　有产的天主教徒获得了选举权；组建联合爱尔兰人（United Irishmen，自治派，日益被天主教徒占据）和奥兰治团（Orange Order，保王派的新教徒）

1798 年　联合爱尔兰人起义；内战；大屠杀；法国入侵；血腥镇压

1801 年　联合王国建立（含英格兰、威尔士、苏格兰和爱尔兰）；废置爱尔兰议会；100 名爱尔兰新教议员进入英国议会

1813—1829 年　英格兰和爱尔兰出现反复的支持《天主教徒解放法》运动；爱尔兰出现大量支持解放法的动员，英格兰出现大量反对解放法的动员；增加天主教徒政治权利的议会议案最终通过（但权利不是完全平等的）；对于提高对爱尔兰人选民的财产限制；解散丹尼尔·奥康奈尔的天主教联合会

19 世纪 30—90 年代　大量反地主和反什一税的行动；爱尔兰自治的要求破灭

1843—　贝尔法斯特出现严重的新教徒和天主教徒之间暴力冲突，尤其是在 1843 年，1857 年，1864 年，1872 年，1886 年，1893 年

1845—1850 年　土豆饥荒，导致大规模移民

1848 年　明斯特出现青年爱尔兰起义

1858 年　都柏林和纽约建立爱尔兰共和国兄弟会（芬尼亚会［Fenians］）

1867 年　爱尔兰出现芬尼亚会起义，纽约建立了盖尔人会（Clan na Gael）

1869 年　爱尔兰教会（圣公会）解散

1884 年　《选举权法》（Franchise Act）覆盖（几乎都信仰天主教的）乡村选民

1916 年　得到德国支持的复活节起义

1919—1923 年　内战，首先导致南方分裂的政府和议会（1921 年），然后建立了不包括北爱尔兰的爱尔兰自由国（1922 年）

1923—2004 年　北爱尔兰出现间歇的新教徒和天主教徒的斗争；通常会有英国军队参与；历届北爱尔兰政府面临停滞和恢复

1949 年　宣布爱尔兰共和国独立，不包括北爱尔兰

　　要到 16 世纪 50 年代，英格兰人才开始对爱尔兰实施严酷的殖民和行政管辖。最早的定居者多数是苏格兰人而不是英格兰人。1603年，苏格兰王詹姆斯六世继承了英格兰王位成为詹姆斯一世后，王室支

持的苏格兰人和英格兰人定居爱尔兰的活动显著增加，定居点集中在爱尔兰最北面的围绕厄尔斯特的九个郡。英格兰统治者定期攫取整个爱尔兰天主教地主的土地。在整个 17 世纪，越来越多的天主教徒的土地所有权和政治权力都被剥夺。

1640 年到 1690 年间，英国发生内战，爱尔兰领导人反复试图从英格兰人的统治中夺回自己的土地。其他爱尔兰活动家仍在庆祝或者咒骂 1690 年的博因河战役（the Battle of the Boyne），信仰新教的国王威廉在这里打败了天主教的国王詹姆斯，后者逃往法国。从那时开始到 19 世纪结束，英格兰政权不让天主教徒接触到爱尔兰任何形式的政治权力，在厄尔斯特地区亦然。在绝大多数情况下，新教徒独享携带武器的权利。实际上，在 18 世纪 70 年代晚期，圣公会地主效仿美国革命者组织民兵，也就是志愿军（the Volunteers），有 8 万人之众。城市中也建立了类似组织。

比如，1778 年，贝尔法斯特建立了自己的志愿军队，名义上是保卫海岸线免遭法国人登陆的威胁。至 1782 年，大约 9 万人加入了这些民兵（Mac Suibhne 2000：45）。1782 年，"一些厄尔斯特志愿军的代表聚集在邓甘嫩（Dungannon）的教区教堂，宣誓保证会支持有利于（爱尔兰）司法独立的条款"（McDowell 2001：191）。尽管一些地主征募了天主教徒作为自己的随扈，但民兵基本上都是新教的力量。

戴维·米勒（David Miller）将 18 世纪 70 年代爱尔兰军事活动日益增多的情况，解释为爱尔兰争取民族权力斗争的一部分：

> 1770 年到 1829 年间，爱尔兰政治的核心议题是重新接纳天主教徒，给予其政权成员的资格。这个过程要到 18 世纪 80 年代早

期才开始,那时新教乡绅的部分力量与他们的新教家臣联盟,后者
处于政权的边缘位置,对抗政府。尽管这种爱国政党似乎在 18 世
纪 80 年代早期就已经实现了自己主要的目标,确保了司法自主和
商业上的特许,但他们的做法引起了政权的严重分裂(Miller
1983:187)。

这里所说的"政权"(polity)就是我所说的"政权"(regime)。军队
中的新教徒分裂出了两种相互冲突的行动诉求方案。一方要求议会改
革,增加新教中产阶级的政治权利,另一方甚至为了实现更广泛的民主
诉求要求和天主教徒结盟。18 世纪 80 年代到 90 年代,两种诉求都意
味着会在几个世纪之久的新教和天主教徒斗争与爱尔兰国家政治之
间,建立更多的联系。自 1793 年迫于英国的压力,重新赋予那些被剥
夺了选举权的富有天主教徒以选举权之后,这种联系就包括了选举
政治。

就像托克维尔在他的爱尔兰之旅里了解到的一样,主导的权力系
统中有两个巨大的分歧。在与英国的关系上,爱尔兰新教徒即便在《天
主教徒解放法》之后,都比天主教徒有更大的优先权。在爱尔兰内部,
大地主(其中很少一部分是天主教徒)统治大量(天主教)小地主和无地
劳工。更精确地说,以新教徒为主的大佃农统治了乡村:

> 尽管土地被相对少的精英(不足 1 万人规模的贵族和乡绅)占
> 据,他们的地产都被转租,以至于对多数乡村定居者来说,他们的
> 地主不是土地的所有者,而是一个大农民。这个农民会将自己占
> 有的土地再转租给小佃农,作为一种契约租赁,他也可能给劳工小

屋子和小菜地,后者要支付这些东西的租金,工资则按照国家制定的标准。大农民也可能会把自己的部分土地租给劳工,主要用来种植土豆(Clark and Donnelly 1983:31)。

当爱尔兰的农民在农村遇到了压制他们的人,通常会把大农民和地方上支持大农民统治的官员作为斗争目标。地主则既主导国家政权,又招致了反抗乡村压迫的人的愤怒和大规模动员。

实际上,在托克维尔质询的时候,地主们正在回应解放天主教徒带来的政治威胁,为此赶走了天主教佃农。这些佃农过去忠诚地将票投给了地主派出的候选人。1830 年,爱尔兰事务首席大臣亨利·哈丁(Henry Hardinge)写信给首相罗伯特·皮尔(Robert Peel):

> 当我们获悉新教绅士罗伯特·哈德逊爵士(Sir Robert Hudson)在隆冬把 400 个天主教徒从他(在卡文郡[Country Cavan])的庄园上驱逐后,这些人不得不退居山区,由于无法获得工作而不能合法生存。农庄被再度转租给了新教徒。那我们是否还会对那一带出现焚烧房屋、挑断动物脚筋的情况感到惊奇? 威廉·贝雷斯福德勋爵(Lord William Beresford)……在威克洛(Wicklow)的土地,采取的做法是针对《转租法》(Subletting Act)驱逐了 500 个天主教徒。领班神父眼下成功完成了调解,但承认要改善庄园,这些善举和善意要到春天才能到来。由此是否还会奇怪,为何这些家中两三代先人都生活在庄园里并且准时缴租的年轻人,会成为绿带人(Ribbon-men)和犯法的人? 鉴于大众的不

满有如此合理的理由来纵情报仇和暴虐,我也就不期待午夜敌对
会终止了(Clark 1979:70)。

哈丁清楚看到了政权变化和爱尔兰农民重新使用的集体施压的形式之
间的联系。对农民来说,他们过去一直用这样的手段对抗违反地方法
律的邪恶地主和佃农。

哈丁极为关心的地主对天主教徒的压迫,表现出英国政府增加了
对爱尔兰内部冲突的控制。英国统治者在和新教贵族合作的过程
中,一直试图用军事压制和建立常规警察制度来遏制爱尔兰的动员。
1786 年,政府集中控制了都柏林城堡中仅限新教徒加入的警察力量。
后一年,受到强烈政府影响并反对紧张冲突的密集鼓点的爱尔兰议会,
创造了一种全国性控制的警察(同样仅限新教徒),针对有问题的郡
(Palmer 1988:104—115)。爱尔兰事务首席大臣亚瑟·韦尔斯利(Ar-
thur Wellesley),也就是未来的威灵顿公爵,在 1808 年增强了都柏林的
警察力量。

1814 年,身为首席大臣的罗伯特·皮尔为受到威胁的地区组建了
一支和平保卫力量,后来扩展为全爱尔兰的警察部队。当然,支持此举
的力量来自英国议会而不是爱尔兰议会。皮尔不仅有了自己的警察队
伍,还积极征募天主教徒加入其中(Palmer 1988:203)。我们可能会认
为,地方当局通常不让皮尔的警察到达他们的区域,认为这是对自己权
力的挑战,表明英国行政力量令人厌恶地延伸到了爱尔兰。但英国的
干涉让爱尔兰的政治斗争全国化了,建立了爱尔兰天主教徒和新教徒
共同的斗争前线。

政权变化中关系的简单图式,政治机会结构(POS,即政权结构)和

更早被勾勒出来的剧目,预言了 1750 年到 1840 年间英国和爱尔兰的剧目变化之间的平行和差异。在国际战争时期,爱尔兰政权的权能增强,我们或许会认为政府代理人会更多地干涉大众抗争,政府对各种诉求伸张形式的控制会变得更加有效,地方和全国抗争之间的联系会增多。拿破仑战争之后,在爱尔兰(非常)相对的民主化过程中,我们可能会认为容忍型政治表演的范围会扩大,国家会增加对诉求伸张表演的监视和遏制。

这些普遍的结论只能大致应用,但结论过分低估了爱尔兰政权的两个重要方面:(1)终极的政府权力(英国)代表了少数爱尔兰人,他们主要对抗的是敌对的大众,但越来越多的多数认为,这代表了一种占领的权力;(2)尽管爱尔兰政府付出了大量努力,依然无法建立起对乡村抗争的控制力量。而英国政府在压制斯温叛乱时带着复仇之心呈现了这种控制力量。

爱尔兰的抗争

我们可能会认为,与英国国王的竞争性关系与国内统治的剥削体系的结合,一直以来分裂着爱尔兰的大众政治。一方面,爱尔兰活动家拥有很好的国际网络,可以发表同意或反对英国的诉求。另一方面,爱尔兰盛行两种冲突,一是地主与佃户或者劳工之间的冲突,后者的生活依靠地主,二是新教徒与天主教徒之间的冲突。框 6.2 是爱尔兰从 1750 年到 1840 年这 90 年间冲突的大致年表。

215

框 6.2　爱尔兰抗争政治的大致年表,1750—1840 年

1750—1759 年	有流言指爱尔兰可能会和英国订立《联合法》,引发都柏林的暴力抵抗
1760—1769 年	白衣男孩(Whiteboy)和橡树之心(Heart of Oak)在阿马郡(Armagh)、莫纳汉郡(Monaghan)、蒂龙郡(Tyrone)、蒂珀雷里郡(Tipperary)、利默里克(Limerick)、沃特福德郡、科克郡(Cork)和基尔肯尼郡(Kilkenny)发动袭击;1766 年饥荒时有人抢夺食物
1770—1779 年	志愿军建立;白衣男孩和钢铁之心(Heart of Steel)发动袭击,包括钢铁男孩袭击贝尔法斯特的军营;相互对抗的新教和天主教民兵开始在厄尔斯特行进
1780—1789 年	天主教志愿军压制(新教的)黎明伙伴(Peep o'Day Boys),鼓吹改革,反对计划中的《联合法》,北方天主教与新教的战斗(包括民兵行进)
1790—1799 年	志愿军继续鼓吹改革,直到遭遇压制(1793 年);联合的爱尔兰人(在 1794 年被压制,在 1797 年复苏)和保卫者(Defenders)建立;开始鼓吹改革;支持法国革命的示威;北方天主教与新教的战斗(包括相互对抗的民兵行进);拒绝在厄尔斯特裁军;法国两次想要联合爱尔兰的反叛力量发动入侵;1798 年那次短暂取得成功但最终被瓦解
1800—1809 年	奥兰治团在北方巩固了权力,打场者(Threshers)领导了在梅沃郡(Mayo)针对什一税和天主教会费的袭击,有破坏性的两股势力在明斯特(下层的)卡拉法特(Caravats)和(中产阶级的)沙那韦斯特(Shanavests)之间展开
1810—1819 年	绿带人(保卫者和联合爱尔兰人的后继者)在北方与奥兰治团斗争,卡拉法特在明斯特和中部发动袭击
1820—1829 年	奥康奈尔和天主教联合会(1823 年首次建立)组织了针对解放的大型运动;不伦瑞克俱乐部在厄尔斯特反对解放,洛基派领导了在明斯特的袭击;特里·阿尔特斯(Terry Alts)在卡莱尔郡(Clare)、戈尔韦郡、韦斯特密斯郡(Westmeath)和利默里克郡同样发动了袭击
1830—1840 年	什一税战争在全国各地出现,奥康奈尔在 1840 年组织了废除联盟(Repeal Association)

英国和爱尔兰的抗争剧目在这个阶段开始的时候比结束的时候更相似。总体上,18世纪50年代到60年代爱尔兰的表演与英国的很像,属于特殊的、教区的、分叉的斗争。在之后的几十年里,爱尔兰的抗争出现变化,缓缓转向了模块化的、世界的和自发的形式,有了诸如公开集会和其他构成社会运动剧目的要素。最明显的例外是丹尼尔·奥康奈尔在19世纪20年代带动的跨国天主教徒解放运动。1823年建立的天主教联合会及其后继者,与奥康奈尔在1840年建立的废除联盟一样,从英国政治中的惯例和可能性获得灵感,尚未考虑爱尔兰的地方情况。对两种运动来说,议会的向心性将奥康奈尔与和他一起的爱尔兰民族主义者引向了在英国流行的剧目。

但我们需要一种古老的区分。1750年到1840年间,爱尔兰抗争的组织基础之间的共性,要比当地人民日益增多的诉求伸张表演所具有的共性更多。天主教教区显然是大量不同抗争的组织基础,抗争内容包括报复贪婪的地主,以及为天主教徒要求政治权利。教区牧师既公开对追求自己目的的同胞采取的暴力行动表示遗憾,也为分散住在教区各个角落的居民和教会之间建立了联系。民兵、秘密会社和全国性联盟的地方分支,大多以教区为单位进行组织。针对变节者的报复也主要出现在教区层面。这些归纳同时适用于新教和天主教的动员中。

任何18世纪的大众运动的观察家从英国前往爱尔兰之后,都会发现爱尔兰人诉求伸张的活动有三个显著特点。第一,多数显眼的大众抗争,都是由军事化组织的社团和复仇势力支持的。大规模抗争采用了诸如白衣男孩、橡树之心、钢铁之心这样的名字。相似的地方性军事队伍凝聚成了获得全国认可的军事力量,如志愿军和保卫者。这种现象令人惊奇的地方在于,直到19世纪英国统治者都不允许天主教徒携带武器,新教徒则竭力维护自己获许携带武器的权利。

志愿军最早是 1778 年在贝尔法斯特成立的,是一股中产阶级的新教力量,但很快就扩展到了整个厄尔斯特,绵延到都柏林和爱尔兰的其他地区(Jarman 1997:40)。他们立即组织了公开游行和检阅,并很快分成了不同派系,一股支持新教徒霸权,一股支持所有爱尔兰人抵抗英国的控制。根据肖恩·法雷尔(Sean Farrell)的研究,在 18 世纪 80 年代的阿马郡,爱国者试图让天主教徒参与民族主义的志愿军队伍,引发了新教徒的强烈反对:

> 对于很多低下阶层的新教徒来说,非常担心未来爱尔兰的天主教徒能合法持有武器。公民权曾经由是否有权携带武器来定义的,所以很多新教徒平民认为自己独享携带武器的权利,这是他们的社会地位高于天主教徒的重要标志。试图改变刑法典中的这部分内容,让很多保王派极为震惊,尤其,是"他们"中间的精英起草了这项令人憎恨的改革。新教徒同时感受到了威胁和遗弃感,从而建立了黎明伙伴这个组织,试图在 1784 年到 1788 年间搜查天主教家庭是否持有暴力武器,从而表达他们认为的真正的法律的内涵(Farrell 2000:17—18)。

所以,什么人有资格加入军事性组织的问题,引发了关于稳定、公民权和社会优越感的严重问题。

第二,爱尔兰的复仇行动可能会串联成暴乱或内战,这和英国的不断碎片化的斯温叛乱,以及战后无法控制武装叛乱的情况非常不同。1796 年和 1798 年发生了两次由法国支持的全岛范围的革命,为复仇行

动串联成暴乱提供了极好的例子。1830 年到 1833 年的什一税战争,则
是有关内战的最好例证。B.F. 福斯特(B.F. Foster)指出,"1798 年的
起义可能是爱尔兰历史上最集中的暴力事件片段"(Foster 1988:280)。
这场叛乱以惨败告终,引发了大规模压制,导致英国取消了独立的爱尔
兰议会。但对什一税的集体抵抗则相反,最终实现了目标。英爱议会
的合并,让大众取得了 1838 年《什一租税法》(the Tithe Rentcharge
Act)的胜利。

　　但这并不意味着什一税战争采取了和平社会运动的形态。战争中
的地方行动引发了爱尔兰当局不顾一切却力所不及的压制。在战争的
两次高潮中,被告发的"残暴行动"数量如下所示:

犯罪类型	1831 年	1832 年
杀人	210	248
抢劫	1 478	1 172
纵火	466	571
割断牛脚筋	293	295
非法通告	1 798	2 086
非法集会	1 792	422
袭击房屋	2 296	1 675

　　资料来源:Townshend 1983:6。

　　相比同时代的斯温叛乱,什一税战争的动员包括更高层次的人际
暴力和更大规模的组织。同一时期英国的社会运动中的集会、请愿和
报刊声明,都没有在爱尔兰出现,天主教徒解放运动中也没有出现。

　　第三,按军事等级公开游行不仅成为 17 世纪 90 年代之后爱尔兰
标准的展现实力的方式,还多次出现了相互对抗的力量(通常是新教和

天主教)在阅兵中相互竞争的情况,以表明他们在爱尔兰某地占据优势地位(Tilly 2003:120—127)。英国的宗教和手工业者游行为街头示威提供了合法和符合习惯的前例,但爱尔兰从未出现过大规模的游行和反游行的实践。由于英国的政权从 1690 年开始就允许民众公开庆祝光荣革命,由此促成了前例的出现。在庆祝中,支持英国胜利的人们既会参与游行,还会狂欢作乐,鸣枪致意,以展现新教徒的特权。选举活动也给了各个派系组织这类活动的机会(Jupp and Magennis 2000:20—22)。

参加庆祝的人多半超过了统治者的预期:

> 19 世纪早期,国家许可的游行一直可以在都柏林看到,但似乎越发难以控制大众的庆祝和对博因河战役胜利者(即国王威廉)的记忆的意义。11 月 4 日成了有关威廉的记忆的竞争诉求的焦点:一方是国王的代表,一方是要求议会改革的志愿军(Jarman 1997:35)。

19 世纪 20 年代天主教徒解放运动的动员中,天主教徒和新教徒在游行路线和日期上的斗争愈演愈烈,尤其是在厄尔斯特。那时,天主教的绿带人反复冲击新教奥兰治团的游行队列,反之亦然(Jarman 1997:54)。如此造就了绝妙的历史反讽,政权对奥兰治团大规模游行的宽容,为反对奥兰治团的表演和天主教徒解放运动的大规模集会创造了前例(Jupp and Magennis 2000:23)。

但到了 19 世纪 20 年代晚期,旧规则发生改变。天主教徒解放运动的结果表明,新教徒想剥夺天主教徒的公民权和权力的计划失败了。

甚至奥兰治团也开始溃散：

> 由于奥兰治团无法放慢天主教解放的步伐，他们只剩下仪式
> 性的抵抗了。最大规模的这类游行出现在 1829 年 7 月 13 日，当
> 天奥兰治团在整个爱尔兰北部聚集，抵抗不列颠政府的叛变，以此
> 展现他们对于自己的天主教敌人还是保持优势。奥兰治团的游行
> 所具有的派对的感受自 1798 年的时候达到了最高点，触发了厄尔
> 斯特广泛出现的骚乱；至少 40 个民众死于那天一系列的流血冲突
> （Farrell 2000:101）。

而且，天主教徒解放运动的动员造就了一种社会运动组织和行动
的可用模式，这种模式不仅影响了未来奥康奈尔组织的废除运动，也扩
展到了对什一税的抵抗运动。如果说什一税战争中有很多地方性暴
力，那么它也造就了超越派系差别的和平集会（Cronin 2000）。尽管在
地方层面，天主教徒和新教徒的斗争和敌意不断，尤其是在厄尔斯特。
政府加强对天主教徒的保护与爱尔兰人起义对抗英国控制这两者讽刺
地结合到一起，推动了天主教徒和新教徒的结盟，比如什一税战争和废
除联盟中的情况。政权变迁导致了剧目变迁。

对英国与爱尔兰的比较在多大程度上可以总结出一套广泛原则，
用于解说剧目与政权之间对应和因果的联系？本章给出的答案可以分
为三个层次。在第一个层次，是根据 1750 年到 1840 年间英国和爱尔
兰的个案，剧目和政权无疑相互塑造。例如，爱尔兰有长期存在的、军
事性组织的、基础广泛的政治实体，出现的原因是爱尔兰政府的中央控
制对于乡村一直较弱，以及 1780 年之后愈演愈烈的反不列颠民族主

义,并严重影响了 19 世纪爱尔兰政治抗争的形式。

在第二个层次,我们之前观察过的政权,比如苏联、墨西哥、法国和美洲殖民地,给了我们理由将结论推广,如在抗争剧目中,政权之间差别极大,剧目改变是国家权力结构改变的结果,国家权力的变化会转变剧目,而且经验实际上一直在剧目和政权之间相互作用。

但从最广泛的层次来说,本章已经指出最有可能表现出政权—剧目之间的相互回应的资料,也值得未来更广泛的比较研究(Tilly 2005b)。对这类相互回应的真正系统化的研究,不仅包括研究有关大量不同剧目和政权的单独证据,也包括近距离观察政治机会结构的动力。未来的研究者还有很多工作可以做。

第七章 时空中的抗争

一直以来,美国把劳动节定在每年9月的第一个星期一。1882年,激进的劳工骑士团(Knights of Labor)创造了这个传统。如果用本书读者应该已经熟悉的话来说,骑士团在9月5日星期二(不是星期一)在纽约城组织了游行,然后在1884年9月成功重复了这项表演。同时,与骑士团对立的国际工人联合会(International Workingmen's Association,IWA)的支持者,选择了5月1日(即五一国际劳动节的日子)作为展现全世界工人的力量、要求八小时工作制的时机。芝加哥的工会联盟宣布在1886年的五一节举行大罢工。但在5月4日,芝加哥干草市场广场(Haymarket Square)出现了示威者和警察之间恶性而极为引人注目的对抗(根据观察者不同的政治立场,可称之为干草市场骚乱或屠杀),让这天沾上恶名。

美国总统格罗弗·克利夫兰(Grover Cleveland)深恐五一节会成为纪念干草市场激进者的日子。在他的推动下,美国国家的立法者一致将9月的第一个星期一定为劳动节,也就选择站在骑士团这边,而不是国际工人联合会这边。这个节日(现在是国定假日)和展现工人阶级力量之间的联系中断了。很多美国人利用这个周末作为享受夏日短假的最后机会,大学和专业的橄榄球队多半在这个周末前后几天开始秋季赛季。但在 2007 年,全国的矿业和钢铁业工人联合会选择在劳动节宣布他们支持民主党的约翰·爱德华兹(John Edwards)作为 2008 年总统大选的候选人。残存的记忆将劳动节和有组织的劳工联系到了一起。

在美国和世界其他地方,抗争政治没有在 2007 年劳动节这天停摆。框 7.1 罗列了路透社(Reuters)和英国广播公司(BBC)当天的新闻头条,表现出世界范围抗争表演的多样性,也让我们回想起不同类型的政权按照各自特点容纳了不同抗争剧目的说法。比如在孟加拉国,我们看到了军事政权在紧急状态统治下逮捕了自己的对手、前总理卡莉达·齐亚夫人(Begum Khaleda Zia)。在美国,我们看到民选总统布什在国务卿康多莉扎·赖斯(Condolezzaa Rice)和国防部长罗伯特·盖茨(Robert Gates)的陪同下,前往美国占领的伊拉克地区,并同时向美国公众展现了美国在伊拉克的军队及伊拉克被围攻的民众。同一天,英国军队从之前控制的伊拉克城市巴士拉(Basra)撤出。

框 7.1　2007 年 9 月 3 日路透社和英国广播公司报道的抗争政治

达卡	孟加拉国前总理卡莉达因贪污被捕
华盛顿特区	白宫表示布什总统突然访问伊拉克
巴士拉	英国(军队)撤出伊拉克城市巴士拉
喀布尔	阿富汗塔利班立誓绑架和杀害更多外国人;有人在喀布尔机场爆炸中身亡;反抗者在阿富汗的冲突中丧生
金仕顿	牙买加人参加投票,对近期的政治暴力非常警惕
加德满都	尼泊尔警方在爆炸事件后开始搜寻工作
喀土穆	苏丹阻止反对派律师诋毁警方
弗里敦	塞拉利昂反总统势力因为迫切想要结束暴力冲突,同意不使用私人武装

金沙萨	刚果东部进入"战争状态";刚果军队被派去平息反叛
布宜诺斯艾利斯	数百名阿根廷人向乌拉圭的一间造纸厂表示抗议
加拉加斯	委内瑞拉释放了 27 名三年前因密谋反对总统乌戈·查韦斯（Hugo Chávez）而被捕的哥伦比亚人
哥本哈根	年轻人冲击丹麦警方
布鲁塞尔	大量骑着自行车说荷兰语的比利时人包围布鲁塞尔
贝鲁特	黎巴嫩武装力量搜寻一支前一天从巴勒斯坦难民营里逃出的武装力量的残部
科伦坡	斯里兰卡军队"占领了叛变基地"

　　阿富汗似乎比伊拉克更像"屠杀场"。复活的塔利班和一撮半独立的民兵为了所在地区的控制权开战。尼泊尔、苏丹、塞拉利昂、刚果共和国、黎巴嫩和斯里兰卡都在解决内战遗留的问题，各国中央政府都想扫除大批拥有武装的反对派力量。在石油储量丰富且日益专制的委内瑞拉，总统查韦斯为推动拉丁美洲的团结，大手一挥释放了 27 名哥伦比亚因犯，这些人曾在 2004 年参加了一次试图反对查韦斯的政变。两个月之后，纽约的监察机构"自由之家"认为委内瑞拉等地区的"独裁政权日益反对民主化"（Freedom House 2007f）。

　　如果把 2007 年 9 月 3 日新闻里的政权放到权能—民主定位图里，就能对政权进一步加以分类。图 7.1 表现了我对 2007 年政权的定位。我们可以从该政权的定位和盛行的抗争剧目之间看到怎样的相互回应？在牙买加、阿根廷、丹麦、美国和比利时这些相对民主的政权里，我们看到不同版本的社会运动剧目。尽管武装团伙带来的持续危险可能会中断选战，但牙买加人依然使用了这种形式。阿根廷人或多或少以和平的方式示威，反对它们认为会把污染输送到本国的乌拉圭造纸厂。

丹麦警察和青年示威者发生冲突，后者向警方投掷石块并焚烧汽车，原因是抗议政府关闭一间临时的青年中心。说荷兰语的比利时人采用了一种新形式的示威，以庞大的骑行队伍包围了法语区城市布鲁塞尔。

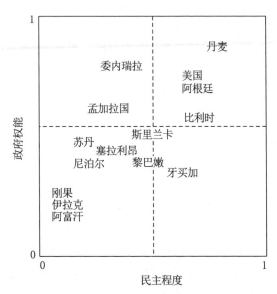

图 7.1　2007 年 9 月 3 日的新闻中各政权的权能—民主定位

资料来源：根据 Freedom House 2007b 辑出。

尽管相对民主的政权也会出现暴力，但整体来说，在这类政权中诉求伸张的人缺少武器装备，所以当局不必花费太大力气就能压制他们的表演。在政权定位图上半部分（高权能）的政权里，当局会使用武力，引发了或者密切监视诉求伸张的表演，而造就其中大量抗争诉求的是没有武装的平民。在定位图的中偏下部分，参与抗争的更多是自发武装的团体，斗争时经常谋杀公众人物或者互相残杀。刚果、伊拉克、阿富汗位于定位图的底部,尼泊尔、黎巴嫩和牙买加都有很高的集体暴力的比例。由于中央政府的控制较弱,各时各处的低权能政体比高权能政体面对更多不同种类的诉求伸张的形式。

第六章说明了爱尔兰和英国的抗争表演与政权定位之间的相互回应。本章通过更广泛地展现系统上(尽管不一定完全地)随着政权定位而不同和变化的诉求表演来扩展论证。这种相互回应还有可以改进之处,因为政权过去的抗争经历以及与其他政权之间的关系,都影响政权内流行的剧目。权能—民主定位图的四个部分中分散着非常不同的抗争政治,包括高权能非民主、低权能非民主、低权能民主和高权能民主。此外,定位从一个方块转向任意另一个方块,都会根本性地重塑抗争。本章要回答的问题是如何与为何会发生这样的情况。

解答上述问题要结合自上而下和自下而上两种路径。自上而下地看,统治者正试图强加一系列指令型、容忍型和禁止型的诉求伸张的表演。非民主政权整体比民主政权指令更多的表演,容忍更少的表演,禁止更多的表演。但低权能的政权缺少实施指令的能力,所以很多抗争诉求就摆脱了政权的控制。多数民主政权比非民主政权指令极少的表演,容忍大量的表演,积极压制禁止的表演。相对低权能的民主政权自然又容忍了大量的诉求伸张表演,在各时各处经历了大量不同的表演形式。对于统治者不能接受的诉求、诉求者和表演,只是部分成功地加以禁止。

自下而上地看,政权特点成了政治机会结构。政权的开放性、精英的一致性、政治联盟的稳定性、获得盟友的可能性、压制和促进,以及上述因素的变化速度,决定了潜在诉求者面临的机会和威胁。诉求者采取行动的能力仰赖可用的诉求伸张的形式(抗争剧目)和诉求者之间的联系(抗争的社会基础)。正如我们所见,根据剧目和社会基础在权能—民主定位图中的位置,两者都有很多类型。即便是像 19 世纪爱尔兰和英国这样紧密相连的政权,两者的剧目、社会基础和政治机会结构都大相径庭。

结合自上而下和自下而上的解释,可以明晰单个的表演和整个政权之间的联系。国家行动对诉求者有能力增加的不同表演的可行性和可能的结果,都(根据政权类型而有所不同)设定了限制。表演日渐增加的情况也确实出现,并塑造或重塑了政权。塑造和重塑的方式是助长压制和促进的力量,建立或打破诉求者和其他角色之间的联盟,成功或失败地推动政权变革的直接要求。我们在英国看到了针对《宣誓法》和《市政机关法》的废除、《天主教徒解放法》和议会改革的一波波动员,都重塑了政权。如果进一步关注劳动节这天每个政权的头条新闻的细节,我们会发现阿富汗、黎巴嫩、阿根廷、比利时和所有我们清单上的国家,都出现了类似的重塑。

民主、权能和抗争

总部在纽约的"自由之家"每年给出的评分,对我评估图 7.1 里的政权的民主程度(而非国家权能)提供了独立的确认。1972 年后,"自由之家"每年对世界上每个被承认的独立国家进行评分。它用细致的问卷考察政权表现,并解读回收的由有经验的政治分析师设计的问卷中的答案。"自由之家"把自己的专业评判归结为两类,即政治权利和公民自由。在每一类中,国家得分在1(最满意)到7(最不满意)之间。所以1,1(政治权利和公民自由度都是最高)是任一政权可以得到的最好分数,而7,7是最差的。

图7.2展现了2007年劳动节这天涉及抗争政治的头条的15个政权的评分分布,数据取自"自由之家"对2006年的评分。很显然,政权得分大多落在对角线上,即在政治权利和公民自由上获得相近的分数。这种情况的出现部分确实是因为"晕轮效应"(halo effect),即一个人在打分的时候如果给了某政权的政治权利某分数,则很可能给同样的政权的公民自由类似的分数,反之亦然。部分是出于真正的原因,即政权环境以同样的方向推进政治权利和公民自由,政治权利和公民自由相互影响。但图中仍有没有落在对角线上的结果。刚果公民自由(6分)

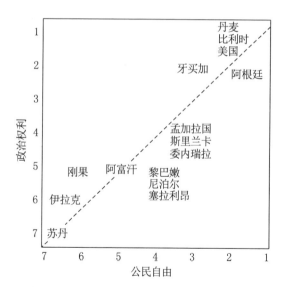

图7.2 2006年"自由之家"对所选取政权的政治权利和公民自由的评分

资料来源:根据 Freedom House 2007b 汇编。

得分低于政治权利(5分),牙买加的公民自由(3分)得分低于政治权利(2分)。如果我们综合两项分数(也就是沿着对角线的落点)作为对该政权民主程度的粗略评估,那么会发现该分布和图7.1里的分布很相似。

对两组数据的比较体现出国家权能的重要性。国家权能影响了抗争政治的特点。民主程度相近的阿根廷和牙买加在权能上差异显著。高权能的阿根廷政府尽管没有达到丹麦政府的政治控制力,但对抗争政治的干预要比牙买加政权有效得多(Tilly 2007:4—6)。

我们先不看所有15个政权的情况,先在权能—民主定位图的四大块中每一块选取一个案例来观察,如牙买加、尼泊尔、孟加拉国和丹麦。"自由之家"对四个政权的打分非常不同,牙买加:2,3;尼泊尔5,4,孟加拉国4,4,丹麦1,1。根据我对国家权能的粗略估计,丹麦的权能要比牙买加高很多,孟加拉国的权能相对尼泊尔要高。我们由此可以比较四个政权2006年和2007年关于政治抗争的报告,以了解情况是否符合我对于政权定位图有效性的整体判断:低权能非民主区块(尼泊尔)有更高程度的暴力、更自主地依靠武力的政治角色,以及更少有效的政府干涉;而低权能民主的区块(牙买加)中,更多的政治采取了社会运动的形式,且与极为自主的依赖武力的人结合在了一起。

牙买加:低权能民主。1962年,牙买加从英国手中独立,沿用英国式的议会民主制度(仍然有一名被英国君主任命的总督),但中央政府从来没有获得过对其民众拥有的资源和活动的有效权力。牙买加警察无惧被检举和内部纪律,经常根据自己的意愿使用暴力。哥伦比亚的可卡因贸易的繁荣,靠的是直通美国的有利可图的买卖。毒品走私团伙(通常被称为"武装队")享受政治上的保护。选举期间经常出现游击队团伙之间的斗争。对男女同性恋和艾滋病受害者的频繁袭击大部分不会受到惩罚。司法系统效率低下又专断。该国还是全世界谋杀率最高的国家之一。简言之,牙买加有典型低权能民主的大众政治。

"自由之家"2006 年对全世界自由度的年度调查中,认为 P.J.帕特森(P.J. Patterson)政府:

> 面临大多由从事有利可图的毒品贸易的团伙引发的工人起义和日益增多的暴力犯罪,并且贸易活动还和地方上的政党大佬有松散的联系。2000 年,帕特森承诺,为了遏制牙买加"猖獗的犯罪",要引入新的枪支管理手段,打造一股新的打击有组织犯罪的警察力量,并且恢复死刑。这些保证源自国内重要的旅游产业的领袖和各行各业的牙买加人的要求,希望结束过去 20 年里螺旋式上升的街头暴力。犯罪浪潮已经损害了地方商业,赶走了岛上大量中产阶级的牙买加人(Freedom House 2007d:1)。

除此之外,牙买加的两党制体系保持活跃,在野党有着可观的影响,偶尔还能执政。2006 年 2 月,与帕特森同为人民国家党(People's National Party)成员的波西亚·辛普森·米勒(Portia Simpson Miller)取得了《年度纪事》所谓"激烈而引发分裂的选战"的胜利,成为该国首位女总理。她很快就尝到了污点的滋味:"10 月,政府被控不正当地接受了一笔来自荷兰石油商人的 47 万美元的捐献。尽管如此,辛普森·米勒不承认自己做错了什么事。捐献被还回,处在整个丑闻中心的信息部长科林·坎贝尔(Colin Campbell)辞职"(*Annual Register* 2007:150)。该国最大的缺陷不是民主而是政府权能。

尼泊尔:低权能非民主。在过去的 200 年里,尼泊尔采取的是一种相对高权能的君主制。国王马亨德拉（Mahendra）在1959年允许组织大选后面临了左派的胜利，并立刻重新加强了专制统治。但在1990年，尼泊尔共产党各派组织了支持民主的集会，说服国王比兰德拉（Birendra）向政党开放权力系统。（与此同时，遭不丹和印度驱逐的数千名尼泊尔族裔的人士回到尼泊尔，政府为安置他们建立了难民营，而难民营就很可能成为反政府动员的中心。）在继之而起的政党斗争中，由于毛派政党在1996年发起了大规模的乡村叛乱，国家大量丢失权能。

2002年，国王派出自己的军队去镇压叛乱，从而让暴力升级。2005年，国王贾南德拉（Gyanendra）宣布国家处于紧急状态，试图对所有政治性的组织实施严格控制，调用了国家安全部队平定政治示威（Amnesty International 2007b），但无法遏制毛派。

实际上，毛派在2005年与其他党派组成了反政府的联盟。2006年，联盟组织了非常有效的人民运动（Jana Andolan），包括反政府示威和罢工，并与安全部队发生冲突。政府军杀死了18名抗议者，打伤了大约4 000人。多次交手之后，国王同意重新召开议会，削弱王室的权力。《年度纪事》2006年的报告将那个时刻描述为一次小规模的革命："这一年发生了一次大的政治动乱，为了组建基于政党的政府，君主权力终于弱化，反过来触及毛派的反叛者，让他们收敛，至少此时结束了从1996年开始的超过1.2万人丧生的内战"（*Annual Register* 2007：298）。

2007年，毛派和非毛派不稳定的联盟掌权，但很快就失去了对尼泊尔乡村的控制。尽管毛派名义上放弃了他们的"人民战争"，还是没有解散青年共产者团的突击队（*Economist* 2007：53）。而且，联盟为真相与和解委员会草拟的法案，看起来更像是为两方的政治罪犯的大赦，而不是为受害者带来正义的举措(Human Rights Watch 2007d)。

所以尼泊尔和牙买加不同,该国中央政府是过去几年从公开和激烈的内战中涌现的,还没恢复对国家整体控制的有效权力。如2007年"自由之家"的报告所言:

> 在骚乱的背景下,政府和毛派都被控违反人权,影响了整个国家,自1996年来杀害了大约1.3万人。2006年4月之前,军队和装备简陋的警力都定期被卷入对被怀疑是毛派的人及其所谓支持者的非法谋杀、失踪、任意逮捕和监禁、强奸以及严刑逼供的案件。(人权委员会)记录了2001年以来数千起不符合法律程序的处决,以及过去几年里数百起失踪案,让尼泊尔成为世界上有记录的失踪人口最多的国家。2005年3月的"人权观察"(Human Rights Watch)非常详细地报告了这个现象,发现被报道的意外数量可能少于实际数量(Freedom House 2007e)。

而且军队依然拒绝为统计失踪人口的工作提供任何帮助。比起牙买加,尼泊尔被抗争政治同样的黑暗面蒙上了更大的阴影,但牙买加起码补偿到一些民主特性。可以想象,如果安置了尼泊尔交战的各个派系,那么就会推动整个政权向民主发展。但劳动节这天报道的加德满都的爆炸事件告诫我们,尼泊尔要实现低权能民主还有很长的路要走,实现高权能民主的道路更加遥远。由于尼泊尔对抗争政治、自发的依靠武装的力量和高水平的集体暴力都缺少有效的国家干预,所以将其置于权能—民主定位图中低权能非民主部分是合适的。

孟加拉国:(相对)高权能非民主。孟加拉国并非解说高权能非民主政权的最佳案例,因为国家权能水平只有中等偏上。该国采用的政治经济体系是全世界最腐败的之一(Human Rights Watch 2007b:5)。然而,孟加拉国和尼泊尔的差异显而易见。孟加拉国同时采纳、操纵和破坏各种形式的选举和政党政治,这点远超尼泊尔。孟加拉国政府最热心的对手不是共产党人,而是穆斯林。两个主要的政党在选举中获得的支持数量极为接近,所以很愿意和小型伊斯兰教团体结成同盟。

反对派采取的方法不是控制自己的飞地,而是通过参与选举政治和袭击当权派的做法来积极介入。"自由之家"是如此描述这种情势的:

> 政治权力频繁易手,选举则是竞争和残酷对垒的极端事件。胜利的一方发现没必要建立共识,而失败的一方常常诉诸抵制、罢工和示威来实现自己的目的。近年来,示威和大罢工中的政治暴力已经在大城市中杀死了上百人,弄伤数千人,警察经常对反对派示威者使用过多的武力。政党领导人也是被袭击的目标。2006 年9 月,5 名(人民联盟[Awami League]的)领导人被街头示威者殴打并且伤势严重。地方非政府组织(NGOs)的报告称,在 2005 年由于政治所引发的暴力冲突中,超过 300 人被杀死,大约 9 000 人受伤。政党的学生组织继续卷入了暴力的校园冲突中(Freedom House 2007a:3)。

"人权观察"还指出,精英的警察部队承认参与了 2006 年数百起非法谋杀案(Human Rights Watch 2007b:2)。

"自由之家"把孟加拉国的政治权利和公民自由放到了比较低的 4,

4,正好是中间值,民主程度略高于尼泊尔,显著高于阿富汗、伊朗和刚果。和低权能非民主政权显著不同的是,孟加拉国的政府力量积极参与了国家不同形式的集体暴力,不管是作为代理人还是客体。

和非常高权能非民主的伊朗不同,孟加拉国为确保对公共政治的控制而积极斗争,也常常失败。比如在 2007 年,看守政府首先宣布国家进入紧急状态,然后宣布迫于主要政党的压力,在局势部分缓和之前全面禁止政治活动(Human Rights Watch 2007c:1)。在国家处于紧急状态期间,政府当局拘留了超过 25 万人(Human Rights Watch 2007a:2)。

丹麦:高权能民主。丹麦并不缺少抗争政治,比如近期针对穆罕默德的漫画的争议,以及普遍的针对国内小部分穆斯林少数族裔对权利的要求的争议。大赦国际在报道 2007 年的情况时指出:"针对难民、寻求庇护者、所有少数群体(尤其穆斯林)的日益加重的不宽容和排外情绪,也日益引发关注。明确以反恐为目标的新法律扩大了范围和宽度,让人们日益关注其对基本人权的影响"(Amnesty International 2007a:1)。

实际上,丹麦警察在 9 月 5 日逮捕了 8 名被怀疑正在策划炸弹袭击的穆斯林,但立刻释放了其中 6 人(Reuters, 5 September 2007)。一个月之后,"10 月出现了新危机,一段正在流传的视频片段中显示,右翼的丹麦人民党青年团成员在夏令营中,组织了一场给穆罕默德画漫画的比赛,引起了恐慌。首相立刻介入,谴责了比赛和视频的内容"(*Annual Register* 2007:55)。

但恐怖袭击并没有终结丹麦的抗争。2006 年到 2007 年间,年轻人多次和哥本哈根的警察发生冲突,原因是后者关闭了一间青年活动的场所(见我们的劳动节头条里的内容)。然而,自 1909 年开始,联合政

府的执政一直相对和平。丹麦总体表现出了所有高权能民主政权的社
会运动政治令人熟悉的特点。

牙买加接连不断的动荡,尼泊尔内战之后的分裂,孟加拉国持续的
对抗,还有丹麦容纳的抗争,表明了不同类型国家政权引起的政治抗争
的形式有着根本上的不同。显然,我早先描绘的剧目和政权之间广泛
的相互回应可以比较定位图中不同分区的情况。我们在爱尔兰和英国
看到了相互回应也出现在纵向比较中,即政权变则剧目变。但如果观
察时间上的变化,能确认政权变化和剧目变化之间的因果联系。让我
们来看一下委内瑞拉丰富和令人惊叹的抗争历史。

委内瑞拉的政权和抗争,1905—2007 年

1900 年以来委内瑞拉的历史记录了公共政治(包括抗争表演)中国
家权能和民主变化的影响。这展现了一个长期存在的位于权能—民主
定位图中的低权能非民主政权(所以是极为暴力的)的情况,但后来走
向了强势的民主国家的道路。差别是由于国家对石油收入的控制造成
的,这种控制也阻止了全面的民主化,最终将政权的轨迹带向了高权能
非民主的部分。

委内瑞拉从西班牙帝国中独立出来经历了若干阶段。1810 年时是
一个叛变省,1819 年是西蒙·玻利瓦尔(Simón Bolívar)的大哥伦比亚
(Gran Colombia)共和国的一部分。1830 年,当玻利瓦尔去世之后,委
内瑞拉成了一个独立共和国。到 20 世纪早期,委内瑞拉上演了一出拉

丁美洲常见的包含军事独裁者、军事领导、政变和偶尔的平民执政的乏味戏剧。大地主从未成功实现军事上的相互谅解，而这些在阿根廷和巴西的主要地区都实现了（Centeno 2002：156）。1908 年，由胡安·比森特·戈麦斯（Juan Vicente Gómez）将军领导的政变带来了一个新时代。戈麦斯统治委内瑞拉长达 27 年，直到 1935 年去世。他建立了国家军队，其中的长官多半和他一样来自安第斯地区（Rouquié 1987：195）。他通过把大片土地分给对他忠心的买主的方式，巩固了自己的统治（Collier and Collier 1991：114），并未遭遇早期委内瑞拉政权经常出现的更替。

戈麦斯的统治维持的时间比前任都长，至少部分原因是 1918 年委内瑞拉开放了自己的油田，很快成为全世界主要的石油供应国。石油将委内瑞拉的经济支柱从咖啡转向了能源，最终是能源支撑的制造业。正如我们所预期的，这也帮助独裁者在统治中远离大众共识。戈麦斯在整个任期内都抵制任何大规模群众组织的建立。

但放弃农业经济不可避免地增加了工人和学生的数量。他们是相对弱小的反对派好战分子的后备力量。1935 年戈麦斯死后，委内瑞拉的精英联合起来，建立了选举总统制，将总统任期限制为 5 年，同时抵制左派的活动家（如共产主义者）。第一位选举出来的总统是另一位来自安第斯的将军埃莱亚萨·洛佩斯·孔特雷拉斯（Eleazar López Contreras），他用了国家一部分的石油收入来提供国家福利，从而获得大众支持，清除左派力量。

这种模式在 1935 年之后延续了很久。确实，委内瑞拉（无论是通过选举还是军事力量当选）的执政者总是宣称他们的做法是为了走向民主。1947 年，委内瑞拉的成人普选权制度化了，此后一直沿用。而且，中间派社会民主派政党民主行动（Acción Democrática），确实为大众动员提供了载体，支持有组织的劳工（Collier and Collier 1991：251—270）。石油收入同时让统治者不必与公民双向磋商。1948 年到1958 年管理委内瑞拉的军政府宣称，自己夺权是为了排除之前民粹派的军事政府对民主施加的威胁。这个派别获得了教会、缴纳高额税收的外国公司和传统精英的支持（Rouquié 1987：196）。

但军政府领导人的做法像军事技术专家。他们采用了扩大石油收入的方法，财大气粗地延续着公共工程和福利项目。委内瑞拉国内企业和改革的活动，共同推动了领导人之间的合作，让指定的私人部门更容易参与国家领导的项目中（Hirschman 1979：95—96）。这也让大量公民远离关于经济发展和福利的辩论。石油收入将统治者和被统治者两者隔离开了。

1954 年开始由马科斯·佩雷斯·希门尼斯上校（Colonel Marcos Pérez Jiménez）作为长期幕后推手的执政的军政府，此后把石油开采权转让给了外国（尤其是美国）的公司，进一步增加石油收入。为了顺应美国的冷战政策，军政府也越发认为自己是美国的同盟，是反对共产主义的壁垒。此举取得成功后，佩雷斯·希门尼斯大大压缩了自己国内力量的基础，甚至疏远了大批军事官员。1958 年，一次由大量民众支持的军事政变剥夺了军政府的权力。这次政变及其平民同盟很快要求组织民主选举，平民罗慕洛·贝坦科尔特（Rómulo Betancourt）当选总统。他的当选让很多观察家认为委内瑞拉最终走上了民主的轨道。

实际上，军方从来没有远离权力的王座。但 1958 年之后，委内瑞拉基本还是由平民统治。军事力量直接干预国家政治的情况只有一次。1992 年，两次失败的政变让未来的总统乌戈·查韦斯·弗里亚斯(Hugo Chávez Frías)中校进入公众的视线。当时两个精英政党艰难地交替执政,一个是温和派的社会民主党,一个是温和派的基督教民主党。但迈克尔·科佩基(Michael Coppedge)在1993年写道,政党统治(尤其是和强力的总统制结合)实际上会对民主施加严格的限制:

> 在委内瑞拉,政党垄断了选举过程,主导了立法过程,政治上渗透了相关组织,以至于危害了民主的精神。让人沮丧的后果是,在某些民主国家里理所当然出现的非正式代议制渠道,如利益团体、媒体、法院和观点独立的领袖,都被极端的政党统治所抵制。没有在竞选之间给予代表有效的渠道表达他们的利益,公民对政党和民主政权的认识也就祛魅了(Coppedge 1994:2)。

所以总统和两个政党之间是合作还是对抗,主导了委内瑞拉公共政治的节奏。大众的声音还是次要的。处理潜在对手的规则就是专权和特权。官员可以作出强势的决定,不用担心有力的大众反对。例如,委内瑞拉在没有咨询公众的前提下就成了石油输出国组织成员国(Organization of Petroleum Exporting States,也就是同业组织欧佩克[OPEC])积极的组织者。该国也用石油收入实施了雄心勃勃但惨淡收场的计划,即将委内瑞拉建设成为汽车生产大国。

当1973年欧佩克将油价提高七倍之后,总统卡洛斯·安德烈斯·佩雷斯(Carlos Andres Pérez)扩大了过去的政权建设的公共工程项目。他也在1975年把石油业国有化,还向全世界借了未来的石油收入。外债(包括来自国际货币基金组织[International Monetary Fund,

IMF]的压力)在此后的 20 年里不停折磨委内瑞拉政府。尽管一些委内瑞拉人变得非常富有,但对民众来说生活水平在 20 世纪 70 年代之后剧烈下降。

佩雷斯在他的第二个总统任期(1988—1993)中付出了代价。他在竞选总统的活动中着力强调公共工程的项目和遏制物价,但当选之后很快就处于国内和国际金融家的压力之下了。1989 年,佩雷斯宣布紧缩计划,包括减少政府开支和提高公共服务的价格。计划执行之后,很快就引发了广泛的大众抵抗。

比如 1989 年 2 月到 3 月在加拉加斯出现的暴力活动,是从通勤族和公交司机之间的冲突开始的,后者想要用新价格收费。此事很快就发展成对市中心商店的洗劫。在加拉加斯,军队开始整顿街道,导致 300 人死亡,超过 2 000 人受伤。在 3 月的头两个星期,委内瑞拉的 16 座城市爆发了类似的事件。冲突由此以"加拉加斯事件"(El Caracazo)或"让人震惊的事件"(El Sacudón)著称。这开启了未来十年的抗争和政权变化。

查韦斯和玻利瓦尔党人

冲突不止出现在街道。在 20 世纪 80 年代早期,一些民族主义的军队官员组织了名为"革命玻利瓦尔运动"(Revolutionary Bolivarian Movement)的秘密网络,领导人是伞兵部队的官员乌戈·查韦斯。在 1992 年的军事政变中,玻利瓦尔党人几乎夺权,但此举失败让查韦斯入狱。数月后,当另外一批更高等级的军官想要夺权时,查韦斯还在监狱里。军官们占领了电视台,播放了一段录像。让政变领导人惊恐的是,查韦斯的支持者已经把录像片替换成他们的了,查韦斯代替军政府宣布政府倒台。自从这次在媒体上出现之后,查韦斯继续在监狱里待了两年。

1993 年,查韦斯依旧在铁窗中煎熬,委内瑞拉议会以腐败罪控告总统卡洛斯·安德烈斯·佩雷斯,并剥夺了他的公职。佩雷斯的继任者拉斐尔·卡尔德拉(Rafael Caldera)很快面临国家银行的崩溃,暴力犯罪骤增,关于新一轮军事政变的谣言,还有他自己被指控腐败。当查韦斯出狱进入政坛之后,大众需要政治上的整顿和增强。前科犯查韦斯开始竞选总统。

查韦斯将自己的形象定位为平民主义者并以巨大优势获胜。1999年执政之后,查韦斯的支持者和反对者之间的街头冲突增多。同年晚些时候,新总统对菲德尔·卡斯特罗(Fidel Castro)统治的官方社会主义国家古巴进行了国事访问,让他想要改变政府及其全球地位的计划变得戏剧化。他将自己的国家更名为委内瑞拉玻利瓦尔共和国。他也开始压榨国家的石油公司,即委内瑞拉石油公司(Petróleos de Venuzuela),以获得更多的石油收入,并不断剥夺其虚有的自治权。委内瑞拉进入了有关国家未来的抗争的新阶段。查韦斯将这个未来定义为玻利瓦尔式的民主。

2000 年 6 月,查韦斯在秘鲁利马(Lima)的安第斯共同体(Andean Community)大会上发言,否认他上任之前的委内瑞拉是民主的。他表达了自己对民主的看法:

我们在委内瑞拉的人对玻利瓦尔式民主有自己的看法,这可能是一个大胆的看法。我们想让玻利瓦尔式的思考尝试指导我们的人民,尝试建立播种那样的观念,建立那种新模式。比如,1819年2月15日玻利瓦尔在安古斯图拉的大会(Congress of Angostura,这次会议中诞生了哥伦比亚的概念)的演说中表明,最完美的政府体系是尽可能给予人民最大程度的社会安全、政治稳定和幸福(Chávez 2002:3)。

查韦斯还说,玻利瓦尔式民主会推动政治平等,建立极端自由和独裁之间的"幸福平衡"。简言之,他描述了一种令人熟悉的拉丁美洲式的自上而下的平民主义,和他积极抵制的西方模式的民主相反。他的模式提供大量选举,但除此之外,在统治手段方面给大众磋商和共识只留下很小的空间。此外,还效仿了玻利瓦尔,以对抗外国势力支配(现在尤其是美国)为特点。

其后八年,查韦斯用自己对石油收入的控制来稳固政权,钳制反对派,支持拉丁美洲其他地区的平民主义运动,甚至压制了对美国日益增加的敌意。他在2002年的政变中幸存下来,处置了2002年到2003年间来自国家石油公司的抵制和同一时期的大罢工,以及2004年得到美国支持的新一轮全民公决。每一步他都用越发严酷的镇压来应对。查韦斯主导的立法机构控制了高等法院,扩大了禁止侮辱或表现出对总统不敬的范围,监视大众媒体。同时,法院起诉了越来越多反对政权的人。

查韦斯得到了委内瑞拉大量穷人的重要支持。但他也和其他食利国家的首脑一样,依靠国内以石油致富的人,使他的统治方式可以绕开抵抗。2006年,政府控制了过去由外国公司运作的7块油田,让剩余的

外资公司支付更高比例的销售额表示忠诚,支付比例从六分之一上升
到三分之一。为了回应他在 2000 年安第斯共同体上的讲话,2006 年,
查韦斯告诉一个支持他的访谈者,"我们正在建立真正的民主,每个人
都有人权、社会权利、教育、医疗、养老金、社会安全和工作"(Palast
2006:2)。但他没有提到给反对者的权利以及建立共识。

　　第一次的时候,这些当然没有发生。图 7.3 追溯了委内瑞拉自
1990 年起的曲折轨迹。在进入 20 世纪时,该国经历了 70 年低权能非
民主的政权,孱弱的国家反复被军官统治。在戈麦斯专制的时期,1918
年开放委内瑞拉的油田之后,国家权能骤增。这些新的自上而下的控
制,让戈麦斯对不民主的政权进一步去民主化。1935 年戈麦斯死后,委
内瑞拉的寡头组织开始了有限的民主化,继续用石油财富的力量增加
国家权能。

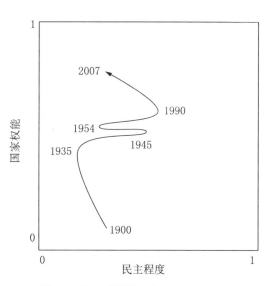

图 7.3　委内瑞拉的政权,1900—2007

1948 年的政变很快让政权再度去民主化,国家的不民主程度倒退到了戈麦斯去世的时候。之后,一系列的干涉性政府持续提升国家权能,推动了另一阶段的微弱民主化。即便查韦斯到来的时候以强势的平民主义者自居,但还是延续了一个趋势,并转变了另外一个,即以牺牲民主为代价,建立了委内瑞拉有史以来最高的国家权能。1900 年到 2007 年,委内瑞拉几乎没有踏入过民主的领域。但石油收入使委内瑞拉成为极度高权能的国家。

1972 年起,"自由之家"每年都为包括委内瑞拉和所有其他国家在内的独立政权的民主程度打分。图 7.4 追溯了委内瑞拉从 1972 年到 2007 年的评分,共有两个低谷,但政治权利和公民自由整体都在下跌。委内瑞拉从来没有达到过 1,1 或者 7,7,但在评分系统的两个维度里大幅变动。1976 年总统卡洛斯·安德烈斯·佩雷斯的任期得到最高分(政治权利 1 分,公民自由 2 分),并在 1986 年[*]之前都维持了这个高分。这个分数让委内瑞拉与法国和爱尔兰这类铁杆民主国家同列,而因为对少数族裔的态度,导致政治自由得分略低。1999 年,分数急转直下达到 4,4(这一年查韦斯继任总统),并在 2006 年到 2007 年再次达到低点(这一年查韦斯进一步加强对行政权力的控制)。

简言之,随着 20 世纪 70 年代石油财富的暴涨,让委内瑞拉看似成为一个正在民主化的国家,并不定期倒退到更低政治权利和公民自由的程度,用我们的术语来说就是去民主化。同时,委内瑞拉的国家权能持续上升。高权能非民主的政权由此显现。正如我们所预期的,该国盛行的抗争表演也随之变化。

---

    * 根据图表,疑为 1996 年而非 1986 年。——译者注

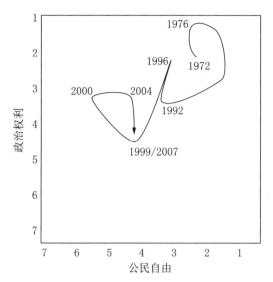

图 7.4 "自由之家"对委内瑞拉的评分,1972—2007 年

资料来源:根据 Freedom House 2002,2007b 汇编。

　　由于过去没有人把委内瑞拉 1972 年到 2007 年之间的抗争情况进行分类,对我们的研究来说有些不利。但玛加丽塔·洛佩斯-玛雅(Margarita López-Maya)与她的合作者,已经为 1985 年到 1999 年之间被他们定义为"抗议"(protests)的事件分类,也对 1999 年在加拉卡斯出现的抗争进行了细致研究(López-Maya,1999,2002,López-Maya,Smilde,and Stephany 2002)。这个时期囊括了总统海梅·卢辛奇(Jaime Lusinchi)最后几年的任期,以及卡洛斯·安德烈斯·佩雷斯第二个总统任期(1989 年到他 1993 年接受指控),跨越了被围攻的拉斐尔·卡尔德拉的任期,一直到 1998 年查韦斯参加选战,并在 1999 年当选总统。

　　1989 年,当佩雷斯在自己的第二个任期的开始采取了紧缩手段之后,广泛的大众抵抗(即所谓加拉加斯事件或让人震惊的事件)在加拉加斯和其他16座委内瑞拉城市出现。最先是针对公交司机的袭击,因为后者想要收取政府已经许可的新的车票价格。但很快

> 大批民众占领了城市几条最中心的街道;他们设置路障,焚烧公共汽车、私人汽车和轮胎。(他们还冲入并且洗劫了货品价格昂贵的商店。)本来,加拉加斯的都市警察当时已有一个月没有拿到工资,于是他们加入了大众的狂热活动,帮助确保抢掠有序进行。人们呼喊标语,反对整体高昂的生活开支,反对增加的公交费用,反对政府一整套紧缩政策。有些袭击之后还有人演唱国歌,人们还在多处挥舞旗帜(López-Maya 1999:220)。

根据洛佩斯-玛雅及其合作者的事件分类,表演可以分成六大种:街头行进、在主要街道设置路障、占领或者入侵主要的公共空间或建筑,"骚乱"(示威者[尤其是学生]与警方在街头的暴力冲突)、焚烧汽车和(更常见的是)轮胎、抢劫商店(López-Maya,1999:224—231,2002:208—213)。洛佩斯-玛雅指出,1989年,委内瑞拉人也尝试关上所有灯来抗议电价上涨,上街时带着煮锅和煎锅发出噪音。但1985年到1999年的公众抗争主要还是采取了行进、封锁、占领、骚乱、纵火和抢劫的形式。委内瑞拉人明确建立了他们自己独特的抗争剧目。

图7.5展示了1985年到1999年间六种主要表演的波动情况,清楚表现出所有公开诉求伸张的形式都在1989年加拉加斯事件中出现,1991年之后出现的整体频率再次增加,到20世纪90年代晚期从极高点跌落,但很快在1999年复苏,原因是当时查韦斯竞选获胜后,他的党

羽和对手在快速实施他的平民主义方案时发生冲突。我们或许会对洛佩斯-玛雅及其合作者对于事件的分类停止在 1999 年感到遗憾。但我们也可以确信,查韦斯在稳固权力时,抗争并未消失。相反,2002 年的政变,2002 年到 2003 年的大罢工还有 2004 年重开的公投,都表明了有威胁性的反对派的能量。

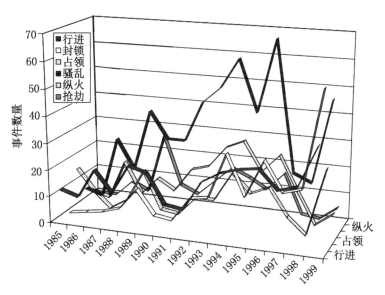

图 7.5　委内瑞拉的抗争事件,1985—1999 年

资料来源:见 López-Maya,Smilde,and Stephany 2002:18 的第 2 张表格,原始数据来自《国家报》(*El Nacional*)的报道。

但是,失败的反对派力量之后大规模退出了委内瑞拉的选举政治,认为查韦斯式(chavista)的选举当局会给他们差别待遇。少于 30% 的成年民众参加了近期的选举。当 2006 年查韦斯以 62% 的比率重新获得选举胜利之后,他将查韦斯式的政治机器重塑为委内瑞拉统一社会主义党(the United Socialist Party of Venezuela)。委内瑞拉多数的中产阶级还是反对派,但他们大量从选举政治中退出后还进一步减少了他们在政府表现中的影响。

洛佩斯-玛雅记录了十几年间政府认定有罪的诉求伸张表演,比如对占领道路的人判处 8 年监禁(Freedom House 2006a:5—6)。政府也比过去的政权(甚至是 20 世纪 50 年代的军政府政权)更积极和有效地监视和干涉了各种形式的抗争。政府还指定和压制了抗争政治。散见且可以获得的证据表明,指定和压制都在运作。2007 年,查韦斯成功恐吓了国内主要的反对派人士。越来越多的大众政治依据政权指定和资助的形式开展。

那时,集体诉求伸张(包括其暴力形式)大量涌入了委内瑞拉的边缘地区。根据“人权观察”的资料,乡村地主雇用了合约杀手、准军事组织和警察来袭击农民,这些农民占领了根据查韦斯的土地改革分配给他们的土地,而靠近哥伦比亚边界的地方,绑架时有发生(Human Rights Watch 2007e)。除了边缘地区,委内瑞拉的抗争政治表现出高权能非民主政权的典型形态。

其他类型的政权

即便是在日益专制化的委内瑞拉,国家的某些领土还是逃脱了中央的控制。对多数地方来说,本书的研究假设了相对单一的政权,认为其产生相对单一的剧目。现在我必须强调一下“相对”。在墨西哥,萨帕塔派成员(the Zapatistas)表明,恰帕斯(Chiapas)南部地区部分脱离了中央政府的控制,产生了独特形式的抗争政治。在上文中,我们在爱尔兰南部和北部,在苏联解体后的各个共和国,以及本章开头提到的15个政权中的大多数,都看到了类似的分裂。如果进一步观察,所有政权看起来都是混合型的,只是程度不同(Tilly and Tarrow 2006：chapter 8)。所以抗争表演因政权内的地域和社会区段而不同。

尽管由民族组成的国家依然是当代世界主要的政治组织形式,但国际性政权也在形成并影响了抗争剧目。权力的国际性架构塑造抗争并非新鲜事,如果简单回忆一下帝国的历史就会明白。仅仅在欧洲,神圣罗马帝国、奥斯曼帝国、哈布斯堡帝国、奥匈帝国和罗马教廷,都在权力的巅峰对单个的国家产生巨大影响。尽管欧盟对所有成员国可以产生的影响不如奥斯曼帝国巅峰时对自己核心区域的影响,但它无疑创造了一种政治机会结构,这种结构至少是和很多单个国家的政治机会结构相互联系的。而且其他的国际机构,如联合国、北大西洋公约组织、世界银行、国际货币基金组织,都和现有的国家和民族行为体有联系,创造人们能就跨国问题进行抗争的准政权(Tarrow 2005：chapter 11)。

这种联系某种程度上意味着,面临国内相对封闭的政治机会结构的国内诉求者,可以要求外部的联盟直接干涉国内的情况,或代表国内的诉求者来干预从而对国内政府施压。贫穷国家成功地部分减免了债务的国际抗争就使用了这种模式(Sikkink 2005：160)。这种围绕着墨西哥的萨帕塔派成长起来的令人震惊的国际支持体系,表明相似的外部干预也出现在地区层面(Olesen 2005)。所以在次国家和超国家的层面,政权影响了抗争的潮起潮落。

我们必须谨慎对待这片危险的土地,原因有二。其一,即便不同政权中出现相似的诉求,在传播和中间阶段的政治和技术壁垒常常阻碍合作(Hertel 2006)。其二,除了互联网对跨国运动的协调,民族政权的政治继续主导了世界上大部分地区的抗争政治。道格·伊米希(Doug Imig)和西德尼·塔罗为1984年到1997年的欧洲联盟建立了一套抗争事件的分类,其中不到总数5%的事件涉及欧盟议题并且目标行动者在本国之外(Imig and Tarrow 2001)。而且,伊米希、塔罗以及他们的合作者发现,"欧洲抗议者"(Europrotesters)本质上使用了和严格意义上来说只追求地方和本民族的议题的邻居一样的诉求伸张的表演。

伊米希和塔罗的数据也体现出20世纪90年代欧洲的事务和角色的快速反应:

> 欧洲开始越来越多地承认,他们的诉求的来源(尤其是职业造成的)日益出现在了欧洲融合的市场和机构中。在一些情况下,他们开始以跨国的方式组织自己。但当商业联合会发现自己影响布鲁塞尔的欧洲决策者相对容易时,实力较弱的社会角色试图组织跨国活动时,继续面对施加在他们身上的交易成本。所以他们要为自己针对欧洲的政策提出诉求时,继续主要仰赖国内的资源和机会,目标是国内的决策者(Tarrow 2001:237)。

那时(1997年),说英语的人的跨国动员多半叫作反全球化,说法语的叫作另类全球主义(altermondialisme),即另一种世界主义,意味着如果活动家一起努力,可能出现另一种更好的世界,但这两种观念都没有吸引1999年西雅图世界贸易组织会议的示威,以及后来的反峰会活动的注意力。从那以后,蔓延全球的活动家网络通过组织大型和花哨的另类世界主义的呈现,定期回应全球经济会议(Agrikoliansky,Fillieule,and Mayer 2005,Agrikoliansky and Sommier 2005,della Porta,Andretta,Mosca,and Reiter 2006,Wood 2004)。反峰会活动最大的诉求是建立新的表演,与示威、公开集会、请愿活动、发布新闻稿和联盟动议不同,这些旧表演都是 150 年前出现并盛行的国家层面的社会运动。

至少可能有两种巨大的变化正在出现。其一,出现的新类型(次国家、跨国家和超国家)的政权,会塑造自己的抗争政治的模式。其二,出现一系列新的抗争表演(新剧目),会和本书已研究过的剧目竞争。这两种变化都有待透彻的研究,跨国政治研究的学者对此只是刚刚起步。但我们应该继续坚持本章强调的论点。我们应该相信,不同国家层面的国家权能和民主程度的差异和变化,会继续深刻地影响不同政权的集体抗争的特性。

显然,这种解释假设,本书的论点和发现能应用到无论何时何地的人们所遇到的抗争政治。已习得的表演中的抗争支持此说。要延续此说,则抗争与政权特点紧密呼应和回应,随着政治机会结构有所不同并发生变化,仰赖诉求伸张的模式的可用性,建立在潜在诉求者的现有关系上。本书的每一章都在支持这个论点,并且展现充分的证据来支持。

然而,怀疑论者可能会对本书提到的内容给出两种另类解读。首先,他们可能会认为,本书的框架能合理应用在国家仍然是其领土上的主导组织的世界,但对弱国家、没有国家或者混合霸权构成的世界无效。对此,本书论点的范围最多覆盖人类经验的最后几个世纪,尤其是远东和西方。显然我已经不成比例地从那些经验里寻找证据了。因此,对于不掌握那些经验的研究抗争政治的学者,以及未来研究抗争政治的学者来说,他们可能只能从本书的分析中推断出有趣的假设。

其次,本书可能低估了不断变化的组织技术对抗争特性的影响,从而低估了抗争政治现在远离了有专项协会,转向灵活联系的活动家的跨国网络的程度。毕竟,兰斯·贝内特(Lance Bennett)曾经断言:

> 不言而喻,不同技术放大了组织者接近人群,以及为了未来的行动持续接近他们的能力。但社会技术的应用不仅增强了组织的动员能力,也开始转变组织的形式。比如,跨国抗争网络产生与协调了世界范围大量示威活动,但在西雅图世界贸易组织的活动中并没有传统意义上的组织。它主要以网络、电子邮件通信和前面提到的相互连接的站点而存在,更像是一个元机构,或者更好的说法是超机构。这种超机构现在在跨国和其他的抗议网络中已经为人熟知(Bennett 2005:218)。

贝内特将这些强调与跨国动员活力的当前变化联系起来了。但这也带来了一种更大的可能。我深切意识到看似稳固的政治角色,实际上构成了波动的网络,源自政治参与者之间持续的协商。我甚至已经出版了两本书来讨论相关的社会过程(Tilly 2002b, 2005a)。但本书的研究继续讨论了机构、手工艺人团体和地方人口是否存在并拥有早于他们的抗争表演的集体利益。

至于角色的构成、使用协作技术和诉求伸张同时出现并相互影响到了什么程度,本书的论点可能非常节制地讨论了角色的影响和表演中的沟通过程。让我耸肩撇嘴,说句陈词滥调:一本没有提出新的尚未解决的问题的书基本上不值得写……或读!

第八章　结　　论

在 18 世纪 60 年代吵闹、气味难闻、动荡，但看起来生机勃勃的伦敦，约翰·威尔克斯的支持者并不知道他们协助创造了社会运动。当他们行进、集会和请愿的时候，他们知道自己和自己的英雄正在推进可用的抗争表演的极限。他们的诉求围绕着官员、伦敦的选民和议会。他们在那个意义上打破了英国 18 世纪盛行的教区的、特殊的和分叉的抗争剧目。快速回想前文，我们 21 世纪的观察家会把这些看成是我们称为综合了运动、表演和 WUNC 的展示（价值、统一、规模、奉献的公开展现）的起点，并可以因此总结认为，他们帮助塑造了世界性、自发和模块化的剧目。但从他们自己的角度来看，这是在反对专制和强调集体权利。我们的研究是回顾性的，他们是预期性的。

回顾性和预期性研究之间的紧张关系催生了本书。一方面，我们想回顾性地解释表演和剧目中的变化是如何出现的。如第四章比较了伦敦的威尔克斯和戈登的动员（1768 年和 1780 年），来展现一次运动的结果如何影响了后一次运动的形态。另一方面，我们预期性地展现了过去已有的表演和剧目如何影响了人们集体抗争诉求的方式。比如第二章的开头援引了马克·贝辛格对苏联解体的研究,展现了在 20 世纪 80 年代晚期米哈伊尔·戈尔巴乔夫的政府管理下,对苏联有名无实的要求自治和独立的民族来说,街头示威变成了可用的诉求伸张的标准方式。

我们如何能解决这种紧张关系? 可以采取辩证的手段将两种视角放在一起合成。这就是合成的方式:

> 将抗争事件的片段分解成特定的互动。
>
> 查出构成不同种类事件片段的互动组。
>
> 辨认出把特定事件片段分成一组的已经习得的表演。
>
> 观察表演如何在剧目和运动中聚集。
>
> 观看一个运动如何影响下一个。
>
> 然后分析一次又一次运动中递增的变化如何合成了大规模的剧目变化。

根据这些程序,本书反复回顾了 18 世纪 50 年代到 19 世纪 30 年代英国的抗争政治。尽管英国不是本书的主题,政治抗争才是。我的研究团队细致收集了大量有关 18 世纪和 19 世纪英国的抗争集会的证据,不仅包括抗争事件片段的整体,也包括对片段内个体行动和互动的细致观察。我们因此可以把证据当成一种实验室来使用,通过细致研究得出关于抗争兴衰的整体结论。框 8.1 总结了统领本书的主要论点。

框 8.1　本书组织的论点

- 抗争表演是由个体行动和互动构成的；它们混合成了剧目，每个都定义了某组政治关系。
- 政治抗争中，制定战略、学习和改变主要在表演的层面出现，而不是在行动、互动或整个剧目中出现。
- 在政治抗争中，表演通常变成强剧目，明显限制了潜在诉求伸张者的选择。
- 表演和剧目因果一致（即大量的例子原因相同）且符号一致（即一旦出现之后，就会寻求便于模仿和创新的意义）。
- 对于表演的系统研究，需要细致描述参与者之间的互动，而不是简单定义和计算所有事件片段的数量。
- 细致的事件分类能便于比较事件片段，帮助定义片段间的联系，所以能推动对抗争的系统研究。
- 由大量表演构成的运动的过程中尤其可能出现表演和剧目的演化，运动与政治机会结构的转变、行动模式、连接一次次运动的诉求者间的联系互动。
- 大型剧目转变（包括出现新的社会运动）是逐渐增多而非突然爆发的。
- 国家政权通过自上而下地、以政治机会结构为中介的对诉求的控制，强力塑造了可用的表演和剧目
- 而诉求伸张本身自下而上地改变了政权。

　　本书论点从本体论走向方法论走向实际情况，还带着些微认识论。就本体论而言，本书认为确实存在表演和剧目，而非仅仅为了组成有用的隐喻。政治抗争中的参与者在诉求伸张的过程中，根据粗糙的脚本来学习、跟随和创新。就方法论而言，强调描述事件片段内的互动和对片段的有序分类，大大利于发现抗争的系统性属性。就实际情况而言，本书认为自上而下的政权行动和自下而上的运动间互动，导致了表演和剧目的转型。本书认为事件分类（尽管显然是过分简化的）提供了可靠的观察抗争动能的方法的观点，与些微认识论的讨论伴生。让我们

逐个审视框 8.1 里的原则。

> 抗争表演是由个体行动和互动构成的;它们混合成了剧目,每个剧目都定义了某组政治关系。

本书从四个方面描述表演。(1)将单个事件片段的叙事解释成表演(如 1989 年委内瑞拉的加拉加斯起义);(2)以抽象的特点或罗列表演的方式总结有关剧目的描述(如 1989 年到 1999 年的委内瑞拉);(3)把叙事分解出主谓宾式的序列(如第一章的开头所用的伦敦 1768 年和 1834 年集会的事件片段);(4)从有条理的思考中抽象出行动和互动,如第五章在剖析 1820 年伦敦的集会时,细致观察了协商和支持或反对集会的角色之间的关系。

如果把夺取食物和公开集会这样的套路看成是表演,就会出现可被辨识的开头、内在序列、结果和背景。这包括几组不同的演员和观众。如地方市场的参与者在扣押了食物的市场聚集,地方上的居民或拥护者因为某些原因在公共领域或私人大厅里公开集会,等等。

某些表演仍然是简单且可以预测,尤其是当诸如议会、总统和政治英雄这类诉求的客体缺位的时候。但多数时候,行动让角色相互斗争,就像罢工者和阻挠罢工者之间的斗争,收税官和走私者之间的斗争。在这些情况下,不同参与者都非常清楚并追随了可用的斗争脚本。被惩罚的工人相当了解如何惩罚所有人。

在细致描绘系统的事件分类上,我必须承认本书让一道涉及分析表演的难题越发难解。人们聚集、以某种方式伸张诉求并解散的事件片段,不必然满足成为一出表演的要求。理由有二:一是因为人们有时

在行进前碰了头,所以把两次表演合成了一次出行;二是因为其他人
(如军队或反对派)有时打断了表演,将之转变为一场战斗或者溃退。
虽然可以理解最常见的把事件片段根据其最醒目的互动来贴标签的做
法,但由此也会夸大事件片段和表演之间的相互回应。尽管如此,英国
的资料细致并努力描绘出了,表演依靠抗争事件才得以与事件片段之
间建立一致的联系。大量抗争片段确实围绕着同一出表演。

> 抗争政治中,制定战略、学习和改变主要在表演层面出现,而
> 不是在行动、互动或整个剧目中出现。

对于参与者如何制定策略和学习,本书所用的证据极少能提供直
接的信息。本书着意强调的是集体诉求伸张的事件片段,而不是斗争
的事件片段之间发生的事情,包括潜在诉求者之间关系的变化,告知公
开抗争之外的潜在诉求者有关抗争的经验,政治企业家的组织工作,参
与抗争时细致而秘密的计划。但抗争事件片段的叙事揭示了上述中间
过程的结果。比较一系列事件片段可以有两项巨大的贡献:一是能指
出中间过程应当解释什么;二是能让中间过程与地方、团体和活动家网
络的连续历史联系起来。

> 在抗争政治中,表演通常变成强剧目,明显限制了潜在诉求伸
> 张者的选择。

包含两个或多个表演的剧目,可以表现出某组政治关系的特点,小
到农业劳工和雇用他们的农民的关系,大到公民中的被授权的团体和

国家统治者的关系。本书关注频繁出现的表演,把相似的表演分组归纳,由此更关注大范围的关系。但也对小范围的关系,提供了足够关于单个抗争事件片段的叙事。但由此可以说本书说服了读者强剧目在抗争政治中盛行吗?尚未。

以下是强剧目的标准:

- 在特定的时间和地点,表演可以被归类为有限数量的、反复出现的、定义充分的类型里。本书从头至尾已经证明了这种归类的过程。

- 在一组特定的角色进行的所有抗争行动所定义的范围内,存在着大量的空白;明显位于参与者技术能力范围内的行动组合从未出现。因此,表演的类型有可见的边界,而不是连续分布在技术上可能的表演空间中。如果我们观看整个剧目,我们会反复发现,不仅技术上可能出现的行动消失了,同一批人根据他们现有的政治关系参加了形式上非常不同的诉求伸张活动。这批人既可能为国王庆祝,也洗劫恶棍的住宅。

- 对于特定的一组角色和议题,其表演类型在一轮一轮的表演中极少变动。而且,能看出在一轮表演中出现的情况,会限制后一轮的表演。本书第四章"从运动到运动"尽了最大努力建立这种连续性和限制性的结合。

- 抗争的参与者通过以下方式表明他们意识到了这些表演:给表演命名;提及过去的同类行动;相互指导;进行分工,而这些分工需要事先协商或过往经验;预料彼此的行动;几乎同时终止行动。组织者、参与者、当局和观察家在社会运动中的互动，充分表现出他们已经意识到了相关表演。

- 在一组相互关联的角色中，每一对重要的角色都有自己的剧目。在一对角色中，提出诉求伸张的角色在现有的剧目中选择。本书指出但没有总结性论证的是，一组组政治角色(例如手工艺工人和主人，公民和立法者)会和剧目匹配。

- 抗争之外的角色的历史联系越紧密、他们的剧目就越相似。因此，联系越多，表演就越同质化，即让表演更加模块化。本书再次论证了这一点，但是由于缺乏抗争之外的连续历史，这一论证尚不充分。

- 新的表演主要通过对既有表演的创新产生，一旦产生，就会将自己明确化、稳定化，并建立可见的边界。我们已经反复亲眼看到了这种类型的发明和逐渐明确的过程，尤其是在新的社会剧目从过去的一系列表演中出现的时候。但不是所有表演都会发生转变，比如攫取食物的表演就已经消失了。有关价格和饥荒的集会取代了攫取食物的表演，但集会的模式来自别处。

让我审慎总结一下，本书没有提出强剧目的定义性案例，但至少强化了假设，明确了什么类型的补充实验是需要进一步增加的。

表演和剧目因果一致(即大量的例于原因相同)且符号一致(即一旦出现之后，就会寻求便于模仿和创新的意义)。

整本书对于从苏联解体到查韦斯当选委内瑞拉总统的讨论，建立和应用了一套针对大量表演、剧目和场景的解释性图式。读者要自行判断这些证据是否成功地表现出了这种解释性图式。要是这种图式运作良好，那就支持了因果一致的论断。至于符号一致，本书的叙事确实传达出了这样的信息，即在一个个场景里，抗争政治中的参与者已有准备区分 种和另一种表演、为之命名、唤起之前的经验，在之前相似的行动的基础上准备自己的行动。比如1820年卡罗琳王后的案例中，我们看到了对表达集体支持的已知模式的惊人回顾。

对于表演的系统研究，需要细致描述参与者之间的互动，而不是简单定义和计算所有事件片段的数量。

研究抗争的学者经常要在传播和叙事两个极端的选项中作出选择。在传播的选项里，要通过检视罢工或者暴力袭击在社会地理位置上的变化和种类的计数来考察。在叙事的选项里，要靠一次接一次的行动和互动来重建单独的事件。本书采用了兼具传播和叙事的方法，包括细致描述抗争事件片段中连续的互动，并可以从三个方向拓展。一是更侧重传播的研究，根据互动重新给事件分类。二是更侧重叙事的研究，把事件片段重构为一系列的互动。三是关注分析性的序列，超越任何特定的事件片段，并找出反复出现的行动和关系。本书或多或少采取了全部三种方式。

有关第三种方式，我在比较各组事件片段时反复使用了一些动词分类，包括"袭击""控制""结束""集会""动员""协商""支持"和"其他"，由此展现出在不同的动词分类里，哪些诉求者和诉求目标之间的关系组是正在流行的。但我也通过考察如卡罗琳王后的事件、天主教徒解放和委内瑞拉 1989 年让人震惊的运动，把这些分析放到特定历史情境中去看。

细致的事件分类能便于比较事件片段，帮助定义片段间的联系，所以能推动对抗争的系统研究。

正如我们多次看到的，细致的事件分类的范围可以从格哈德·博茨（Gerhard Botz）对 1918 年到 1938 年奥地利事件的相对简单的计数，到罗伯托·弗兰佐西对 1919 年到 1922 年意大利的主谓宾式的复杂考察。我从自己研究的英国的案例中获得了大量证据，让本书侧重讨论明确了片段内特定互动序列的事件分类。但马克·贝辛格对苏联较为简单的事件计数，以及苏珊·奥尔扎克（Susan Olzak）对于世界范围族裔冲突的计数，都展现了智慧的分析家恰当使用犀利的分类的话，能告诉我们多少关于斗争政治的情况。

说实话，对事件分类的总结创造了三种极好的分析模式，并在技术和肌理上都非常不同。首先是马克·斯坦伯格（Marc Steinberg）的方式，创造了分类，以此定义能说明什么，然后深入事件和情境来历史性地产生丰富的分析性叙事。这种方法善于重构熟思和意义。第二种是马克·贝辛格的方法，建立了对事件相对简单和统一的描述，然后基于广泛考察了情境的数据，细致探究了时空中的多样性。第二种方式擅长论述变化的规律和抗争的多样性。第三种是罗伯托·弗兰佐西、西德尼·塔罗、和田毅与 GBS 介绍的方法，把事件分类分解为元素，从而系统观察其动力。本书展现了这种方式的优点。

　　由大量表演构成的运动的过程中尤其可能出现表演和剧目的演化，运动与政治机会结构的转变、行动模式、连接一次次运动的诉求者间的联系互动。

　　第四章（"从运动到运动"）最为系统地展现了这点，之后的第五章（"发明社会运动"）、第六章（"剧目和政权"）以及第七章（"时空中的斗争"）都建立在第四章的框架上。框架就是一个简洁的方案，很好地规范了对剧目变化的分析：运动通过转变政治机会结构、可用的行动标准和潜在诉求者之间的联系，以及转变上述三者之间的互动，来影响后续的运动。而且，诸如 1830 年斯温叛乱的例子表现出三种成分（政治机会结构、标准和联系）有消极的一面，大量失败预告了一个信号，即特定表演或是整个剧目丧失了有效性。

　　　大型剧目转变（包括出现新的社会运动）是逐渐增多而非突然爆发的。

　　正如我们所见，即便是在动荡的爱尔兰，民兵行进、袭击地主和针对独立的动员，调整也是逐渐增多的。在别处，社会运动中的公开集会和游行的结合只在几十年里面出现，中间还有很多步骤。在英国，不止一次革命转型中出现了表演从教区的、特殊的和分叉的，转向世界的、模块化的和自主的情况，而且转变是通过对现有表演的上千次的小转变实现的。前几章常常通过动词分类越来越多的变化来追踪这些调整。比如我们看到，袭击、控制和其他动词在很长一段时间里在英国大幅减少，而集会一词逐渐盛行。

国家政权通过自上而下地、以政治机会结构为中介的对诉求的控制,强力塑造了可用的表演和剧目。

通过两种对国家层面的分析,我已经说明和捍卫了这个论点:静态比较同一时间的政权整体,以及研究相同政权在诸多不同时期的图式性历史。第七章从简单比较当代的牙买加、尼泊尔、孟加拉国和丹麦开始,转而专门研究委内瑞拉从 1900 年至今的变化。前几章对于 18 世纪 50 年代到 19 世纪 30 年代英国的情况做了大量研究,对爱尔兰、委内瑞拉、法国和当代世界上各政权的研究,至少对以政治机会结构中介的有关政权效果的问题提出了建设性的论点。

而诉求伸张本身自下而上地改变了政权。

对于墨西哥、苏联和委内瑞拉的研究已经解说了这一点,对爱尔兰和英国的比较也提供了解释。但或许对这个论点最生动的解释,是 19 世纪 20 年代和 30 年代英国针对议会改革的斗争。1832 年的《改革法案》远远无法满足工人阶级的要求,但深刻转变了英国政权的特点,让工业资产阶级获得权力,再次强化了议会面对国王和贵族的地位,建立了后续改革的前身,让有组织的工人成为一股全国范围内被认可的力量。自下而上的诉求伸张转变了英国的政治体制。

第七章的最后提出了一个前几章几乎没有提到的问题,即次国家和跨国家的政权与集体诉求的互动,在多大程度上和我们观察的国家层面的方式一致?回答这个问题需要新证据和新理论。两者都需要超越本书的分析所采用的便捷的民族国家和民族边界内的范畴。

自下而上与自上而下

本书在不考虑民族国家范围内的政权的范围和联系的前提下,反复分析了规范性的解释,结合了自上而下和自下而上的视角。我们采用了自上而下的角度研究了有权力的角色(包括统治者)所认定的斗争,用自下而上的角度解释了面对特定政权的潜在角色的环境。图 8.1把本书主要的解释因素图式化了,设定单个角色在面临决定是否以及如何提出诉求的时刻,自上而下和自下而上的策略都向一点汇集,并提供了一种简单的解释性图式。

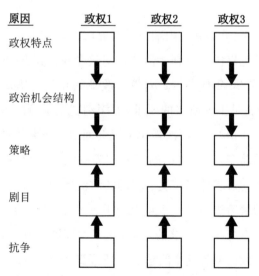

图 8.1　解释单一角色在三种不同政权中的策略

图式中的三列可以代表不同类型的政权（如高权能非民主、低权能非民主和高权能民主），三个特定政权（如 19 世纪早期的爱尔兰、英国和法国），或者是同一政权在三个时间点的情况（如 1907 年、1957 年和2007 年的委内瑞拉）。在每种情况中，自上而下地看，政权特点塑造了政治机会结构，反过来强烈影响了潜在诉求者考虑和采纳的策略。自下而上地看，抗争本身的经验产生出了已知表演（剧目）的序列，大大限制了对潜在诉求者来说可用的策略。本书最有力的论断和最完整的证据出现在图表的下半部分，即抗争的经验自身创造出了诉求伸张的剧目，已有剧目决定性地限制了集体性的诉求伸张。

当然我们可以增加更多表达因果关系的箭头，如从斗争到政治机会结构，或者从政权特点到策略。我们一次又一次看到政权以有效的压迫回应了特定形式的诉求伸张，并重塑了可用剧目。（是否记得英国当局是如何回应爱尔兰在 18 世纪 90 年代的革命企图的？英国加强了压制，废除了独立的爱尔兰议会，将 100 个新教爱尔兰议员合并到了当时统治了所谓联合工国的议会。）但箭头实际上包括了表明本书已经叙述的最普通因果故事的图式。所以图表包括了应用本书论点来讨论还未涉及的案例的指导。

对特定政权而言，这样的解释虽不完整但有用。不完整是因为我确实简单带过了两组主要的原因，一是政权内的政治经济的变化和多样性，二是政权之间的互动。政权的政治经济方面，石油生产和收入对委内瑞拉斗争的进化极为重要，这点也表明了两者的重要性。政权间的互动方面，爱尔兰和英国的斗争的历史，清晰表明一个政权的动机如何塑造了另一个政权的抗争。

我忽视了政权的政治经济和政权间的互动，是为了集中说明政权特点和斗争政治本质之间的因果联系。整本书追求简洁的解释,认为人们不是在整个抗争政治及其社会基础中,而是在公开表演中,对其他人提出对应的、集体性的和公开的诉求。第一章到第七章缓慢并细致地从对剧目的互动和演进中单个表演的分析,最终研究到了剧目和政权之间的联系。如果这些章节完成了各自的任务,你现在就获得了解释过去和现在世界范围抗争表演的变化和多样性的方式。但你还要准备一项新的研究日程,关注大众抗争的复杂性。

什么日程? 首先,本书认为研究政治抗争的学者应该不要单纯关注分类后事件计数和单一事件片段的叙事,而要研究追溯多重片段中参与者之间的互动的过程。也应该系统检视政治机会的变化、诉求伸张的可用模式、潜在诉求者之间的联系如何导致表演和剧目的变化。为达到这些目标,本书已经描述和强调了要建立极为细致的事件分类。如果这种做法的弱点激励了我的读者发明研究抗争表演的不同和更好的方法,我会鼓励他们继续。

参 考 文 献

Agrikoliansky, Éric, Olivier Fillieule, and Nonna Mayer (2005): *L'Alter-mondialisme en France: La longue histoire d'une nouvelle cause*. Paris: Flammarion.

Agrikoliansky, Éric and Isabelle Sommier (2005): eds., *Radiographie du mouvement altermondialiste*. Paris: La Dispute.

Alexander, John K. (2002): *Samuel Adams: America's Revolutionary Politician*. Lanham, MD: Rowman & Littlefield.

Amenta, Edwin (2006): *When Movements Matter: The Townsend Plan & the Rise of Social Security*. Princeton, NJ: Princeton University Press.

Aminzade, Ronald (1993): *Ballots and Barricades: Class Formation and Republican Politics in France, 1830-1871*. Princeton, NJ: Princeton University Press.

Amnesty International (2007a): "Denmark" www.thereport.amnesty.org/eng/Regions/Europe-and-Central-Asia/Denmark, viewed 13 September 2007.

(2007b): "Nepal" www.thereport.amnesty.org/eng/Regions/Asia-Pacific/Nepal, viewed 13 September 2007.

Andrews, Kenneth T. (2004): *Freedom Is a Constant Struggle: The Mississippi Civil Rights Movement and Its Legacy*. Chicago: University of Chicago Press.

Archer, John E. (1990): *By a Flash and a Scare: Incendiarism, Animal Maiming, and Poaching in East Anglia, 1815-1870*. Oxford: Clarendon Press.

Armstrong, Alan (1988): *Farmworkers: A Social and Economic History, 1770-1980*. London: Batsford.

Banaszak, Lee Ann (1999): *Why Movements Succeed or Fail: Opportunity, Culture, and the Struggle for Woman Suffrage*. Princeton, NJ: Princeton University Press.

Barber, Lucy G. (2002): *Marching on Washington: The Forging of an American Political Tradition*. Berkeley: University of California Press.

Barnett, Corelli (1974): *Britain and Her Army, 1509-1970: A Military, Political and Social Survey*. Harmondsworth: Penguin.

Beckwith, Karen (2000): "Hinges in Collective Action: Strategic Innovation in the Pittston Coal Strike," *Mobilization* 5: 179-200.

(2001): "Women's Movements at Century's End: Excavation and Advances in Political Science," *Annual Review of Political Science* 4: 371-390.

Beissinger, Mark (1998): "Nationalist Violence and the State: Political Authority and Contentious Repertoires in the Former USSR," *Comparative Politics* 30: 401–433.

(2002): *Nationalist Mobilization and the Collapse of the Soviet State*. Cambridge: Cambridge University Press.

Belchem, John (1985): *"Orator" Hunt: Henry Hunt and English Working-Class Radicalism*. Oxford: Clarendon Press.

Bennett, W. Lance (2005): "Social Movements beyond Borders: Understanding Two Eras of Transnational Activism" in Donatella della Porta and Sidney Tarrow, eds., *Transnational Protest and Global Activism*. Lanham, MD: Rowman & Littlefield.

Bob, Clifford (2005): *The Marketing of Rebellion: Insurgents, Media, and International Activism*. Cambridge: Cambridge University Press.

Bohstedt, John (1983): *Riots and Community Politics in England and Wales 1790–1810*. Cambridge, MA: Harvard University Press.

Bond, Doug (2006): "IDEA: Integrated Data for Events Analysis" www.vranet.com/idea, viewed 17 January 2007.

Booth, Alan (1977): "Food Riots in the North-West of England 1790–1801," *Past and Present* 77: 84–107.

Borland, Elizabeth (2004): "Cultural Opportunity and Tactical Choice in the Argentine and Chilean Reproductive Rights Movements," *Mobilization* 9: 327–340.

Botz, Gerhard (1983): *Gewalt in der Politik: Attentate, Zusammenstösse, Putschversuche, Unruhen in Österreich 1918–1938*. Munich: Wilhelm Fink.

(1987): *Krisenzonen einer Demokratie: Gewalt, Streik und Konfliktunterdrückung in Österreich seit 1918*. Frankfurt: Campus Verlag.

Bourguinat, Nicolas (2002): *Les Grains du désordre: L'État face aux violences frumentaires dans la première moitié du XIXe siècle*. Paris: Éditions del'École des Hautes Études en Sciences Sociales.

te Brake, Wayne (1989): *Regents and Rebels: The Revolutionary World of the 18th Century Dutch City*. Oxford: Blackwell.

(1990): "How Much in How Little? Dutch Revolution in Comparative Perspective," *Tijdschrift voor Sociale Geschiedenis* 16: 349–363.

Brewer, John (1976): *Party Ideology and Popular Politics at the Accession of George III*. Cambridge: Cambridge University Press.

(1989): *The Sinews of Power: War, Money and the English State, 1688–1783*. New York: Knopf.

Brewer, John and John Styles (1980): eds., *An Ungovernable People: The English and Their Law in the Seventeenth and Eighteenth Centuries*. New Brunswick, NJ: Rutgers University Press.

Brock, Michael (1973): *The Great Reform Act*. London: Hutchinson University Library.

Brockett, Charles D. (2005): *Political Movements and Violence in Central America*. Cambridge: Cambridge University Press.

Broeker, Galen (1970): *Rural Disorder and Police Reform in Ireland, 1812–36*. London: Routledge & Kegan Paul.

Brown, Christopher Leslie (2006): *Moral Capital: Foundations of British Abolitionism*. Chapel Hill: University of North Carolina Press.

Burke, Edmund (1986): *Reflections on the Revolution in France*. London: Penguin.

Burke, Peter (2005): "Performing History: The Importance of Occasions," *Rethinking History* 9: 35–52.

Button, James W. (1978): *Black Violence: Political Impact of the 1960s Riots*. Princeton, NJ: Princeton University Press.

Casquete, Jesús (2006): *El poder de la calle: Ensayos sobre acción colectiva*. Madrid: Centro de Estudios Políticos y Constitucionales.

Centeno, Miguel Angel (2002): *Blood and Debt: War and the Nation-State in Latin America*. University Park: Pennsylvania State University Press.

Chabot, Sean (2000): "Transnational Diffusion and the African American Reinvention of the Gandhian Repertoire," *Mobilization* 5: 201–216.

Chabot, Sean and Jan Willem Duyvendak (2002): "Globalization and Transnational Diffusion between Social Movements: Reconceptualizing the Dissemination of the Gandhian Repertoire and the 'Coming Out' Routine," *Theory and Society* 31: 697–740.

Charlesworth, Andrew (1978): *Social Protest in a Rural Society: The Spatial Diffusion of the Captain Swing Disturbances of 1830–1831*. Liverpool: Department of Geography, University of Liverpool. Historical Geography Research Series, no. 1.

(1983): ed., *An Atlas of Rural Protest in Britain, 1548–1900*. London: Croom Helm.

Charlesworth, Andrew, David Gilbert, Adrian Randall, Humphrey Southall, and Chris Wrigley (1996): *An Atlas of Industrial Protest in Britain 1750–1990*. London: Macmillan.

Chávez, Hugo (2000): "Address by the President of the Bolivarian Republic of Venezuela, Hugo Chávez" www.comunidadandina.org/INGLES/speeches/chavez1, viewed 11 May 2007.

Cioffi-Revilla, Claudio (1990): *The Scientific Measurement of International Conflict: Handbook of Datasets on Crises and Wars, 1495–1988 A.D.* Boulder, CO: Lynne Rienner.

Cirket, A. F. (1978): "The 1830 Riots in Bedfordshire: Background and Events," *Publications of the Bedfordshire Historical Record Society* 57: 75–112.

Clark, Samuel (1979): *Social Origins of the Irish Land War*. Princeton, NJ: Princeton University Press.

Clark, Samuel and James S. Donnelly, Jr. (1983): "Introduction" to Clark and Donnelly, eds., *Irish Peasants. Violence and Political Unrest 1780–1914*. Madison: University of Wisconsin Press.

Collier, Ruth Berins and David Collier (1991): *Shaping the Political Arena: Critical Junctures, the Labor Movement, and Regime Dynamics in Latin America*. Princeton, NJ: Princeton University Press.

Conser, Walter H. Jr. (1986): "The Stamp Act Resistance" in Walter H. Conser, Jr., Ronald M. McCarthy, David J. Toscano, and Gene Sharp, eds., *Resistance, Politics, and the American Struggle for Independence, 1765–1775*. Boulder, CO: Lynne Rienner.

Coppedge, Michael (1994): *Presidential Partyarchy and Factionalism in Venezuela.* Stanford, CA: Stanford University Press.

Cronin, Maura (2000): "'Of One Mind'? O'Connellite Crowds in the 1830s and 1840s" in Peter Jupp and Eoin Magennis, eds., *Crowds in Ireland, c. 1720–1920.* London: Macmillan.

Daunton, Martin (2001): *Trusting Leviathan. The Politics of Taxation in Britain, 1799–1914.* Cambridge: Cambridge University Press.

Davenport, Christian (2007): *State Repression and the Domestic Democratic Peace.* Cambridge: Cambridge University Press.

Davenport, Christian, Hank Johnston, and Carol Mueller (2005): eds., *Repression and Mobilization.* Minneapolis: University of Minnesota Press.

Davis, David Brion (1987): "Capitalism, Abolitionism, and Hegemony" in Barbara Solow and Stanley Engerman, eds., *British Capitalism and Caribbean Slavery: The Legacy of Eric Williams.* Cambridge: Cambridge University Press.

Dekker, Rudolf (1982): *Holland in beroering: Oproeren in de 17de en 18de eeuw.* Baarn: Amboeken.

   (1987): "Women in Revolt: Popular Protest and Its Social Bases in Holland in the 17th and 18th Centuries. *Theory and Society* 16: 3 (May): 337–362.

della Porta, Donatella, Massimiliano Andretta, Lorenzo Mosca, and Herbert Reiter (2006): *Globalization from Below: Transnational Activists and Protest Networks.* Minneapolis: University of Minnesota Press.

DeNardo, James (1985): *Power in Numbers.* Princeton, NJ: Princeton University Press.

Drescher, Seymour (1982): "Public Opinion and the Destruction of British Colonial Slavery" in James Walvin, ed., *Slavery and British Society, 1776–1946.* Baton Rouge: Louisiana State University Press.

   (1986): *Capitalism and Antislavery: British Mobilization in Comparative Perspective.* London: Macmillan.

   (1994): "Whose Abolition? Popular Pressure and the Ending of the British Slave Trade," *Past and Present* 143: 136–166.

Duyvendak, Jan Willem (1994): *Le poids du politique. Nouveaux mouvements sociaux en France.* Paris: L'Harmattan.

Duyvendak, Jan Willem, Hein-Anton van der Heijden, Ruud Koopmans, and Luuk Wijmans (1992): eds., *Tussen Verbeelding en Macht: 25 jaar nieuwe social bewegingen in Nederland.* Amsterdam: Sua.

Economist (2007): "Flying the Revolutionary Flag Again," *The Economist,* 22 September: 53.

Ekiert, Grzegorz and Jan Kubik (1999): *Rebellious Civil Society: Popular Protest and Democratic Consolidation in Poland, 1989–1993.* Ann Arbor: University of Michigan Press.

Ellingson, Stephen (1995): "Understanding the Dialectic of Discourse and Collective Action: Public Debate and Rioting in Antebellum Cincinnati," *American Journal of Sociology* 101: 100–144.

Ennis, James G. (1987): "Fields of Action: Structure in Movements' Tactical Repertoires," *Sociological Forum* 2: 520–533.

Esherick, Joseph W. and Jeffrey N. Wasserstrom (1990): "Acting Out Democracy: Political Theater in Modern China," *Journal of Asian Studies* 49: 835–865.

Eyerman, Ron (2006): "Performing Opposition or, How Social Movements Move" in Jeffrey C. Alexander, Bernhard Giesen, and Jason L. Mast, eds., *Social Performance: Symbolic Action, Cultural Pragmatics, and Ritual.* Cambridge: Cambridge University Press.

Farrell, Sean (2000): *Rituals and Riots: Sectarian Violence and Political Culture in Ulster, 1784–1886.* Lexington: University Press of Kentucky.

Favre, Pierre (1990): "Introduction" to Pierre Favre, ed., *La Manifestation.* Paris: Presses de la Fondation Nationale des Sciences Politiques.

Fillieule, Olivier (1997): *Stratégies de la rue: Les manifestations en France.* Paris: Presses de la Fondation Nationale des Sciences Politiques.

Foster, R. F. (1988): *Modern Ireland 1600–1972.* London: Penguin.

Franzosi, Roberto (1989): "One Hundred Years of Strike Statistics: Methodological and Theoretical Issues in Quantitative Strike Research," *Industrial and Labor Relations Review* 42: 348–362.

(1995): *The Puzzle of Strikes: Class and State Strategies in Postwar Italy.* Cambridge: Cambridge University Press.

(1998): "Narrative as Data: Linguistic and Statistical Tools for the Quantitative Study of Historical Events," *International Review of Social History* 43: 81–104.

(2004a): *From Words to Numbers: Narrative, Data, and Social Science.* Cambridge: Cambridge University Press.

(2004b): "PC-ACE (Program for Computer-Assisted Coding of Events)" www.pc-ace.com, viewed 9 April 2008.

Freedom House (2002): "Freedom in the World 2002: The Democracy Gap" www.freedomhouse.org/research/survey2002.htm, viewed 29 March 2002.

(2006a): "Countries at the Crossroads 2006, Country Report – Venezuela" www.freedomhouse.org/modules/publications/ccr, viewed 13 September 2007.

(2006b): "Freedom in the World – Jamaica (2006)" www.freedomhouse.org/inc/content/pubs/fiw, viewed 26 August 2007.

(2007a): "Freedom in the World – Bangladesh (2007)" www.freedomhouse.org/inc/content/pubs/fiw, viewed 14 September 2007.

(2007b): "Freedom in the World, Country Ratings" www.freedomhouse.org/template.cfm?, viewed 13 September 2007.

(2007c): "Freedom in the World – India (2007)" www.freedomhouse.org/inc/content/pubs/fiw, viewed 26 August 2007.

(2007d): "Freedom in the World – Nepal (2007)" www.freedomhouse.org/inc/content/pubs/fiw, viewed 14 August 2007.

(2007e): "Freedom in the World – Nepal (2007)" www.freedomhouse.org/inc/content/pubs/fiw, viewed 14 September 2007.

(2007f): "Freedom in the World 2007: Year Marked by Global 'Freedom Stagnation'" www.freedomhouse.org, press release viewed 3 September 2007.

Frey, Bruno S. and Alois Stutzer (2002): "What Can Economists Learn from Happiness Research?" *Journal of Economic Literature* 40: 400–435.

Gaillard, Jeanne (1971): *Communes de province, Commune de Paris 1870–1871.* Paris: Flammarion.

Gamson, William A. (1990): *The Strategy of Social Protest.* Belmont, CA: Wadsworth. 2nd ed.

Garrett, R. Kelly (2006): "Protest in an Information Society: A Review of Literature on Social Movements and New ICTs," *Information, Communication and Society* 9: 202–224.

Giugni, Marco (1995): *Entre stratégie et opportunité: Les nouveaux mouvements sociaux en Suisse*. Zürich: Seismo.

——— (1998): "Was It Worth the Effort? The Outcomes and Consequences of Social Movements," *Annual Review of Sociology* 24: 371–393.

Giugni, Marco G., Doug McAdam, and Charles Tilly (1999): eds., *How Social Movements Matter*. Minneapolis: University of Minnesota Press.

Goldstone, Jack and Charles Tilly (2001): "Threat (and Opportunity): Popular Action and State Response in the Dynamics of Contentious Action" in Ronald Aminzade et al., *Silence and Voice in Contentious Politics*. Cambridge: Cambridge University Press.

Goodwin, Albert (1979): *The Friends of Liberty: The English Democratic Movement in the Age of the French Revolution*. Cambridge, MA: Harvard University Press.

Goodwin, Jeff and James M. Jasper (1999): "Caught in a Winding, Snarling Vine: The Structural Bias of Political Process Theory," *Sociological Forum* 14: 27–54.

——— (2004): *Rethinking Social Movements: Structure, Meaning and Emotion*. Lanham, MD: Rowman & Littlefield.

Gran, Brian K. and Jeremy Hein (2005): "The Preconditions and Consequences of Social Movement Actions: Opinions of Immigrant Assimilation among Local Polity Members in France," *Sociological Focus* 38: 25–39.

Granjon, Fabien (2002): "Les répertoires d'action télémathiques du néo-militantisme," *Le Mouvement Social* 200: 11–32.

Greenberg, Louis (1971): *Sisters of Liberty: Paris, Marseille, Lyon and the Reaction to the Centralized State*. Cambridge, MA: Harvard University Press.

Greiff, Mats (1997): "'Marching Through the Streets Singing and Shouting' Industrial Struggles and Trade Unions Among Female Linen Workers in Belfast and Lurgan, 1872–1910," *Saothar 22. Journal of the Irish Labour History Society:* 29–44.

Haimson, Leopold and Charles Tilly (1989): eds., *Strikes, Wars, and Revolutions in an International Perspective: Strike Waves in the Late Nineteenth and Early Twentieth Centuries*. Cambridge: Cambridge University Press.

Hall, Simon (2007): "Marching on Washington: The Civil Rights and Anti-War Movements of the 1960s" in Matthias Reiss, ed., *The Street as Stage: Protest Marches and Public Rallies since the Nineteenth Century*. Oxford: Oxford University Press.

Hanagan, Michael (1999): "Industrial versus Preindustrial Forms of Violence" in Lester Kurtz, ed., *Encyclopedia of Violence, Peace, and Conflict*. San Diego, CA: Academic Press. Vol. II, 197–210.

Harrison, Mark (1988): *Crowds and History: Mass Phenomena in English Towns, 1790–1835*. Cambridge: Cambridge University Press.

Hayter, Anthony (1978): *The Army and the Crowd in Mid-Georgian England*. Totowa, NJ: Rowman & Littlefield.

Heerma van Voss, Lex (2001): ed., "Petitions in Social History," *International Review of Social History*, Supplement 9, entire issue.

Hertel, Shareen (2006): *Unexpected Power: Conflict and Change among Transnational Activists*. Ithaca, NY: ILR Press.

Hinde, Wendy (1992): *Catholic Emancipation: A Shake to Men's Minds*. Oxford: Blackwell.

Hirschman, Albert O. (1979): "The Turn to Authoritarianism in Latin America and the Search for Its Economic Determinants" in David Collier, ed., *The New Authoritarianism in Latin America*. Princeton, NJ: Princeton University Press.

Hobsbawm, Eric and George Rudé (1968): *Captain Swing: A Social History of the Great English Agricultural Uprisings of 1830*. New York: Pantheon.

Hochschild, Adam (2005): *Bury the Chains: Prophets and Rebels in the Fight to Free an Empire's Slaves*. Boston: Houghton Mifflin.

Hoerder, Dirk (1977): *Crowd Action in Revolutionary Massachusetts, 1765–1780*. New York: Academic Press.

Hollis, Patricia (1973): ed., *Class and Conflict in Nineteenth-Century England 1815–1850*. London: Routledge & Kegan Paul.

van Honacker, Karin (1994): *Lokaal Verzet en Oproer in de 17de en 18de Eeuw: Collectieve Acties tegen het centraal gezag in Brussel, Antwerpen en Leuven*. Heule: UGA.

——— (2000): "Résistance locale et émeutes dans les chef-villes brabançonnes aux XVIIe et XVIIIe siècles," *Revue d'Histoire Moderne et Contemporaine* 47: 37–68.

Human Rights Watch (2007a): "Bangladesh: Abuses Grow in Crackdown on Protests" www.hrw.org/english/docs/2007/8/25/bangla, viewed 14 September 2007.

——— (2007c): "Bangladesh: Partial Lifting of Ban on Politics Falls Far Short" www.hrw.org/english/docts/2007/09/11/bangla, viewed 14 September 2007.

——— (2007b): "Bangladesh, Events of 2006" [in World Report 2007] www.hrw.org/englishwr2k7, viewed 14 September 2007.

——— (2007d): "Nepal: Truth Commission Bill Disregards Victims' Rights" www.hrw.org/english/docs/2007/08/22/nepal, viewed 14 September 2007.

——— (2007e): "Venezuela, Events of 2006" [in World Report 2007] www.hrw.org/englishwr2k7, viewed 13 September 2007.

Hunt, Lynn (1978): *Revolution and Urban Politics in Provincial France: Troyes and Reims, 1786–1790*. Stanford, CA: Stanford University Press.

——— (1984): *Politics, Culture, and Class in the French Revolution*. Berkeley: University of California Press.

Ibarra, Pedro (2003): ed., *Social Movements and Democracy*. New York: Palgrave Macmillan.

Imig, Doug and Sidney Tarrow (2001): "Mapping the Europeanization of Contention: Evidence from a Quantitative Data Analysis" in Doug Imig and Sidney Tarrow, eds., *Contentious Europeans: Protest and Politics in an Emerging Polity*. Lanham, MD: Rowman & Littlefield.

Jarman, Neil (1997): *Material Conflicts: Parades and Visual Displays in Northern Ireland*. Oxford: Berg.

Jenkins, J. Craig (1985): *The Politics of Insurgency: The Farm Worker Movement in the 1960s*. New York: Columbia University Press. First published in 1975.

Jones, Peter (2003): *Liberty and Locality in Revolutionary France: Six Villages Compared, 1760–1820.* Cambridge: Cambridge University Press.

Jupp, Peter (1998): *British Politics on the Eve of Reform: The Duke of Wellington's Administration, 1828–30.* New York: St. Martin's.

Jupp, Peter and Eoin Magennis (2000): "Introduction: Crowds in Ireland, c. 1720–1920" in Jupp and Magennis, *Crowds in Ireland, c. 1720–1920.* London: Macmillan.

Katzenstein, Mary F. (1998): *Faithful and Fearless: Moving Feminist Protest Inside the Church and Military.* Princeton, NJ: Princeton University Press.

Koller, Christian (2007): "Demonstrating in Zurich between 1830 and 1940: From Bourgeois Protest to Proletarian Street Politics" in Matthias Reiss, ed., *The Street as Stage: Protest Marches and Public Rallies since the Nineteenth Century.* Oxford: Oxford University Press for the German Historical Institute London.

Koopmans, Ruud (1995): *Democracy from Below: New Social Movements and the Political System in West Germany.* Boulder, CO: Westview.

Korpi, Walter and Michael Shalev (1979): "Strikes, Industrial Relations and Class Conflict in Capitalist Societies," *British Journal of Sociology* 30: 164–187.

(1980): "Strikes, Power and Politics in the Western Nations, 1900–1976" in Maurice Zeitlin, ed., *Political Power and Social Theory.* Greenwich, CT: JAI Press.

Kriesi, Hanspeter (1993): *Political Mobilization and Social Change: The Dutch Case in Comparative Perspective.* Aldershot: Avebury.

Kriesi, Hanspeter, Ruud Koopmans, Jan Willem Duyvendak, and Marco G. Giugni (1995): *New Social Movements in Western Europe: A Comparative Analysis.* Minneapolis: University of Minnesota Press.

Kriesi, Hanspeter, René Levy, Gilbert Ganguillet, and Heinz Zwicky (1981): *Politische Aktivierung in der Schweiz, 1945–1978.* Diessenhofen: Verlag Ruegger.

Lafargue, Jérôme (1996): *Contestations démocratiques en Afrique: Sociologie de la protestation au Kenya et en Zambie.* Paris: Karthala.

Lee, Ching Kwan (2007): *Against the Law: Labor Protests in China's Rustbelt and Sunbelt.* Berkeley: University of California Press.

Lindenberger, Thomas (1995): *Strassenpolitik: Zur Sozialgeschichte der öffentlichen Ordnung in Berlin 1900 bis 1914.* Bonn: Dietz.

Linders, Annulla (2004): "Victory and Beyond: A Historical Comparative Analysis of the Outcomes of the Abortion Movements in Sweden and the United States," *Sociological Forum* 19: 371–404.

Lofland, John and Michael Fink (1982): *Symbolic Sit-Ins: Protest Occupations at the California Capitol.* New York: University Press of America.

López-Maya, Margarita (1999): "La protesta popular venezolana entre 1989 y 1993 (en el umbro del neoliberalismo)" in Margarita López-Maya, ed., *Lucha Popular, democracia, neoliberalismo: Protesta popular en América Latina en los años de ajuste.* Caracas: Nueva Sociedad.

(2002): "Venezuela after the Caracazo: Forms of Protest in a Deinstitutionalized Context," *Bulletin of Latin American Research* 21: 199–218.

López-Maya, Margarita, David Smilde, and Keta Stephany (2002): *Protesta y Cultura en Venezuela: Los Marcos de Acción Colectiva en 1999*. Caracas: FACES-UCV, CENDES, and FONACIT.

Luders, Joseph (2006): "The Economics of Movement Success: Business Responses to Civil Rights Mobilization," *American Journal of Sociology* 111: 963–998.

Mac Suibhne, Breandán (2000): "Whiskey, Potatoes and Paddies: Volunteering and the Construction of the Irish Nation in Northwest Ulster, 1778–1782" in Peter Jupp and Eoin Magennis, eds., *Crowds in Ireland, c. 1720–1920*. London: Macmillan.

Maier, Pauline (1972): *From Resistance to Revolution: Colonial Radicals and the Development of American Opposition to Britain, 1765–1776*. New York: Vintage.

Mann, Michael (1988): "State and Society, 1130–1815: An Analysis of English State Finances" in Michael Mann, ed., *States, War and Capitalism: Studies in Political Sociology*. Oxford: Blackwell.

Mansbridge, Jane J. (1986): *Why We Lost the ERA*. Chicago: University of Chicago Press.

Markoff, John (1996a): *The Abolition of Feudalism: Peasants, Lords, and Legislators in the French Revolution*. University Park: Pennsylvania State University Press.

(1996b): *Waves of Democracy: Social Movements and Political Change*. Thousand Oaks, CA: Pine Grove Press.

(1997): "Peasants Help Destroy an Old Regime and Defy a New One: Some Lessons from (and for) the Study of Social Movements," *American Journal of Sociology* 102: 1113–1142.

McAdam, Doug (1999): *Political Process and the Development of Black Insurgency, 1930–1970*. Chicago: University of Chicago Press. Revised ed.

McAdam, Doug and Yang Su (2002): "The War at Home: The Impact of Anti-War Protests, 1965–1973," *American Sociological Review* 67: 696–721.

McCammon, Holly J., Karen E. Campbell, Ellen M. Granberg, and Christine Mowery (2001): "How Movements Win: Gendered Opportunity Structures and U.S. Women's Suffrage Movements, 1866 to 1919," *American Sociological Review* 66: 49–70.

McDowell, R. B. (2001): "The Protestant Nation 1775–1800" in T. W. Moody and F. X. Martin, eds., *The Course of Irish History*. Lanham, MD: Roberts Rinehart. 4th ed. First published in 1967.

McPhail, Clark (1991): *The Myth of the Madding Crowd*. New York: Aldine De Gruyter.

(2006): "The Crowd and Collective Behavior: Bringing Symbolic Interaction Back In," *Symbolic Interaction* 29: 433–464.

McPhail, Clark and David Miller (1973): "The Assembling Process: A Theoretical and Empirical Examination," *American Sociological Review* 38: 721–735.

McPhail, Clark, David D. Schweingruber, and Alin Mihai Ceobanu (2006): "Bridging the Collective Behavior/Social Movement Gap." Paper presented to the annual meeting of the American Sociological Association, Montreal.

McPhail, Clark and Ronald T. Wohlstein (1983): "Individual and Collective Behaviors within Gatherings, Demonstrations, and Riots," *Annual Review of Sociology* 9: 579–600.

McPhee, Peter (1988): "Les formes d'intervention populaire en Roussillon: L'exemple de Collioure, 1789–1815" in Centre d'Histoire Contemporaine du Languedoc Méditerranéen et du Roussillon, *Les pratiques politiques en province à l' époque de la Révolution française*. Montpellier: Publications de la Recherche, Université de Montpellier.

McVeigh, Rory, Michael R. Welch, and Thoroddur Bjarnason (2003): "Hate Crime Reporting as a Successful Social Movement Outcome," *American Sociological Review* 68: 843–867.

Miller, David W. (1983): "The Armagh Troubles, 1784–95" in Samuel Clark and James S. Donnelly, Jr., eds., *Irish Peasants: Violence and Political Unrest 1780–1914*. Madison: University of Wisconsin Press

Mitchell, B. R. and Phyllis Deane (1971): *Abstract of British Historical Statistics*. Cambridge: Cambridge University Press.

Mobilization (2003): "Book Symposium: Focus on Dynamics of Contention." *Mobilization* 8: 107–141.

Mueller, Carol (1999): "Escape from the GDR, 1961–1989: Hybrid Exit Repertoires in a Disintegrating Leninist Regime," *American Journal of Sociology* 105: 697–735.

Munro, Lyle (2005): "Strategies, Action Repertoires and DIY Activism in the Animal Rights Movement," *Social Movement Studies* 4: 75–94.

Oberschall, Anthony (1994): "Protest Demonstrations and the End of Communist Regimes in 1989," *Research in Social Movements, Conflicts and Change* 17: 1–24.

O'Farrell, Fergus (1981): *Catholic Emancipation: Daniel O'Connell and the Birth of Irish Democracy 1820–30*. Dublin: Gill and Macmillan.

Olesen, Thomas (2005): *International Zapatismo: The Construction of Solidarity in the Age of Globalization*. London: Zed.

Olzak, Susan (1989): "Analysis of Events in the Study of Collective Action," *Annual Review of Sociology* 15: 119–141.

(1992): *The Dynamics of Ethnic Competition and Conflict*. Stanford, CA: Stanford University Press.

Palast, Greg (2006): "Hugo Chávez" www.progressive.org/mag__intv0706, viewed 11 May 2007.

Palmer, Stanley H. (1988): *Police and Protest in England and Ireland 1780–1850*. Cambridge: Cambridge University Press.

Parssinen, T. M. (1973): "Association, Convention and Anti-Parliament in British Radical Politics, 1771–1848," *English Historical Review* 88: 504–533.

Péchu, Cécile (2006): *Droit au Logement, genèse et sociologie d'une mobilisation*. Paris: Dalloz.

Pigenet, Michel and Danielle Tartakowsky (2003): eds., "Les marches," *Le mouvement social* 202 (January–March), entire issue.

Plotz, John M. (2000): *The Crowd: British Literature and Public Politics*. Berkeley: University of California Press.

Plows, Alexandra, Derek Wall, and Brian Doherty (2004): "Covert Repertoires: Ecotage in the U.K.," *Social Movement Studies* 3: 199–220.

Poell, Thomas (2007): "The Democratic Paradox: Dutch Revolutionary Struggles over Democratisation and Centralisation (1780–1813)." Doctoral dissertation, University of Utrecht.

Polletta, Francesca (2006): *It Was Like a Fever: Storytelling in Protest and Politics*. Chicago: University of Chicago Press.

Prothero, Iorwerth J. (1979): *Artisans and Politics in Early Nineteenth-Century London: John Gast and His Times*. Folkestone: Dawson.

Randall, Adrian and Andrew Charlesworth (1996): eds., *Markets, Market Culture and Popular Protest in Eighteenth-Century Britain and Ireland*. Liverpool: Liverpool University Press.

(2000): "The Moral Economy: Riots, Markets and Social Conflict" in Randall and Charlesworth, eds., *Moral Economy and Popular Protest: Crowds, Conflict and Authority*. London: Macmillan.

Reiss, Matthias (2007a): "Marching on the Capital: National Protest Marches of the British Unemployed in the 1920s and 1930s" in Matthias Reiss, ed., *The Street as Stage: Protest Marches and Public Rallies since the Nineteenth Century*. Oxford: Oxford University Press.

(2007b): ed., *The Street as Stage: Protest Marches and Public Rallies since the Nineteenth Century*. Oxford: Oxford University Press.

Richards, Eric (1974): "Captain Swing in the West Midlands," *International Review of Social History* 19: 86–99.

Robert, Vincent (1996): *Les chemins de la manifestation, 1848–1914*. Lyon: Presses Universitaires de Lyon.

Robins, Jane (2006): *The Trial of Queen Caroline: The Scandalous Affair That Nearly Ended a Monarchy*. New York: Free Press.

Rogers, Nicholas (1998): *Crowds, Culture, and Politics in Georgian Britain*. Oxford: Clarendon Press.

Rolfe, Brett (2005): "Building an Electronic Repertoire of Contention," *Social Movement Studies* 4: 65–74.

Rouquié, Alain (1987): *The Military and the State in Latin America*. Berkeley: University of California Press.

Rowe, D. J. (1970): ed., *London Radicalism 1830–1843: A Selection from the Papers of Francis Place*. London: London Record Society.

(1977): "London Radicalism in the Era of the Great Reform Bill" in John Stevenson, ed., *London in the Age of Reform*. Oxford: Blackwell.

Rucht, Dieter (1991): "The Study of Social Movements in Western Germany: Between Activism and Social Science" in Dieter Rucht, ed., *Research on Social Movements: The State of the Art in Western Europe and the USA*. Boulder, CO: Westview.

(2007): "On the Sociology of Protest Marches" in Matthias Reiss, ed., *The Street as Stage: Protest Marches and Public Rallies since the Nineteenth Century*. Oxford: Oxford University Press.

Rucht, Dieter and Ruud Koopmans (1999): eds., "Protest Event Analysis," *Mobilization* 4, no. 2, entire issue.

Rucht, Dieter, Ruud Koopmans, and Friedhelm Neidhardt (1999): eds., *Acts of Dissent: New Developments in the Study of Protest*. Lanham, MD: Rowman & Littlefield.

Rucht, Dieter and Friedhelm Neidhardt (1998): "Methodological Issues in Collecting Protest Event Data: Units of Analysis, Sources and Sampling, Coding Problems" in Dieter Rucht, Ruud Koopmans, and Friedhelm Neidhardt, eds., *Acts of Dissent: New Developments in the Study of Protest*. Lanham, MD: Rowman & Littlefield.

Rucht, Dieter and Thomas Ohlemacher (1992): "Protest Event Data: Collection, Uses and Perspectives" in Mario Diani and Ron Eyerman, eds., *Studying Collective Action*. London: Sage Publications.

Rude, Fernand (1969): *L'Insurrection lyonnaise de novembre 1831: Le mouvement ouvrier à Lyon de 1827–1832*. Paris: Anthropos.

Rudé, George (1971): *Hanoverian London 1714–1808*. London: Secker & Warburg.

Rule, James and Charles Tilly (1965): *Measuring Political Upheaval*. Princeton, NJ: Center of International Studies, Princeton University.

Salvatore, Ricardo (2001): "Repertoires of Coercion and Market Culture in Nineteenth-Century Buenos Aires Province," *International Review of Social History* 45: 409–448.

Sarkees, Meredith Reid, Frank Whelon Wayman, and J. David Singer (2003): "Inter-State, Intra-State, and Extra-State Wars: A Comprehensive Look at Their Distribution over Time, 1816–1997," *International Studies Quarterly* 47: 49–70.

Sawyer, R. Keith (2001): *Creating Conversations: Improvisation in Everyday Discourse*. Cresskill, NJ: Hampton Press.

Scalmer, Sean (2002a): *Dissent Events: Protest, the Media and the Political Gimmick in Australia*. Sydney: University of New South Wales Press.

(2002b): "The Labor of Diffusion: The Peace Pledge Union and the Adaptation of the Gandhian Repertoire," *Mobilization* 7: 269–285.

Schama, Simon (1977): *Patriots and Liberators: Revolution in the Netherlands 1780–1813*. London: Collins.

Schrodt, Philip A. (2006): "Twenty Years of the Kansas Event Data System Project" www.ku.edu/~keds, viewed 17 January 2007.

Schumaker, Paul D. (1978): "The Scope of Political Conflict and the Effectiveness of Constraints in Contemporary Urban Protest," *Sociological Quarterly* 19: 168–184.

Schwedler, Jillian (2005): "Cop Rock: Protest, Identity, and Dancing Riot Police in Jordan," *Social Movement Studies* 4: 155–175.

Schweingruber, David and Clark McPhail (1999): "A Method for Systematically Observing and Recording Collective Action," *Sociological Methods & Research* 27: 451–498.

Schweitzer, R. A. and Steven C. Simmons (1981): "Interactive, Direct-Entry Approaches to Contentious Gathering Event Files," *Social Science History* 5: 317–342.

Shorter, Edward and Charles Tilly (1974): *Strikes in France, 1830 to 1968*. Cambridge: Cambridge University Press.

Sikkink, Kathryn (2005): "Patterns of Dynamic Multilevel Governance and the Insider-Outsider Coalition" in Donatalla della Porta and Sidney Tarrow, eds., *Transnational Protest & Global Activism*. Lanham, MD: Rowman & Littlefield.

Singleton, F. (1964): "Captain Swing in East Anglia," *Bulletin of the Society for the Study of Labour History* 9: 13–15.

Skocpol, Theda (1992): *Protecting Soldiers and Mothers: The Political Origins of Social Policy in the United States.* Cambridge, MA: Harvard University Press.

Snyder, David (1976): "Theoretical and Methodological Problems in the Analysis of Governmental Coercion and Collective Violence," *Journal of Political and Military Sociology* 4: 277–293.

—— (1978): "Collective Violence: A Research Agenda and Some Strategic Considerations," *Journal of Conflict Resolution* 22: 499–534.

Sorokin, Pitirim A. (1962 [1937]): *Social and Cultural Dynamics. III. Fluctuation of Social Relationships, War, and Revolution.* New York: Bedminster.

Soule, Sarah A. (1997): "The Student Divestment Movement in the United States and Tactical Diffusion: The Shantytown Protest," *Social Forces* 75: 855–883.

—— (1999): "The Diffusion of an Unsuccessful Innovation," *Annals of the American Academy of Political and Social Science* 566: 121–131.

Soule, Sarah A. and Susan Olzak (2004): "When Do Movements Matter? The Politics of Contingency and the Equal Rights Amendment," *American Sociological Review* 69: 473–497.

Sowell, David (1998): "Repertoires of Contention in Urban Colombia, 1760s–1940s: An Inquiry into Latin American Social Violence," *Journal of Urban History* 24: 302–336.

Stearns, Linda Brewster and Paul D. Almeida (2004): "The Formation of State Actor-Social Movement Coalitions and Favorable Policy Outcomes," *Social Problems* 51: 478–504.

Steinberg, Marc W. (1994): "The Dialogue of Struggle: The Contest over Ideological Boundaries in the Case of London Silk Weavers in the Early Nineteenth Century," *Social Science History* 18: 505–542.

—— (1996): "'The Labour of the Country Is the Wealth of the Country': Class Identity, Consciousness, and the Role of Discourse in the Making of the English Working Class," *International Labor and Working-Class History* 49: 1–25.

—— (1998): "Tilting the Frame: Considerations on Collective Action Framing from a Discursive Turn," *Theory and Society* 27: 845–872.

—— (1999a): *Fighting Words: Working-Class Formation, Collective Action, and Discourse in Early Nineteenth-Century England.* Ithaca, NY: Cornell University Press.

—— (1999b): "The Talk and Back Talk of Collective Action: A Dialogic Analysis of Repertoires of Discourse among Nineteenth-Century English Cotton Spinners," *American Journal of Sociology* 105: 736–780.

Stevenson, John (1979): *Popular Disturbances in England, 1700–1870.* London: Longman.

Stinchcombe, Arthur L. (1999): "Ending Revolutions and Building New Governments," *Annual Review of Political Science* 2: 49–73.

Stone, Lawrence (1994): ed., *An Imperial State at War: Britain from 1689 to 1815.* London: Routledge.

Sugimoto, Yoshio (1981): *Popular Disturbance in Postwar Japan.* Hong Kong: Asian Research Service.

Szabó, Máté (1996): "Repertoires of Contention in Post-Communist Protest Cultures: An East Central European Comparative Survey," *Social Research* 63: 1155–1182.

279

Tamayo, Sergio (1999): *Los veinte octubres mexicanos: La transición a la modernización y la democracia, 1968–1988*. Mexico City: Universidad Autónoma Metropolitana-Azcapotzalco.

Tarrow, Sidney (1989): *Democracy and Disorder: Social Conflict, Political Protest and Democracy in Italy, 1965–1975*. New York: Oxford University Press.

(1998): *Power in Movement*. New York: Cambridge University Press. 2nd ed.

(2001): "Contentious Politics in a Composite Polity" in Doug Imig and Sidney Tarrow, eds., *Contentious Europeans: Protest and Politics in an Emerging Polity*. Lanham, MD: Rowman & Littlefield.

(2005): *The New Transnational Activism*. Cambridge: Cambridge University Press.

Tartakowsky, Danielle (1997): *Les Manifestations de rue en France, 1918–1968*. Paris: Publications de la Sorbonne.

(2004): *La Manif en éclats*. Paris: La Dispute.

(2007): "Is the French Manif Still Specific? Changes in French Street Demonstrations" in Matthias Reiss, ed., *The Street as Stage: Protest Marches and Public Rallies since the Nineteenth Century*. Oxford: Oxford University Press.

Temperley, Howard (1981): "The Ideology of Antislavery" in David Eltis and James Walvin, eds., *The Abolition of the Atlantic Slave Trade: Origins and Effects in Europe, Africa, and the Americas*. Madison: University of Wisconsin Press.

Thompson, E. P. (1963): *The Making of the English Working Class*. London: Gollancz.

(1965): "Foreword" to A. J. Peacock, *Bread or Blood: A Study of the Agrarian Riots in East Anglia in 1816*. London: Gollancz.

(1971): "The Moral Economy of the English Crowd in the Eighteenth Century," *Past and Present* 50: 76–136.

(1991): *Customs in Common*. London: Merlin.

Thornton, Patricia M. (2002): "Insinuation, Insult, and Invective: The Threshold of Power and Protest in Modern China," *Comparative Studies in Society and History* 44: 597–619.

Tillema, Herbert K. (1991): *International Armed Conflict since 1945: A Bibliographic Handbook of Wars and Military Interventions*. Boulder, CO: Westview.

Tilly, Charles (1969): "Methods for the Study of Collective Violence" in Ralph W. Conant and Molly Apple Levin, eds., *Problems in Research on Community Violence*. New York: Praeger.

(1975): "Food Supply and Public Order in Modern Europe" in Charles Tilly, ed., *The Formation of National States in Western Europe*. Princeton, NJ: Princeton University Press.

(1986): *The Contentious French*. Cambridge, MA: Harvard University Press.

(1993): *European Revolutions, 1492–1992*. Oxford: Blackwell.

(1995): *Popular Contention in Great Britain, 1758–1834*. Cambridge, MA: Harvard University Press.

(1997): "Parliamentarization of Popular Contention in Great Britain, 1758–1834," *Theory and Society* 26: 245–273.

(2001): "Mechanisms in Political Processes," *Annual Review of Political Science* 4: 21–41.

(2002a): "Event Catalogs as Theories," *Sociological Theory* 20: 248–254.

(2002b): *Stories, Identities, and Political Change*. Lanham, MD: Rowman & Littlefield.

(2003): *The Politics of Collective Violence*. Cambridge: Cambridge University Press.

(2004a): "Observations of Social Processes and Their Formal Representations," *Sociological Theory* 22: 595–602.

(2004b): *Social Movements, 1768–2004*. Boulder, CO: Paradigm Publishers.

(2005a): *Identities, Boundaries, and Social Ties*. Boulder, CO: Paradigm Publishers.

(2005b): *Regimes and Repertoires*. Chicago: University of Chicago Press.

(2006): "WUNC" in Jeffrey T. Schnapp and Matthew Tiews, eds., *Crowds*. Stanford, CA: Stanford University Press.

(2007): *Democracy*. Cambridge: Cambridge University Press.

Tilly, Charles and Robert E. Goodin (2006): "It Depends" in Robert E. Goodin and Charles Tilly, eds., *The Oxford Handbook of Contextual Political Analysis*. Oxford: Oxford University Press.

Tilly, Charles and Sidney Tarrow (2006): *Contentious Politics*. Boulder, CO: Paradigm Press.

Tilly, Charles, Louise A. Tilly, and Richard Tilly (1975): *The Rebellious Century, 1830–1930*. Cambridge, MA: Harvard University Press.

Tilly, Charles and Lesley Wood (2003): "Contentious Connections in Great Britain, 1828–1834" in Mario Diani and Doug McAdam, eds., *Social Movements and Networks: Relational Approaches to Collective Action*. New York: Oxford University Press.

de Tocqueville, Alexis (1952): *L'Ancien Régime et la Révolution*. Paris: Gallimard.

(1991): André Jardin, ed., *Oeuvres, I*. Paris: Gallimard.

Townshend, Charles (1983): *Political Violence in Ireland: Government and Resistance since 1848*. Oxford: Clarendon Press.

Traugott, Mark (1995): ed., *Repertoires and Cycles of Collective Action*. Durham, NC: Duke University Press.

Trechsel, Alexander (2000): *Feuerwerk Volksrechte: Die Volksabstimmungen in den scheizerischen Kantonen 1970–1996*. Basel: Helbing & Lichtenhahn.

Turbiville, Graham H. (1997): "Mexico's Other Insurgents," *Military Review* 77 (May–June), online version: www-cgsc.army.mil/milrev/milrvweb/html/mayne/tur.html.

Urbina, Ian (2007): "Protest Focuses on Troop Increase for Iraq," *New York Times*, 28 January, N22.

Vasi, Ian Bogdan (2006): "The New Anti-War Protests and Miscible Mobilizations," *Social Movement Studies* 5: 137–154.

Wada, Takeshi (2003): "A Historical and Network Analysis of Popular Contention in the Age of Globalization in Mexico." Unpublished doctoral dissertation in sociology, Columbia University.

(2004): "Event Analysis of Claim Making in Mexico: How Are Social Protests Transformed into Political Protests?" *Mobilization* 9: 241–258.

Wallas, Graham (1898): *The Life of Francis Place, 1771–1854*. London: Longmans.

Walvin, James (1980): "The Rise of British Popular Sentiment for Abolition, 1787–1832" in Christine Bolt and Seymour Drescher, eds., *Anti-Slavery, Religion, and Reform: Essays in Memory of Roger Anstey*. Folkestone: Dawson/Archon.

(1981): "The Public Campaign in England against Slavery, 1787–1834" in David Eltis and James Walvin, eds., *The Abolition of the Atlantic Slave Trade: Origins and Effects in Europe, Africa, and the Americas*. Madison: University of Wisconsin Press.

(1988): *Wretched Faces: Famine in Wartime England 1793–1801*. Gloucester: Alan Sutton.

(1990): "Social Protest, Class, Conflict and Consciousness, in the English Countryside, 1700–1880" in Mick Reed and Roger Wells, eds., *Class, Conflict and Protest in the English Countryside, 1700–1880*. London: Frank Cass.

(2000): "The Moral Economy of the English Countryside" in Adrian Randall and Andrew Charlesworth, eds., *Moral Economy and Popular Protest*. London: Macmillan.

Whittier, Nancy (1995): *Feminist Generations: The Persistence of the Radical Women's Movement*. Philadelphia: Temple University Press.

Wisler, Dominique and Marco Giugni (1999): "Under the Spotlight: The Impact of Media Attention on Protest Policing," *Mobilization* 4: 203–222.

Woloch, Isser (1970): *Jacobin Legacy: The Democratic Movement Under the Directory*. Princeton, NJ: Princeton University Press.

(1994): *The New Regime: Transformations of the French Civic Order, 1789–1820s*. New York: Norton.

Wood, Lesley J. (2004): "Breaking the Bank and Taking to the Streets: How Protesters Target Neoliberalism," *Journal of World Systems Research* 10: 69–89.

图书在版编目(CIP)数据

抗争表演/(美)查尔斯·蒂利(Charles Tilly)
著;王子戴,朱联璧译. —上海:上海人民出版社,
2024
书名原文:Contentious Performances
ISBN 978 - 7 - 208 - 18199 - 1

Ⅰ.①抗⋯　Ⅱ.①查⋯ ②王⋯ ③朱⋯　Ⅲ.①政治-
研究-世界　Ⅳ.①D52

中国国家版本馆 CIP 数据核字(2023)第 069697 号

责任编辑　王　琪
封面设计　尚书堂

抗争表演
[美]查尔斯·蒂利 著
王子戴　朱联璧 译

出　　版　上海人民出版社
　　　　　(201101　上海市闵行区号景路 159 弄 C 座)
发　　行　上海人民出版社发行中心
印　　刷　上海商务联西印刷有限公司
开　　本　890×1240　1/32
印　　张　9.25
插　　页　2
字　　数　207,000
版　　次　2024 年 2 月第 1 版
印　　次　2024 年 2 月第 1 次印刷
ISBN 978 - 7 - 208 - 18199 - 1/D·4099
定　　价　62.00 元

蒂利作品集

抗争表演　　　　　　　　　　［美］查尔斯·蒂利　著
　　　　　　　　　　　　　　　王子夔　朱联璧　译

持久性不平等　　　　　　　　［美］查尔斯·蒂利　著
　　　　　　　　　　　　　　　张熹珂　译

社会运动，1768—2018　　　　［美］查尔斯·蒂利
　　　　　　　　　　　　　　　欧内斯托·卡斯塔涅达
　　　　　　　　　　　　　　　莱斯莉·伍德　著
　　　　　　　　　　　　　　　胡位钧　译

信任与统治　　　　　　　　　［美］查尔斯·蒂利　著
　　　　　　　　　　　　　　　胡位钧　译

身份、边界与社会联系　　　　［美］查尔斯·蒂利　著
　　　　　　　　　　　　　　　谢岳　译

欧洲的抗争与民主（1650—2000）　　［美］查尔斯·蒂利　著
　　　　　　　　　　　　　　　陈周旺　李辉　熊易寒　译

强制、资本和欧洲国家（公元 990—1992 年）
　　　　　　　　　　　　　　　［美］查尔斯·蒂利　著
　　　　　　　　　　　　　　　魏洪钟　译　陈尧　校

民主　　　　　　　　　　　　［美］查尔斯·蒂利　著
　　　　　　　　　　　　　　　魏洪钟　译

政权与斗争剧目　　　　　　　［美］查尔斯·蒂利　著
　　　　　　　　　　　　　　　胡位钧　译

集体暴力的政治　　　　　　　［美］查尔斯·蒂利　著
　　　　　　　　　　　　　　　谢岳　译